心理学创新研究丛书

低生育率时代生育意愿的心理学阐释

吴小勇 ◎ 著

西南大学出版社

图书在版编目(CIP)数据

低生育率时代生育意愿的心理学阐释 / 吴小勇著. -- 重庆：西南大学出版社, 2024.6
（心理学创新研究丛书）
ISBN 978-7-5697-2031-0

Ⅰ.①低… Ⅱ.①吴… Ⅲ.①生育—社会问题—研究—中国 Ⅳ.①C924.24

中国国家版本馆CIP数据核字(2023)第197565号

低生育率时代生育意愿的心理学阐释
DI SHENGYULÜ SHIDAI SHENGYU YIYUAN DE XINLIXUE CHANSHI

吴小勇　著

责任编辑：赖晓玥　任志林
责任校对：李　勇
装帧设计：汤　立
排　　版：贝　岚
出版发行：西南大学出版社（原西南师范大学出版社）
　　　　　地址：重庆市北碚区天生路2号
　　　　　网址：http://www.xdcbs.com
　　　　　邮编：400715　市场营销部电话：023-68868624
经　　销：全国新华书店
印　　刷：重庆正文印务有限公司
成品尺寸：170 mm×240 mm
印　　张：14.25
字　　数：235千字
版　　次：2024年6月第1版
印　　次：2024年6月第1次印刷
书　　号：ISBN 978-7-5697-2031-0
定　　价：78.00元

前 言

2016年1月,全面二孩政策开始正式实施,低生育率问题已成为社会关注的热点。这年春节,无意间发现了生育意愿这个概念,进一步查阅中外相关文献,了解到国内外有大量关于生育意愿的研究成果。由于我是心理学专业背景,而生育意愿这个概念又属于主观概念,因此,觉得生育意愿问题理所当然是心理学研究者关注的研究领域,奇怪的是,在对国内外相关文献进行专门梳理后,发现国外有不少关于从心理学视角对生育意愿的研究,而国内生育意愿的研究成果虽然日趋丰硕,但是更多是人口学、社会学、经济学以及管理学研究者关注的领域,极少有研究者从心理学的角度来研究生育意愿问题。这大概是国内心理学研究长期以来更愿意关注实验室中的问题,而对社会问题关注度不够的原因导致的。由此,以"身份视域下贵州城市育龄家庭二孩生育意愿的实证研究"为题,申报了2016年贵州省哲学社会科学规划一般项目,结果在2016年7月获批立项,这也是本书最终成稿的最初缘由。

由于开展的研究仍然不够系统,2016年立项的贵州省哲学社会科学规划一般项目虽然早已于2020年完成结题,但是结题成果一直没有整理出版。2021年,随着"全面三孩政策"正式落地,又以"三孩政策背景下贵州少数民族人口生育素养的培育策略研究"为题,申报了2021年度贵州省哲学社会科学规划重点项目,最终也获批立项。时至今日,距离"全面三孩政策"的正式实施时间都已经满两年,才正式着手将两个项目的相关研究成果一起整理出版,内心充满惭愧与不安。

在开展研究过程中,我一方面系统跟进了国外相关研究,另一方面详细分析了国内生育意愿研究的现状特征,梳理从人口学、社会学、经济学、管理学等学科视角研究生育意愿问题存在的短板与盲点,然后分别从人格特征、主观幸

I

福感、社会认同、人际信任、婴儿态度等几个角度对生育意愿的影响因素进行了专题研究，并在此基础上，结合计划行为理论、理性行为理论等，初步提出了生育决策机制的假设模型，与此同时，鉴于生育意愿研究具有强烈的跨学科属性，我尝试从进化的角度提出生育意愿研究的理论整合路径。这也是本书内容构架的基本思路。

本书除绪论外共由9章构成。绪论部分对生育政策陆续出台背景以及近年生育率情况进行了梳理，并对从心理学角度研究生育意愿问题的必要性进行了分析；第一章对当前生育意愿的研究现状进行了梳理，同时，利用2012年—2021年共六次中国综合社会调查数据对当代育龄人群生育意愿的整体特征进行了分析；第二章分别梳理了经济学、社会学以及心理学各学科阐释生育意愿或生育行为的理论依据；第三章基于人格特征对生育意愿影响的问题进行了理论分析与实证研究；第四章基于主观幸福感对生育意愿影响的问题进行了理论分析和实证研究；第五章基于社会认同对生育意愿影响的问题进行了理论分析和实证研究；第六章基于人际信任对生育意愿影响的问题进行了理论分析和实证研究；第七章基于婴儿态度对生育意愿影响的问题进行了理论分析和实证研究；第八章在梳理计划行为理论、理性行为理论以及生育的社会认知模型理论基础上，提出了育龄人群的生育决策机制的理论构想；第九章在分析进化人口学、进化心理学相关理论的基础上，从进化心理的角度系统梳理了当代育龄青年生育意愿的特征，进而展望了当代育龄人群生育意愿研究的发展趋势。

近几年，在开展研究期间，我的研究生孙威、郗亚男在数据收集、资料整理、报告撰写等方面给了我很多帮助和启发，杨玉宏老师也对相关资料的整理给予了多方支持，这大大降低了我的工作量。由于不喜欢通过在线问卷方式收集数据，本书中的问卷调查全部都是通过发放纸质问卷方式收集的数据，其间麻烦了很多同事和朋友一起帮忙。由于经费不足，本书出版得到了贵州中医药大学学科建设经费的全额资助。另外，本书在出版期间，西南大学出版社编辑任志林老师给予了大量的帮助和支持。付梓出版之际，一并表示衷心的感谢！

本书出版的价值可能主要在于启发相关研究者从心理学的角度来认识生育意愿的相关问题，由于能力有限，书中内容还有很多疏漏与不足，期望本书能够为后继研究起到抛砖引玉的作用。

目 录

绪论 ·· 1

第一章 当代育龄人群的生育意愿概况 ·· 4

第一节 当代育龄人群生育意愿研究概况 ································· 5
一、当代生育意愿研究的发展趋势 ····································· 5
二、当代育龄人群生育意愿的基本特征 ······························· 6

第二节 当代育龄人群生育意愿的整体特征分析 ························ 7
一、当代育龄人群生育意愿的整体特征——基于人口学特征的分析 ·· 7
二、当代育龄人群生育意愿的时代变迁 ······························· 9
三、当代育龄人群生育意愿的区域分布特征 ························ 12

第二章 多学科视域下的生育意愿 ·· 18

第一节 生育意愿的经济学阐释 ·· 19
一、成本与效用理论 ·· 19
二、孩子成本理论 ··· 20
三、数量与质量转换理论 ·· 21
四、时间分配理论 ··· 22
五、耐用消费品和收入效应理论 ······································· 23
六、社会集团收入—孩子理论 ·· 25

　　　　　七、社会性相对收入假说 …………………………………… 26
　　　　　八、生育率抑制临界假说 …………………………………… 27
　　第二节　生育意愿的社会学阐释 ………………………………………… 28
　　　　　一、文化扩散理论 …………………………………………… 28
　　　　　二、社会毛细血管理论 ……………………………………… 30
　　　　　三、社会性别平等理论 ……………………………………… 32
　　　　　四、代际财富流理论 ………………………………………… 33
　　　　　五、社会网络和互动理论 …………………………………… 35
　　第三节　生育意愿的心理学阐释 ………………………………………… 37
　　　　　一、生育意愿的影响因素 …………………………………… 38
　　　　　二、从生育过程上认识生育意愿 …………………………… 41

第三章　人格特征对生育意愿的影响 …………………………………… 44
　　第一节　个性化生育时代的到来：人格特征与生育的关系 …………… 44
　　　　　一、人格与生育行为产生关联的历史背景 ………………… 45
　　　　　二、特质论视角下人格与生育行为的关系：基于欧美
　　　　　　　人群的研究 ……………………………………………… 46
　　　　　三、进化视角下人格与生育行为的关系 …………………… 49
　　　　　四、总结与展望 ……………………………………………… 52
　　第二节　人格特征对中国人生育行为的影响 …………………………… 53
　　　　　一、数据与变量 ……………………………………………… 53
　　　　　二、统计方法 ………………………………………………… 57
　　　　　三、结果与解释 ……………………………………………… 58
　　　　　四、结论与讨论 ……………………………………………… 65
　　第三节　大学生人格特征对生育意愿的影响 …………………………… 66
　　　　　一、资料来源与方法 ………………………………………… 67
　　　　　二、结果 ……………………………………………………… 69
　　　　　三、讨论 ……………………………………………………… 72

第四章　主观幸福感对生育意愿的影响 …… 74
第一节　主观幸福感对生育意愿影响概述 …… 75
一、生育是否会提升主观幸福感 …… 75
二、主观幸福感是否会促进生育 …… 76
三、一个主观幸福感对生育的影响机制模型 …… 77
第二节　幸福感调节生育策略？幸福感对性别角色和生育意愿关系的调节效应 …… 78
一、性别角色观念与生育行为之间的关系 …… 80
二、幸福感与生育行为之间的关系 …… 82
三、数据、变量及统计方法 …… 83
四、结果与分析 …… 86
五、结论与讨论 …… 91

第五章　社会认同对生育意愿的影响 …… 94
第一节　社会认同对生育意愿影响概述 …… 94
一、身份相关理论背景 …… 95
二、身份过程与家庭 …… 96
三、家庭相关身份与生育意愿 …… 97
四、二孩生育意愿研究 …… 98
第二节　角色认同视角下生育观念对生育意愿的影响 …… 99
一、对象与方法 …… 100
二、结果 …… 101
三、讨论 …… 104
四、结论 …… 106

第六章　人际信任对生育意愿的影响 …… 107
第一节　人际信任对生育意愿的影响概述 …… 108
一、社会信任与生育 …… 109
二、社会信任与子女养育活动外包 …… 112

第二节　公共服务满意度对生育意愿的影响：一个条件过程模型 …………………………………………………………… 113
      一、公共服务满意度与生育意愿的关系 …………………… 114
      二、公共服务满意度、社会信任与生育意愿 ……………… 115
      三、城镇化率的调节效应 …………………………………… 115
      四、数据来源、变量定义和统计方法 ……………………… 116
      五、结果 ……………………………………………………… 118
      六、讨论 ……………………………………………………… 123

第七章　婴儿态度对生育意愿的影响 ……………………………… 126
   第一节　中文版婴儿态度量表在已婚育龄女性中的信效度检验 …………………………………………………………… 127
      一、研究背景 ………………………………………………… 127
      二、方法 ……………………………………………………… 128
      三、结果 ……………………………………………………… 131
      四、讨论 ……………………………………………………… 134
   第二节　婴儿态度对育龄女性生育意愿的影响 ………………… 136
      一、研究对象与方法 ………………………………………… 137
      二、研究结果 ………………………………………………… 138
      三、讨论 ……………………………………………………… 143
      四、结论 ……………………………………………………… 145
   第三节　大学生婴儿态度对生育意愿的影响机制 ……………… 145
      一、资料来源与方法 ………………………………………… 146
      二、结果 ……………………………………………………… 147
      三、讨论 ……………………………………………………… 153

第八章　育龄人群生育决策机制的理论探索 ……………………… 155
   第一节　基于计划行为理论的生育决策阐释 …………………… 155
      一、计划行为理论概述 ……………………………………… 156

二、计划行为理论解释生育现象的困境 …………… 157
　　三、计划行为理论解释生育意愿的间接证据支持 …… 160
第二节　生育意愿的社会认知决策模型 ……………… 160
　　一、认知科学和社会理论的阐释 …………………… 161
　　二、意愿的社会认知模型 …………………………… 165
　　三、育龄人群的生育决策机制的整合理论构想 …… 167

第九章　进化心理：阐释生育意愿的一种整合视角 ……… 169
　第一节　进化人口学发展概述 ………………………… 170
　　一、第一阶段的进化人口学 ………………………… 172
　　二、第二阶段的进化人口学 ………………………… 180
　第二节　生育意愿的进化心理学阐释 ………………… 188
　　一、生命史理论 ……………………………………… 188
　　二、传播竞争假说 …………………………………… 191
　第三节　当代育龄人群生育意愿的进化心理学阐释 … 193
　　一、进化视角下当代育龄人群的生育行为特征 …… 193
　　二、影响当代育龄青年生育行为的进化心理分析 … 195
　　三、当代育龄人群生育意愿研究的发展趋势 ……… 196

主要参考文献 ……………………………………………… 198
　一、著作类 ……………………………………………… 198
　二、期刊论文及其他 …………………………………… 199

绪　　论

人口发展问题涉及国计民生,自改革开放以来,人口问题一直是国家和社会关注的焦点。20世纪70年代,为尽快恢复生产,防止"人口爆炸"对经济社会发展带来的不利影响,我国在全国范围内逐步推进计划生育,1980年,提出"提倡一对夫妇只生一个"的刚性政策,1982年,计划生育上升为基本国策,全国正式全面实施计划生育。改革开放持续推进三十年后,随着社会经济发展和人口结构出现全新的变化,面对新形势,陆续有大量人口学研究者开始关注性别比例长期失衡、老龄化不断加速、生育率持续下降等人口现象,人口政策进入调整窗口期。

在此背景下,2013年11月15日,十八届三中全会通过的《中共中央关于全面深化改革若干重大问题的决定》对外发布,其中提到"坚持计划生育的基本国策,启动实施一方是独生子女的夫妇可生育两个孩子的政策",这标志着实施三十多年的"一对夫妇只生一个"的刚性人口政策开始松动,"单独二孩"政策正式实施。紧接着,2015年12月27日,全国人大常委会表决通过了人口与计划生育法修正案,2016年1月1日起正式实施"一对夫妇可生两个子女"的政策,这是我国基于人口和社会经济发展的形势做出的重大战略调整。2021年5月31日,中共中央政治局召开会议,审议通过了《关于优化生育政策促进人口长期均衡发展的决定》,明确了为进一步优化生育政策,实施一对夫妻可以生育三个子女的政策,这标志着我国生育限制政策进一步放开,"三孩政策"的实施主要目的在于改善我国人口结构、落实积极应对人口老龄化国家战略、保持我国人力资源禀赋优势。

自全面二孩政策实施以来,国家统计局发布的数据显示,我国2016年至

2022年的出生人口分别为1846万人、1723万人、1523万人、1468万人、1202万人、1062万人、956万人，人口出生率依次分别为12.95‰、12.43‰、10.94‰、10.48‰、8.52‰、7.52‰、6.77‰。官方报告认为，全面二孩人口政策在持续释放政策效应，人口生育率仍然持续的下降主要与育龄女性人口总数下降有关，与此同时也认为生育率持续下降也与生育水平下降有一定关系。当前，如何提高育龄人群的生育水平，规避日本、韩国等国家出现的"低生育率陷阱"，成为社会普遍关注的焦点问题。

相关研究者指出，我国自20世纪90年代中期以来，生育率长期在低生育率陷阱临界水平波动，总和生育率在1.6左右的水平已经持续了二十多年。根据国际经验，目前我国陷入低生育率陷阱的最大风险在于育龄人群的生育意愿低于更替水平，多数研究均表明，育龄人群的生育意愿低于2个孩子。一般来看，在后生育率转变阶段，平均实际生育子女的数量会低于平均意愿生育子女数。生育意愿作为生育水平的有效预警指标，探明生育意愿的影响机制对于改善生育水平的现状有着实际的指导价值。

关注生育意愿影响机制的研究主要从经济学、社会学等视角来分析各类因素的变化对生育意愿产生的影响。从经济学角度来认识生育问题，主要起源于英国著名学者马尔萨斯1798年发表的《人口论》，自此之后两百多年时间，众多研究者纷纷从经济学视角来分析人口问题。目前用于解释生育行为的经济学理论主要有：成本与效用理论、孩子成本理论、数量与质量转换理论、时间分配理论、耐用消费品和收入正效应理论、社会集团收入—孩子理论、社会性相对收入假说以及生育率抑制临界假说。生育的经济学研究对解释人类的生育行为规律作出了重大贡献，然而，从经济学角度来认识生育问题的大前提是，人类是一种理性动物，很少考虑到政治、文化、非理性因素对生育带来的影响，难以展现人类生育行为的全貌。

在此背景下，相关研究者开始从文化、社会、政治等角度来解释生育现象，进一步拓展了生育行为的研究视野。人口社会学研究者先后提出了社会毛细血管理论、代际财富流动理论、社会网络和互动理论、文化扩散理论、社会性别假说等理论。这些理论的提出，解释了经济学理论中难以解释的生育现象，比如,社会性别假说认为,随着工业化的持续推进,个体层面的性别平等已经取得长足进步,但是社会层面的性别平等却推动缓慢,社会对家庭中"男主外,女主内"的分工定位仍然在持续着,这必然会导致出现工作—家庭的冲突问题,从而对家庭生育意愿产生抑制效应。

无论是经济学理论还是社会学研究,都相对简单地将生育意愿作为一个客观指标,主要从宏观的层面探讨生育规律问题,心理学研究者Miller等在20世纪90年代开始关注从相对微观的层面来研究生育期望、生育意愿和生育行为之间的关系,将生育意愿作为一个心理指标,提出了从生育意愿到生育行为的决策模型:生育动机—生育意愿—生育计划—生育行为—生育率。从心理学角度来看,任何个体都是独特的,经济因素和社会因素最终都需要通过个体的认知加工后才会最终体现在行为上。因此,从心理学角度来认识生育意愿,一定程度上解决了从外部条件到个体行为过程中的"黑箱"问题。

当前,国内外从心理学角度来阐释生育问题的研究不多,尤其是国内,鲜有心理学研究者涉足生育意愿研究领域,有零星研究者从生育价值观、主观幸福感、人格特征、心理健康等角度来认识生育问题。国外研究者涉足的生育意愿相关研究领域更为广泛,主要包括生育认知图式、生命史策略、人格特征、主观幸福感、婴儿态度、压力、主观社会经济地位、夫妻关系等因素来考察其对生育意愿的影响。总体来说,从心理学角度来认识生育意愿问题的研究仍处于起步阶段,相关的探讨主要还着眼于具体现象的分析,缺乏相应的理论建构,相对成熟的理论仍然处于"孵化"阶段。本书尝试在归纳总结生育意愿的心理学相关研究的基础上,开展相应的实证分析,进而系统梳理用于阐释生育意愿的心理学相关理论,以期能够引起并激发国内研究者从心理学视角来阐释生育意愿的兴趣和热情。

第一章　当代育龄人群的生育意愿概况

2000年和2010年的两次全国人口普查的结果显示,全国人口生育率仅为1.22和1.18,但是,当时主流声音认为较低的生育率主要是存在大量出生漏报、瞒报现象导致人口普查结果失真,全国真实的生育率在1.8左右,同时认为放开生育政策可能会导致出生率的大幅反弹。即使如此,2010年1月6日,原国家人口计生委仍然下发了《国家人口发展"十二五"规划思路(征求意见稿)》,提到要"稳妥开展实行'夫妻一方为独生子女的家庭可以生育第二个孩子'的政策试点工作"。为稳妥启动"单独二孩"政策,原中国人民大学社会与人口学院院长、中国人口学会副会长翟振武教授提出了按省份放开"三步走"方案,即从2011年开始在东北以及浙江等省份开放"单独二孩"政策,接着,在京沪等省份放开,最后,在2015年以前,全国全面放开"单独二孩"政策,这一建议曾得到原国家人口计生委的支持。在此背景下,2013年11月,十八届三中全会正式确定了"坚持计划生育基本国策,启动实施一方是独生子女的夫妇可生育两个孩子的政策","单独二孩政策"由此正式落地,可见,在当时的背景下,人口政策的松动仍然采取相对保守的策略。然而,随着"单独二孩政策"以及2016年的"全面二孩政策"的正式实施,我国人口生育率仅实现短期内小幅反弹,自2016年至今,新增出生人口逐年降低,即使全面开放了"三孩"生育政策,2022年数据显示,仍然未能按照预期释放育龄人群的生育潜力,新增出生人口仍保持下降趋势。由此,提振育龄人群生育意愿,推动实现适度生育水平成为全社会共同关注的焦点问题。

第一节 当代育龄人群生育意愿研究概况

生育意愿作为生育水平的有效预测指标,2013年以后得到大量人口学研究者的密切关注,相关研究成果的数量近十来年几乎井喷式增加。目前,多数研究者主要从当代育龄人群的生育意愿的影响因素及变迁趋势来开展研究。

一、当代生育意愿研究的发展趋势

关于生育意愿的概念界定,朴素的理解是人们在生育上的愿望和追求,是对待生育行为的态度和看法。这些定义对内涵的把握是相对准确的,同时也是相对模糊的,在实际操作中很难满足操作化的要求。有研究者结合生育意愿的内涵,将其按照生育数量、生育时间、性别偏好、生育动机等维度进行解读。以"生育意愿"为关键词,通过中国知网(CNKI)期刊论文库中搜索中文文献,共搜索到4232篇期刊论文,通过年度发文量趋势可以看出,2013年之后,生育意愿相关主题研究迎来爆发式增长,由原先每年不足90篇,增长至当前每年稳定在400篇左右(见图1-1)。国内涌现一批以风笑天、翟振武、王广州、顾宝昌、杨云彦、杨菊华、穆光宗、陆杰华等为代表的人口学者,专注于生育意愿研究。通过研究主题来看,更多的研究者关注当前生育意愿的基本特征和影响机制。

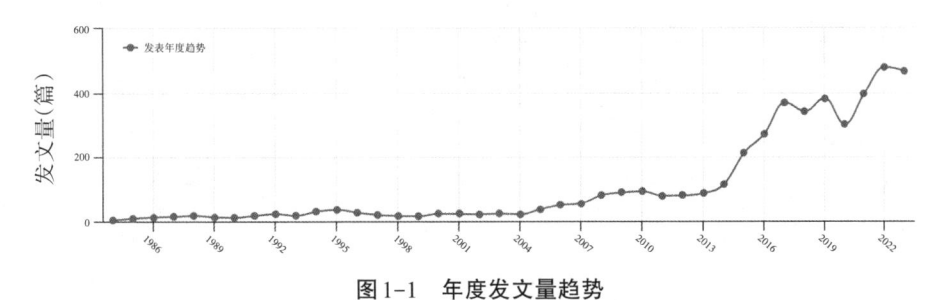

图1-1 年度发文量趋势

二、当代育龄人群生育意愿的基本特征

关注生育意愿基本特征的研究,主要从横向比较和纵向变迁两个层面进行探讨,横向比较研究主要结合户口、家庭、年龄等因素来进行考察,总结当前生育意愿呈现出的总体特征为:农村居民的生育意愿高于城市居民;年长育龄人群的生育意愿高于年龄较小的育龄人群;受教育程度高的育龄人群生育意愿低于受教育程度低的育龄人群;现有子女数量多的育龄人群的生育意愿高于现有子女数量少的育龄人群(王军,王广州,2013)。纵向变迁研究主要从生育意愿数量、生育年龄、性别偏好、生育目的四个方面来考察,相关研究发现生育意愿呈现出的变迁趋势为:(1)由生育数量高到生育数量低转变,国内学者对1979年至2011年三十年的生育意愿的变迁情况进行分析发现,二十世纪八十年代,平均生育意愿数量为2.13,九十年代,平均生育意愿数量为1.90,2000年至2011年,数量为1.67(侯佳伟,黄四林,辛自强等,2014);(2)由生育年龄早到生育年龄晚转变,推迟生育年龄,生育间隔变长,生育生命历程变短已成为国内外多数研究者的共识(吴小勇,毕重增,2018);(3)性别偏好随着城镇化的推进持续淡化,理想男孩偏好数量从二十世纪八十年代的0.6人,减至2010年至2017年的0.4人(侯佳伟,顾宝昌,张银锋,2018);(4)生育动机中的传统观念持续淡化,子女养育正在向精神慰藉转变,随着城镇化的推进,生儿育女,养儿防老已经不能成为人生历程的必要组成部分,生育价值呈现出多元化的趋势,情感慰藉成为生育动机的重要影响因素(吴小勇,2018)。

随着"全面三孩"政策的出台,许多研究者开始关注育龄人群的三孩生育意愿。通过多数研究结果来看,育龄人群三孩生育意愿普遍水平较低,其中,城市育龄人群三孩生育意愿高于农村,男性育龄人群的三孩生育意愿高于女性,学历低的育龄人群的三孩生育意愿高于学历高的,年龄小的育龄人群的三孩生育意愿高于年龄大的(石智雷等,2022)。在三孩生育意愿的影响因素上,主要体现在五个方面:(1)医疗服务、社会保障、就业权益等社会福利;(2)房价、经济收入、经济社会地位、家庭养老负担等经济因素;(3)风俗习惯、生活满意度、情感需求、社会风气等生育文化观念;(4)父母及配偶的态度、家庭氛围、孩子照料支

持等家庭支持;(5)生育成本、工作生育平衡等权衡因素(张静,雍会,2022)。总体来看,三孩生育意愿水平更主要与现实条件关系更加紧密。

第二节 当代育龄人群生育意愿的整体特征分析

为了解当代育龄人群生育意愿的整体特征,笔者使用了中国综合社会调查(CGSS)2012年至2021年的调查数据进行了分析,CGSS是中国第一个全国性、综合性、连续性的大型社会调查项目,旨在探讨和分析中国社会具有重大理论和现实意义的议题,定期收集社会各方面的相关数据,被视为研究中国最重要的数据来源之一。结合CGSS调查中所涉的题项,选取2010年、2012年、2013年、2015年、2017年、2018年及2021年18岁—49岁育龄人群数据进行分析,最终样本规模为32314人,其中,男性15224人,女性17090人,分别占48%、52%,来自城市(居委会/社区)14067人,农村(村委会)18247人,分别占44%、56%。

一、当代育龄人群生育意愿的整体特征——基于人口学特征的分析

结果显示,当代育龄人群平均意愿生育数量为1.80,平均初婚年龄为23.73岁,平均现有子女数量为1.19,具体情况参见表1-1。通过对不同人口学变量的分析发现,年龄与意愿生育数量、男孩偏好、现有子女数量呈显著正相关,与初婚年龄呈显著负相关,这表明年长的育龄人群更早初婚,有着更为积极的生育意愿;男性意愿生育数量、初婚年龄均高于女性;城市育龄人群的意愿生育数量高于农村;学历水平更高的育龄人群的意愿生育数量高于学历水平更低的人群,初婚年龄随着学历水平的提升而呈现递增趋势,男孩偏好随着学历水平的提升而呈现递减趋势,现有子女数量随着学历水平的提升而呈现递减趋势,这表明,教育因素对生育意愿、生育时间及生育结果均产生显著影响;初婚年龄随着家庭收入的升高而呈现出递增趋势,现有子女数量随着家庭收入的升高而呈

现出递减趋势,这从一定程度上说明,家庭收入抑制了生育意愿及积极生育行为;现有子女数量随着健康状况的提升而呈现出递减趋势(见表1-2)。

表1-1 不同人口学变量的生育意愿各变量基本特征

变量		样本量	意愿生育数量 $M \pm SD$	初婚年龄 $M \pm SD$	男孩偏好 $M \pm SD$	现有子女数量 $M \pm SD$
性别差异	1=男性	10678	1.81 ± 0.74	24.69 ± 3.79	1.00 ± 0.12	1.09 ± 0.88
	2=女性	13585	1.80 ± 0.71	22.96 ± 3.42	0.99 ± 0.12	1.27 ± 0.87
城乡差异	1=城市	10935	1.83 ± 0.71	23.54 ± 3.60	1.00 ± 0.12	1.20 ± 0.86
	2=农村	13328	1.79 ± 0.75	23.88 ± 3.75	0.99 ± 0.12	1.17 ± 0.88
文化程度	1=文盲	1101	2.07 ± 0.82	21.63 ± 4.08	1.02 ± 0.13	1.87 ± 1.07
	2=小学	4375	1.96 ± 0.74	22.36 ± 3.75	1.01 ± 0.13	1.70 ± 0.86
	3=初中	8511	1.86 ± 0.68	23.01 ± 3.34	1.00 ± 0.12	1.40 ± 0.79
	4=高中	4734	1.73 ± 0.71	24.21 ± 3.45	1.00 ± 0.12	0.98 ± 0.78
	5=大专	2587	1.70 ± 0.73	25.32 ± 3.17	0.99 ± 0.11	0.81 ± 0.69
	6=本科及以上	2618	1.67 ± 0.74	26.18 ± 3.06	0.99 ± 0.11	0.63 ± 0.67
家庭收入	1=3万以下	7187	1.87 ± 0.73	22.93 ± 3.78	1.01 ± 0.12	1.41 ± 0.91
	2=3-5万	4818	1.83 ± 0.71	23.27 ± 3.48	1.00 ± 0.12	1.28 ± 0.87
	3=6-8万	3840	1.80 ± 0.69	23.83 ± 3.47	1.00 ± 0.11	1.12 ± 0.79
	4=9-11万	2566	1.74 ± 0.70	24.24 ± 3.44	0.99 ± 0.12	1.03 ± 0.81
	5=12万以上	3874	1.76 ± 0.77	25.18 ± 3.61	0.99 ± 0.12	0.98 ± 0.75
健康状况	1=很不健康	371	1.90 ± 0.91	22.71 ± 4.26	1.00 ± 0.15	1.61 ± 1.15
	2=不健康	1825	1.92 ± 0.86	22.82 ± 4.00	1.00 ± 0.14	1.52 ± 0.92
	3=一般	4811	1.81 ± 0.72	23.73 ± 3.79	1.00 ± 0.12	1.29 ± 0.85
	4=健康	10282	1.79 ± 0.70	23.86 ± 3.64	1.00 ± 0.12	1.17 ± 0.85
	5=很健康	6968	1.79 ± 0.73	23.81 ± 3.53	0.99 ± 0.12	1.04 ± 0.87

表1-2 人口学变量与生育意愿各变量的相关分析

	意愿生育数量	男孩偏好	现有子女数量	初婚年龄
年龄	0.11**	0.04**	0.45**	−0.02**
健康状况	−0.03**	−0.01	−0.14**	0.06**
教育程度	−0.15**	−0.07**	−0.46**	0.42**
性别差异	−0.01	−0.04**	0.10**	−0.24**
城乡差异	0.03**	0.02**	.016**	−0.04**
家庭收入	−0.07**	−.046**	−0.20**	0.24**

注：*代表 $P<0.05$，**代表 $P<0.01$，下同。

通过以上可以看出，随着城镇化的推进、人口受教育水平的提升、经济地位的提高以及育龄人群的世代更替，育龄人群的生育意愿将会进一步受到抑制。

二、当代育龄人群生育意愿的时代变迁

按照五年为一个年龄段，对不同出生时间的育龄人群进行分组，结果发现，更年轻的育龄人群男孩偏好水平更低、意愿生育数量更低、现有子女数量更少（见表1-3）。

表1-3 1993年至2003年不同出生时间段育龄人群的生育意愿变化趋势

		样本量	均值	标准差	极小值	极大值
男孩偏好	1998—2003	1005	4.92	0.54	2.00	10.00
	1993—1997	2685	4.96	0.53	−1.00	11.00
	1988—1992	4151	4.96	0.55	1.00	8.00
	1983—1987	4646	4.98	0.59	0.00	9.00
	1978—1982	5043	5.01	0.61	1.00	11.00
	1973—1977	5609	5.03	0.61	1.00	12.00
	1968—1972	6125	5.01	0.60	1.00	9.00
	1963—1967	2741	5.07	0.61	2.00	8.00

续表

		样本量	均值	标准差	极小值	极大值
初婚年龄	1998—2003	33	18.85	2.81	12.00	23.00
	1993—1997	453	21.18	2.66	8.00	28.00
	1988—1992	2149	22.95	2.87	11.00	33.00
	1983—1987	3729	23.93	3.29	1.00	38.00
	1978—1982	4612	24.39	3.75	9.00	41.00
	1973—1977	5241	23.99	3.83	6.00	47.00
	1968—1972	5776	23.56	3.94	1.00	45.00
	1963—1967	2650	23.25	3.57	1.00	46.00
意愿子女数量	1998—2003	1005	1.48	0.85	0	6
	1993—1997	2669	1.60	0.78	0	8
	1988—1992	4128	1.75	0.72	0	8
	1983—1987	4635	1.79	0.66	0	6
	1978—1982	5039	1.82	0.70	0	8
	1973—1977	5589	1.86	0.71	0	8
	1968—1972	6108	1.89	0.74	0	8
	1963—1967	2723	1.90	0.71	0	8
现有子女数量	1998—2003	482	0.16	0.53	0.00	4.00
	1993—1997	2332	0.22	0.56	0.00	6.00
	1988—1992	3926	0.63	0.81	0.00	6.00
	1983—1987	4554	1.09	0.84	0.00	8.00
	1978—1982	5016	1.35	0.76	0.00	10.00
	1973—1977	5596	1.46	0.74	0.00	9.00
	1968—1972	6144	1.51	0.77	0.00	10.00
	1963—1967	2758	1.59	0.78	0.00	7.00

在2012年至2021年间,中国人民大学共组织了六次CGSS调查,分别以这六次调查的数据为分析单位,结果显示,与前面年龄段分析结果相类似,越是近期的调查结果,男孩偏好水平越低,初婚年龄越大,意愿生育数量越低,而越是早期的调查结果,男孩偏好水平越高,初婚年龄越小,意愿生育数量越高(见表1-4)。

表1-4 2012年至2021年不同调查时间点育龄人群的生育意愿变化趋势

		样本量	均值	标准差	极小值	极大值
男孩偏好	2012年	6235	5.04	0.54	2.00	12.00
	2013年	5990	5.03	0.56	1.00	11.00
	2015年	5185	5.02	0.60	1.00	11.00
	2017年	5675	4.97	0.60	1.00	8.00
	2018年	5545	4.98	0.63	0.00	9.00
	2021年	3375	4.93	0.64	−1.00	10.00
初婚年龄	2012年	5212	23.56	3.48	10.00	43.00
	2013年	4823	23.70	3.48	15.00	46.00
	2015年	4003	23.45	3.78	1.00	43.00
	2017年	4259	23.86	3.74	10.00	45.00
	2018年	4126	23.94	3.89	10.00	43.00
	2021年	2220	24.03	3.88	10.00	47.00
意愿生育数量	2012年	6224	1.83	0.69	0	8
	2013年	5945	1.81	0.68	0	8
	2015年	5114	1.86	0.67	0	8
	2017年	5681	1.80	0.76	0	8
	2018年	5550	1.77	0.79	0	8
	2021年	3382	1.71	0.78	0	6

续表

		样本量	均值	标准差	极小值	极大值
现有子女数量	2012年	6251	1.18	0.85	0.00	7.00
	2013年	6012	1.14	0.84	0.00	6.00
	2015年	5264	1.14	0.90	0.00	8.00
	2017年	5597	1.14	0.89	0.00	10.00
	2018年	5459	1.16	0.89	0.00	9.00
	2021年	2225	1.62	0.70	0.00	6.00

总体来说，当代育龄青年的生育意愿整体呈现出持续降低的趋势，这意味着，人口政策的持续松动难以逆转整体育龄人群生育意愿下降的趋势，推动实现适度生育水平面临较大压力。

三、当代育龄人群生育意愿的区域分布特征

按照不同省份对育龄人群的男孩偏好、初婚年龄、意愿生育数量以及现有子女数量进行排序，发现江西、甘肃等省份的男孩偏好水平、意愿生育数量及现有子女数量较高，而初婚年龄较低；北京、上海、浙江、天津等省份的男孩偏好水平、意愿生育数量及现有子女数量较低，而初婚年龄较高；广东、福建等省份育龄人群的男孩偏好水平、意愿生育数量较高，但是其初婚年龄较高，同时现有子女数量也相对较少。可见，不同省份育龄人群的生育意愿呈现出不同的特征（具体见图1-2、图1-3、图1-4、图1-5）。

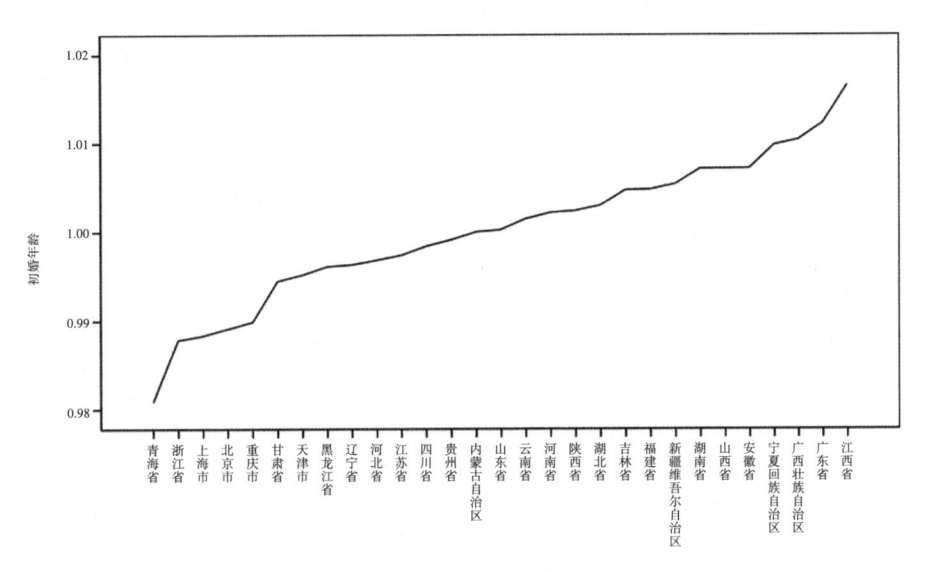

图1-2　不同省份育龄人群的男孩偏好分布

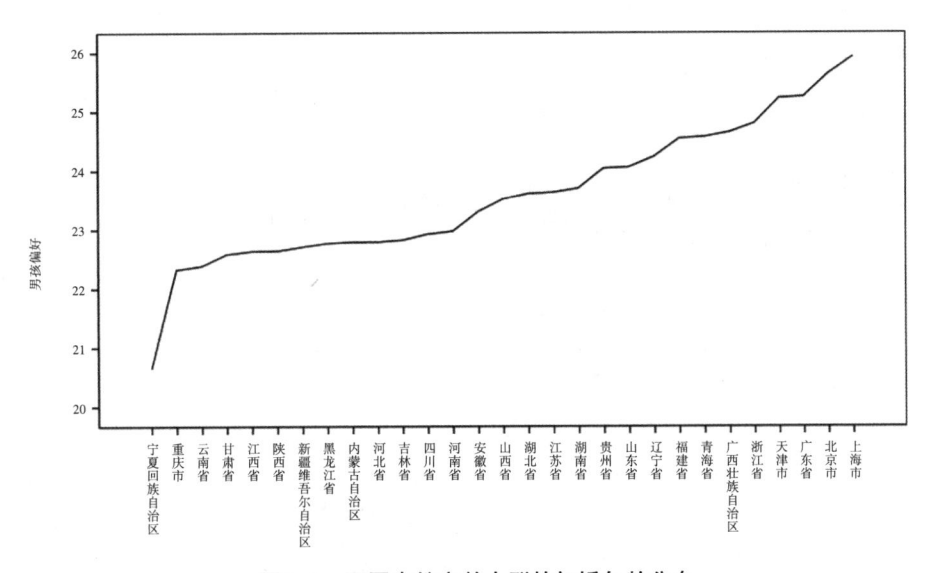

图1-3　不同省份育龄人群的初婚年龄分布

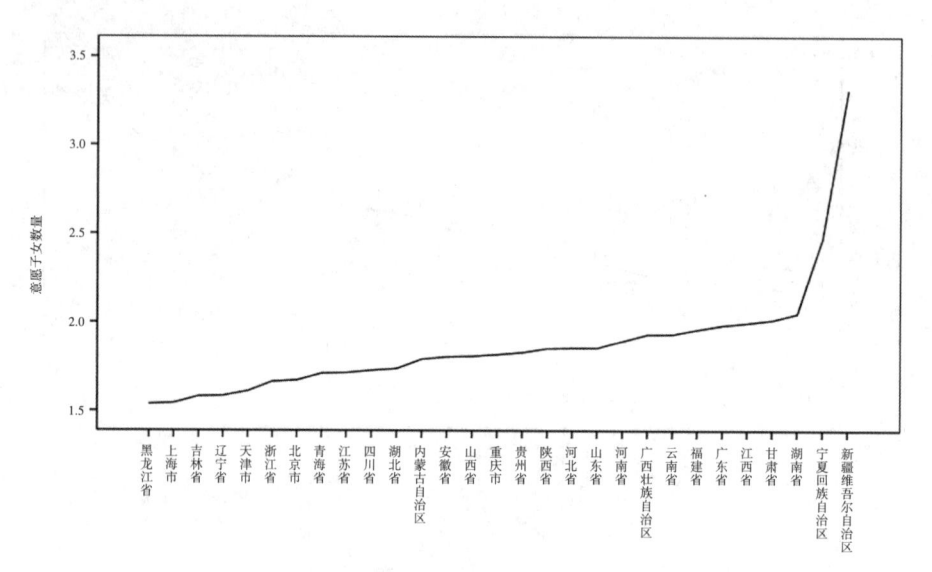

图1-4 不同省份育龄人群的意愿子女数量分布

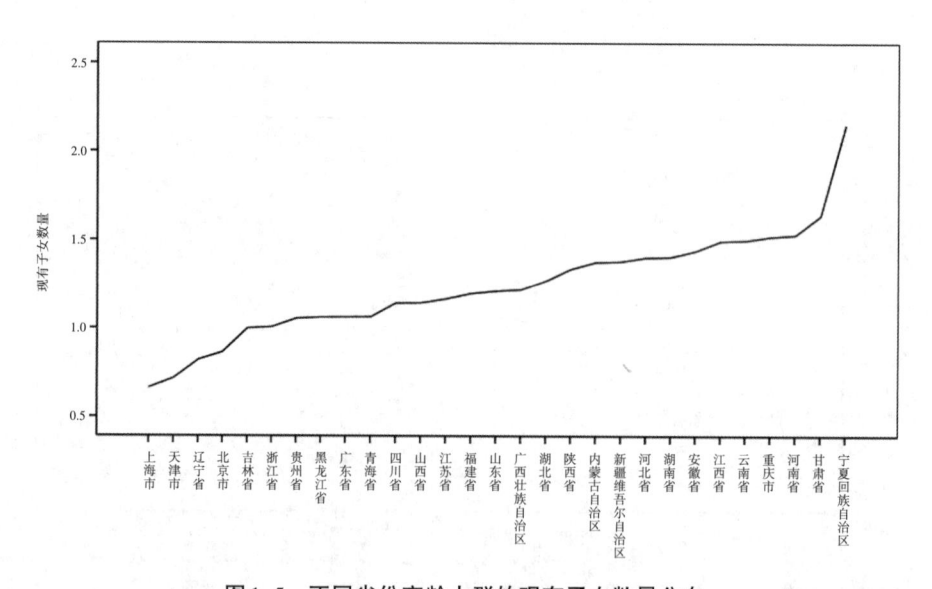

图1-5 不同省份育龄人群的现有子女数量分布

为进一步明晰不同区域育龄人群生育意愿的分布特征,按照西部、中部、东部及东北四大区域对育龄人群进行划分,结果可见,中部地区的男孩偏好水平较高;西部地区的初婚年龄显著低于东部地区;西部地区的意愿生育子女数量最高,而东北地区的意愿生育子女数量最低;西部地区和中部地区的现有子女数量显著高于东部地区和东北地区(见表1-5)。

表1-5 不同区域育龄人群的生育意愿分布特征

		样本数	均值	标准差	极小值	极大值
男孩偏好	西部地区	8057	4.99	0.56	1.00	10.00
	中部地区	7715	5.03	0.58	0.00	12.00
	东部地区	12010	4.98	0.59	−1.00	10.00
	东北地区	3773	4.99	0.69	1.00	11.00
初婚年龄	西部地区	6274	22.97	3.84	1.00	47.00
	中部地区	6059	23.26	3.44	1.00	44.00
	东部地区	9046	24.66	3.55	1.00	46.00
	东北地区	2953	23.20	3.54	9.00	39.00
意愿子女数量	西部地区	8037	1.90	0.72	0	8
	中部地区	7694	1.89	0.67	0	8
	东部地区	11955	1.75	0.73	0	8
	东北地区	3759	1.57	0.74	0	8
现有子女数量	西部地区	7837	1.35	0.95	0.00	10.00
	中部地区	7263	1.39	0.88	0.00	8.00
	东部地区	11553	1.01	0.80	0.00	7.00
	东北地区	3713	0.96	0.70	0.00	6.00

进一步对不同地区的育龄人群按照城乡差异进行区分,结果发现,西部地区和中部地区在男孩偏好水平和初婚年龄上均不存在城乡差异,而东部地区在男孩偏好水平和初婚年龄上却存在显著的城乡差异,这可能是西部地区和中部地区城镇化深度较低,城乡育龄人群的生育相关行为分化水平较低,而东部地区城镇化深度较高,城乡育龄人群的生育相关行为分化明显存在一定关联(见表1-6)。

表1-6 不同区域育龄人群生育意愿的城乡分布特征

		城乡差异	样本数	均值	标准差	t	p
西部地区	男孩偏好	农村	4262	4.99	0.57	−0.39	0.69
		城市	3795	5.00	0.55		
	初婚年龄	农村	3245	23.02	3.74	0.95	0.34
		城市	3029	22.93	3.94		
	意愿生育数量	农村	4244	1.87	0.71	−3.78	0.00
		城市	3793	1.93	0.72		
	现有子女数量	农村	4116	1.33	0.98	−2.61	0.01
		城市	3721	1.39	0.92		
中部地区	男孩偏好	农村	4173	5.03	0.58	−1.38	0.17
		城市	3542	5.05	0.57		
	初婚年龄	农村	3213	23.26	3.52	−0.22	0.83
		城市	2846	23.28	3.36		
	意愿子女数量	农村	4160	1.87	0.67	−2.98	0.00
		城市	3534	1.92	0.67		
	子女数量	农村	3896	1.37	0.88	−1.66	0.10
		城市	3367	1.41	0.88		
东部地区	男孩偏好	农村	7052	4.96	0.60	−3.74	0.00
		城市	4958	5.01	0.55		
	初婚年龄	农村	5216	24.84	3.68	5.25	0.00
		城市	3830	24.44	3.36		
	意愿生育数量	农村	7025	1.74	0.77	−2.48	0.01
		城市	4930	1.77	0.67		
	现有子女数量	农村	6659	1.04	0.81	3.79	0.00
		城市	4894	0.98	0.78		
东北地区	男孩偏好	农村	2128	5.00	0.70	0.56	0.57
		城市	1645	4.99	0.68		
	初婚年龄	农村	1618	23.43	3.60	3.83	0.00
		城市	1335	22.93	3.46		
	意愿子女数量	农村	2113	1.57	0.77	−0.22	0.98
		城市	1646	1.57	0.69		
	现有子女数量	农村	2066	0.94	0.70	−2.20	0.03
		城市	1647	0.99	0.69		

总体来看,表现在省际、区域以及城乡层面,不同区域育龄人群的生育意愿分布特征存在着相当程度的独特性,这意味着,为进一步提振育龄人群的生育意愿,不同区域需要结合自身发展特征,有针对性地出台完善符合自身实际情况的促进育龄人群积极生育行为的配套政策。

第二章　多学科视域下的生育意愿

　　虽然生育意愿是人口学研究者长期关注的领域,但是严格意义上来说,生育意愿并不是专属于特定学科的研究领域,在实际开展研究的过程中,研究者们并不拘泥于特定学科的理论来解释生育意愿问题。作为生育行为和生育率的主要影响因素,Morgan(2003)在邦戈茨提出的生育模型基础上,直接不再以自然生育力为参照点,而以生育意愿数量为参照点,提出生育意愿的数量与总和生育率之间的差距取决于提升生育的因素和抑制生育的因素影响情况,提升生育因素包括非意愿生育、替补效应和性别偏好,抑制生育因素包括进度效应、不孕效应和竞争效应,可以看出,提升和抑制生育的因素所涉及的学科范围很广,涉及经济、社会、文化、心理、健康等各个学科领域,事实上,这些提升和抑制生育的因素不仅会影响生育意愿与总和生育率之间的差距,同时也会影响参照点生育意愿的本身。目前研究者们更倾向于从不同的学科理论视角,通过选定相对应的变量来阐释生育意愿的影响机制。

第一节 生育意愿的经济学阐释

一、成本与效用理论

成本与效用理论的提出者是莱宾斯坦,莱宾斯坦是使用经济学理论探讨生育行为的先驱者之一,他最早提出孩子效用和负效用这一概念。莱宾斯坦利用成本与效用来解释家庭生育孩子的意愿,核心概念包括三个:分别是直接效用、间接效用和保障效用。同时,他还列举了影响生育意愿的不利因素,即负效应,负效应包括养育费用与机会成本这两部分。莱宾斯坦的成本效用理论认为,支付必要的成本,用在孩子的抚育方面是必不可少的,也是极大的生育代价。成本包括从母亲怀孕到孩子长大成人为止的一系列费用和精神付出,其中抚养费用、教育费用、医疗费用和其他支出是直接成本;父母为抚养孩子所损失的时间,以及因此而减少的收入则是间接成本。有所付出就会获得效益,这是经济学层次上的客观理论,无论是物质上的投入,还是精神上的付出,都是随着父母或家庭收入的提高而增加的,收入水平的上升会使孩子数量变少,这是孩子的成本与效用进行比较得出的最终结论。

从微观经济学角度去看,生育行为受孩子成本及其效用的影响是比较明显的,也是人的理性行为的必然选择。为孩子花费的成本包括直接成本、间接成本,直接成本是生育孩子支出的总费用,即在孩子身上花费的衣食住行开销以及教育等方面的开销;间接成本指的是家庭中的父母为了生育孩子,无奈放弃的各种机会,比如就业机会和职业晋升的机会等。与父亲相比,母亲在这方面的机会成本会更大。效用也分为不同的类别,有经济方面的效用、精神层面的效用、扩展家庭规模的效用等。

有学者对莱宾斯坦的成本效用理论做出了相关解释,莱宾斯坦的成本效用的决定性因素是家庭外部的经济条件以及内部收入的变动。此外,家庭收入和孩子带来的效用之间是负相关的,如果家庭的收入在不断提高的话,那么,孩子带来的效用将会逐渐减弱。其原因不言而喻,当家庭整体的收入达到一定的水平后,生育孩子带来的效用与之相比就不值一提了。当父母从子女身上获得的效用越来越少,且父母的自我保障的能力得到提高,那么,生育意愿就会受到影响。

在贝克尔的《家庭论》(贝克尔,1998)中,作者从微观经济学的角度,细致考察并分析了家庭中的生育行为。这是对莱宾斯坦成本效用理论的补充与完善。他认为,家庭不仅具有消费功能,还有能够带来经济收入的生产能力。孩子对其父母而言,是一种无形的心理收入,能给其带来一定的心理满足感。用经济学术语来表述,夫妻生育的孩子就是一种商品,因为他们的孩子能以不同于厂商的方式,为他们提供一定的家庭收入。但是,没有任何事物是不需要成本的,贝克尔认为,孩子必须要在花费了一些直接或间接成本之后,才能为其家庭带来一定收益。生育一个孩子需要花费的成本不仅包括经济上的,还有情感以及精力方面的投入。包括用于衣食住行等物质上的开销,以及父母为了生育和养育孩子所花费的劳动时间成本。对生育的母亲来说,生育对自己的工作会带来不小的不利影响,出于个人成本的考虑,可能会使女性的生育意愿不强烈。

二、孩子成本理论

孩子成本理论是由奥肯提出的,奥肯把养育孩子所需的成本当作基础,创建了模型来分析孩子成本对于一个家庭生育意愿的影响。奥肯强调养育孩子所需的成本能直接影响到一个家庭的生育意愿以及生育行为,当家庭的总收入提高时,在养育孩子身上花费的成本也会相应提高;养育孩子的成本没有发生变化,在家庭收入提高的基础上,这个家庭就会相应提高对孩子数量的需求。养育孩子的成本提高了,收入的增加所带来的额外效应就会被养育孩子的负效应所抵消,自然就会导致这个家庭对孩子需求的减少,生育意愿也会随之降低。在现有的研究中,很多学者认为该理论的现实意义极强,直接决定了人们的生育行为。孙奎利认为,人们的生育意愿以及对于生育行为的决策,取决于生育行为带来的边际效用和生育孩子成本的比较。赵杰等研究发现,贫困地区的生育成本低、养育孩子的成本比较低,但生育孩子的效用相对来说比较高,就会形成多子多孙的生育文化。张信峰进一步指出,养育孩子的效用变化使得家庭规模发生了变化,这是受到了当前经济环境、政策环境、文化环境的影响。在当代中国,孩子对于家庭以及父母的经济以及生活保障等传统效用在逐渐减少,反而是非物化的心理效用在上升,充分反映出随着时代的变迁,以及整个社会生活水平的提高,人们的自我意识觉醒和对于孩子质量的愈加重视,使得养育孩子的成本在逐步提高。养育男孩除了基本的教育投入之外,也包括了下一代结婚所要付出的买房、买车等的高额投入,养育男孩的收益要远小于养育的成本投入。按照经济学理论来说,这就成为一件得不偿失的事情。所以,随着物质文化水平的不断提升,不管家庭现有的经济水平到了一个什么样的程度,都使得人们的生育意愿逐渐减弱,生育行为随之减少。

三、数量与质量转换理论

张本飞的研究,通过使用贝克尔的数量与质量选择理论作为理论基础,创立了理论模型并深入探讨了生育意愿的相关经济学现象(张本飞,2004)。依据他的观点,教育程度对生育意愿有着不小的影响力,尤其是母亲的教育程度,母亲的教育程度越高,其生育的孩子质量就越高,而数量会相对较少。当生育一个孩子的固定成本随着家庭的生活水平上升,父母则对孩子数量的追求会逐渐被孩子质量所替代。这充分解释了收入提高与出生率下降之间的原因。除此之外,还解释了在传统农业社会时期,家庭普遍生育意愿较高的现象。

有一项研究,以上海徐汇区近三百名适育女性作为研究对象,以 Stata 数据分析软件为研究工具,把贝克尔的孩子质量与数量选择理论作为模型,分析了生育意愿变化的原因。在所有可能的影响因素中,社会流动偏好、经济情况、价值观和生活习惯等,会对职业女性的生育意愿造成影响。最终发现,母亲的学历层次越高,孩子质量越高,孩子数量却不会太多。在女性白领阶层,她们出于职业发展的考虑,越来越倾向于晚育。

贝克尔在相关研究中指出,孩子成本上升的原因取决于以下几种因素:第一是父母在生育中更倾向于对质量提出要求；第二是生育质量差异不大的孩子成本也是很大的。父母对小孩的投资与生育意愿之间有着反向关系，这种关系被称为"数量—质量替代关系"。当生育小孩需要更多支出时，只能证明这种支出在孩子的数量和质量上都有一定占比，且小孩的质量和数量都决定着家庭的生育意愿，对孩子投入的成本并不是固定的不变，是一个需要决策的变量。在学者庄渝霞的文章里提到，贝克尔收入正效应理论说的是，收入的增加会让人们更愿意多生育孩子（庄渝霞，2009）。随着社会的进步，贝克尔的收入正效应理论已经无法合理解释更多的现象，也就是当时的西方国家，出现了收入上升但生育率却不升反降的现象。在驳斥了奥肯孩子成本理论的基础上，贝克尔创建了另外一种解释生育意愿的经济学理论，即孩子数量—质量转换理论。贝克尔提出，随着每个家庭收入的提高，在孩子身上所花费的成本会相应增加。人们对孩子的需求与对消费产品的需求特点是一致的，当人们的收入增加后，会对物质产品有着更高质量的需求。同理，随着家庭收入的增加，家庭更愿意在孩子质量的提高上花费成本，这就是著名的数量—质量转换理论。这一理论能很好地解释发达国家生活水平较高，但生育意愿却持续下降的现实社会问题。很显然，孩子的数量和质量这一关系，可以很好地探讨家庭生育意愿的问题。

四、时间分配理论

贝克尔于1965年提出了解释生育意愿的家庭时间分配理论（庄渝霞，2009）。对于有工作的职业女性来说，生育所要花费的时间成本是不可忽视的。生育不仅花费大量的时间，还消耗了家庭的经济收入。在这种受时间和工作收入双重制约的情况下，育龄女性需要在工作和生育孩子之间做出选择。在贝克尔的观念中，生育时间的价值是以女性的受教育程度和人力资本的水平决定的，故而决定生育意愿的因素之一就是母亲的质量。时间分配理论与孩子数量—质量理论的不同之处在于，把影响生育意愿的关注焦点放到了母亲身上，间接说明了育龄妇女的地位与收入水平对生育意愿有着不可忽视的影响。

家庭富裕程度与生育小孩数量之间的关系是：越富裕的家庭，小孩数量反而更少一些。贝克尔的时间分配理论认为,社会的进步和发展,女性群体的工资自然随着自身的资历和人力资本的增加而提升。也就是说,如果一名女性在生育孩子上花费的时间过多,就意味着付出的成本高。跟工作相比,抚育一个孩子的时间是更多且集中的,如果女性在工作中的工资处于较高的程度,那么,她照顾孩子所花费的时间成本就越高,这就导致女性的生育意愿变低。

Willis研究生育率模型时,把两个条件放进去作为限制条件。其一是父亲不承担照顾孩子的责任,另一个尤为重要,母亲学历层次的高低,在其工作时可以决定她们的待遇,但并不会使得其在家庭中的生产力变高。随后Willis又提出,男性的工资增加会间接提高生育率,家庭生活中的男性被分配去照顾孩子的时间并不多。女性如果能力够高,可以获得较高工资,却将自己的时间花费在照料孩子上,就会出现生育率下降的情况。学者陈煜婷的研究,利用2013年的相关调查数据,对城镇已婚妇女进行生育意愿及其影响因素的分析,提出工作岗位、时间分配以及观念对生育意愿有着不同影响(陈煜婷,2019)。在该学者的观点中,女性生育行为更多受到了社会因素的影响。如果女性在时间的分配上没有足够的自主权,那么,时间上的"贫困"会对整个家庭的生育意愿存在制约的作用。在时间上的自主权够强,生育意愿就更强,但是时间上的"贫困"对于女性生育意愿的影响会高于男性,随着时代的进步和女性观念的改变,大多数女性更倾向于把自己的时间用在自己身上,而不是用在生育子女上。该学者的研究,在一定程度上来说,是对贝克尔的"时间分配理论"的有力实证。

五、耐用消费品和收入效应理论

耐用消费品主要是指使用寿命较长的消费品,一般可以多次使用,诸如家用电器、汽车、家具等。由于耐用消费品寿命较长的特点,导致其价格相对来说比较昂贵,消费者在购买行为和购买决策方面都倾向于慎重和理性。消费者在购买消费品时选择面比较大,其购买决策过程就会相对复杂。有研究者在研究耐用品消费的时候发现,一个家庭的耐用品消费习惯与家庭决策以及家庭投资存在着强烈的相关性。家庭对耐用品消费的习惯也直接反映出一个家庭的生育行为以及生育意愿方面：一个家庭的耐用品消费就好比是这个家庭的生育意愿，需要慎重并理性地做出决策。耐用消费品的价格昂贵，使用寿命周期也长，而生育孩子的行为不仅需要较长的时间周期，也是一种投资与消费的决策。现有研究发现，家庭耐用品消费不仅受到购房动机及住房贷款的挤出作用，还与家庭参保行为及医疗保障水平有着显著的影响，需要特别强调的是，家庭耐用品消费还与收入水平、收入风险存在相关关系。

从某种程度上来说，由于耐用消费品的特质与一个家庭的生育行为较相似，耐用消费品体现了一个家庭的消费习惯，也与这个家庭的生育意愿相关，生育决策与生育行为不仅涉及生育意愿及生育结果，还涉及复杂的养育过程，这是一项十分复杂的人类行为。贝克尔就把孩子与耐用消费品联系起来，认为孩子与父母之间的关系，不仅是父母对于孩子进行投资，还包括孩子可以给父母带来满足感以及精神上的慰藉从而获得效用。但生育孩子的行为与一般的耐用消费品也不太一样：一般的耐用消费品是厂商为别人生产的，商品的质量本身是由别人做决定的；但孩子不能作为商品在市场上买卖，只能由家庭自己生产控制，加之孩子的生产具有不确定性，生产孩子的家庭本身并不能控制孩子的性别、智力、身高等。生产的不确定性就会引起消费的不确定性，在耐用消费品的决策中，消费者选择商品的行为受到了既定价格、偏好以及价格等因素的约束，自然会选择效用最大化的消费数量。

在耐用消费品的理论中，孩子作为耐用消费品，一个家庭对其的消费决策，不仅需要确定生育多少数量，还需要确定孩子的质量。随着家庭的经济水平呈现上升趋势，家庭对于耐用消费品的消费不仅有数量上的突破，还会更倾向性地购买质量更好的耐用消费品；生育孩子的质量收入弹性比较高，数量收入弹性相对来说比较低，家庭的生育意愿也不仅仅是在关注生育孩子的数量方面，更多的是会比较关注生育孩子的质量方面。通过以上的对于耐用消费品与生育行为的分析得出结论，耐用消费品消费偏好较高的家庭，普遍经济收入较高，生育意愿也会比较强烈；相反地，耐用消费品消费偏好较低的家庭，生育意愿也会比较弱。同时，当家庭的经济收入水平得到相应的提高，并达到一定的程度时，家庭对于耐用消费品的追求，慢慢从数量变成了高质量，生育孩子的行为相应地从讲求孩子的数量,进而演变为孩子的质量。家庭的生育意愿在慢慢爬升,到达巅峰之后(拥有了一到两个孩子之后),家庭的生育意愿就会骤然下降,进而比较关注现有孩子的质量。

收入效应理论一般是指在总收入不变的情况下,某种商品的价格变化对其需求量的影响。也就是说,当某种商品的价格上涨,而消费者手里的总收入不变,就意味着消费者的实际收入随着该种商品的价格上升而减少,呈负相关的趋势,进而影响消费者的购买能力,消费者对此种商品的需求量就会随之减少。相反地,若某种商品的价格下降了,消费者的实际收入并没有变化,就意味着消费者的收入,相对于这种商品的价格下降而言在增加,消费者的购买能力增强了,对这种商品的需求也就增加了。同时,收入效应理论与一个家庭的生育意愿乃至生育行为也有着相关性,如果一个家庭为人父母的两个成年人总收入没有增加,家庭的生育行为就使得家庭实际收入趋于减少的趋势,会降低这个家庭的生育意愿。如果这个家庭的收入增加,或者本身处于一个比较高的级别,家庭的生育行为对他们来说,不仅不会降低生活质量,反而会增加幸福感,进而增强这个家庭的生育意愿。

六、社会集团收入—孩子理论

社会集团收入—孩子理论是由奥肯提出的,是在他的孩子成本效应理论的基础上加以改进的。奥肯认为,决定一个家庭生育意愿及生育行为的要素,不仅是家庭的绝对收入,而且还包括了家庭中为父者与所属社会集团当中的其他人相比的相对收入,以及在社会集团中所处的地位,即如果有处于相同集团的两对夫妇,A夫妇的收入高于B夫妇,在其他的消费偏好不变的情况下,与B夫妇比较起来,A夫妇的生育意愿,以及生育孩子的数量,就要比B夫妇更加强烈或者是数量更加多(庄渝霞,2009)。同时,如果A夫妇在社会集团当中的社会地位高于B夫妇,那么,A夫妇的生育意愿也会比B夫妇的生育意愿更加强烈。同样持相同观点的还有弗里德曼,他进一步提出,家庭的生育意愿,不仅取决于家庭的收入与处于社会集团中的社会地位,也取决于家庭的阶层;生育意愿不仅与收入有关,更与不同阶层的思想以及收入有关,受教育程度更低的阶层在生育意愿上反而比受教育程度更高的阶层更加强烈,受教育程度更高的阶层在生育行为中,会更加注重孩子的质量,最终影响到家庭的生育意愿以及生育决策。Becker完善了这种行为结论的解释力并引入了"社会压力"概念,他认为,这是一种逆马尔萨斯现象,是"社会压力"迫使富裕的家庭或受教育程度更高的家庭,在孩子身上花费更多的时间精力以及金钱,无形中提高了孩子的生育成本,进而在不变的经济水平下降低了家庭的生育意愿。也就是说,社会压力影响了孩子的质量价格弹性,家庭不得不花费更多在提高孩子的质量上,导致家庭对于孩子质量的投入大幅度地增长。

七、社会性相对收入假说

社会性相对收入假说是由莱宾斯坦在1974年提出的,此理论认为,影响家庭生育意愿的因素与社会地位与社会阶层有关。这一点跟奥肯的社会集团收入—孩子理论也有某些相似之处。莱宾斯坦认为,孩子跟一般的耐用消费品虽然在某些特性上比较相似,但其实有很大的不同之处,一般的耐用消费品的价值会随着时间的增加而减少,呈负相关的趋势,但养育孩子会在一定的时间后,到达一定的成熟程度后,孩子的边际效用会出现递增现象。不同阶层以及群体的生育意愿是不同的,这使得莱宾斯坦进一步完善了社会性相对收入假说。他认为,同一个群体或者同一个阶层的生活水平以及收入水平都是差不多的,但由于经济水平以及社会地位的提高,他们手上能利用的资源就会随之增加,他们需要与社会地位相匹配的投资与消费支出。在收入一定的制约下,想要消费的东西多了,用于消费的支出愈来愈多,生育行为就变成了他们舍弃的第一选择。随着社会地位的提高,生育行为对于他们来说,会使得他们的养育行为所花费的成本会比以前高出很多,进而减弱他们的生育意愿。因此,社会地位较高的群体或阶层对于孩子的需求,会比社会地位较低的群体更少,且他们会比较重视生育孩子的质量而不是数量。同时,莱宾斯坦还指出,与处于同一个阶层的家庭相比较,富裕家庭的生育意愿会更高,他们有较充足的能力保障养育孩子的需求。

八、生育率抑制临界假说

在学者陈永平的研究成果中,陈永平对西方人口学中出现的人口经济学相关理论进行了梳理,对以伊斯特林为首的"生育供给需求理论"进行了具体阐述(陈永平,1992)。在该学者的梳理中,认为伊斯特林是贝克尔理论的挑战者,伊斯特林的生育率抑制临界假说,不仅很好地阐释了发达国家的生育现象,还详细解释了发展中国家向发达国家的过渡时期、生育意愿与各影响因素之间关系变化的原因以及可能发生的情况(陈永平,1992)。生育率抑制临界假说认为,社会和经济的发展,使得很多因素对生育孩子的供给、需求和控制成本产生不容忽视的作用。其中包括五个主要因素,分别是公共卫生和医疗技术的进步、教育的普及与提高情况、人口城市化情况、新产品的出现、计划生育工作的推广。一个社会的生育情况受家庭限制生育的动机和控制成本的影响,在控制动机比较强的社会中,若生育成本较低,则选择避孕的夫妻会更多;如果控制成本过高,即使有抑制生育的想法,还是会存在孩子大量出生的情况。

"生育率抑制临界假说"是伊斯特林于1978年提出的。该假说针对生育意愿进行经济学分析,通过把孩子给家庭带来的收益和成本做一个比较,提出经济状况的好坏对一个家庭的生育意愿有着较大影响。该理论批判了贝克尔的相关假设,提出人的偏好行为是善变的,且家庭与家庭之间存在着差异。收入对生育意愿有着正向的作用,偏好在其中发挥了作用,偏好的改变是与生育父母的父辈生活质量有着联系。从社会和个人的抑制关系着手,伊斯特林的生育率抑制临界假说是对发展中国家生育现象的有力解读。

伊斯特林认为,每个家庭有着自己的消费偏好,该行为随着时间及各因素的变化而改变。在收入水平有差异的情况下,各个家庭的需求不尽相同,每个家庭的生育意愿发生改变,是以自身生活质量与其父辈进行比较来决定的。在这种假设下,如果该家庭的生活水平比他们父辈好,生育意愿就会相对较高;如果情况相反,生育意愿就因生活质量的降低而降低。伊斯特林通过对家庭生育意愿做具体的分析,认为每个家庭的生育意愿都受到社会的影响,当社会对孩子的需求变大时,生育水平就需要提高。家庭的收入水平决定着该家庭的养老保障，一个家庭收入不是很理想时，可以通过生育合适数量的子女去提高该家庭在未来的养老保障水平。在这种情况下，孩子对家庭来说是具有较高价值的财产。

第二节　生育意愿的社会学阐释

一、文化扩散理论

文化扩散理论主要解释了社会生活中家庭和个人所感受的文化与生活方式对生育意愿的影响作用。这个理论是社会网络与互动理论的一个有机部分，强调文化的延续与传播对一个国家、一个地区不同阶层人们的生育意愿的影响，关于生育观念文化有多种的学说与观点，并被越来越多的学者接受和认可。这一社会学理论认为，某些国家、地区和阶层的生育观念，通过迁移扩散等文化传播方式，传播到其他地区和阶层，受到外来文化的影响，被传播者开始学习并模仿这些国家的生育观念和模式。就文化的传播路径而言，生育意愿的观念和模式主要是由强势文化地区传播到弱势文化地区，由高收入者的生育模式传播给低收入者。在这个传播过程中，强势文化所有者和高收入者承担着主导者角色，他们主导了生育数量、生育时间的选择等；弱势文化所有者或低收入者承担着学习者或模仿者的角色，通过学习强势文化和高收入者的生育模式，影响并改变自己的生育意愿选择，最终影响整个民族、整个社会、整个国家的生育率。

在人类社会早期，由于生产力水平较低，生育意愿的扩散路径比较简单而单一，几乎只能伴随着人口的迁移而扩散到其他地方。但随着生产力的发展，人们生育文化的扩散变得便利而高效，有了更多文化传播的媒介，加之有些国家刻意的文化输出，致使地球村的人能够很快了解到其他地方的生育文化。生育文化的传播，形成了多元化生育观点，从生育功能角度分析出发，明确了生育孩子是为了什么、生育男孩或女孩能对家庭或者个人带来什么样的改变、多生育孩子与少生育孩子目的何在等。受相对封闭文化中心主义概念的影响,中国的生育意愿多受到中国儒家文化的影响,外来文化的影响力不大。学者李银河对生育功能的研究十分有建树,她认为中国传统思想中重男轻女,是因为中国处在社会经济不发达、国家各个方面发展都比较落后的时期。一个家庭对劳动力的需求十分地强烈,有了足够的劳动力,生活才能越过越好,因而也就产生了养儿防老的思想。在旧有文化观念中,人们对生育孩子的性别更倾向于男性,这也是当今男女比例严重失调的一个重要原因。中华文化还解释了人类生育的原始动力,即生育动机。费孝通认为生育文化是种族延续的产物,很好解释了人的生物属性与社会属性的有机统一。我国的传统文化受儒家思想影响深,儒家文化中一种经典的思想是"不孝有三,无后为大",这一思想在很大程度上影响着人们的生育观念。

社会在不断地发展与进步,整个人类社会已经成了一个文化多样性的格局。随着西方文化不断渗入和冲击,西方的生育意愿对我国的固有生育意愿产生了较大的冲击,特别是年轻人的生育意愿更是受到西方文化的影响。追溯西方国家的文化对人民生育意愿的影响,生殖崇拜是西方原始社会主要的生育观,这一思想通过宗教信仰、神话传说和各种民俗表现出来。受到生产力水平低下的限制,繁衍人口意味着生存能力的增强。为了满足生存发展,必须鼓励人口增长,多生多育是当时的主流生育思想。在古希腊时期,就存在着严重的重男轻女思想,人的最大使命就是完成家族或者民族的传承,一个家族最大的不幸就是没有男性来完成家族的延续,这与中国的"香火中断"十分相似。西方社会基督教的道德约束,使得人们又有了厌生、少生的生育思想。为适应统治阶级的需要,宗教开始成为西方统治者统治民众思想的舆论工具。受基督教中的禁欲思想和财产继承采用单一继承人制度的影响,民众的主流生育思想是晚婚晚育或终生不育。伴随欧洲工业革命的兴起,欧洲国家的经济飞速发展,机器开始代替工人的劳动,导致大量的工人失业,城市人口的就业问题十分严峻,形成了严重的人口过剩问题,节育与晚婚晚育的思想观念开始慢慢地深入人心。现代西方国家开始全面的现代化建设,社会竞争日益激烈,对人们生育结果提出了更高的要求,这影响了人们的生育意愿。人们对于生育意愿的态度采取了理性主义选择,首当其冲考虑的是生孩子的各种成本问题,如时间成本、教育费用等,生孩子能给自己带来什么好处,若收益小于成本,他们就会放弃生育,这就是近代西方国家生育率普遍很低的重要原因,也是中西方生育意愿的差别之一。受西方生育观念的影响,中国的生育意愿选择同时受到西方文化少子化的享受主义文化的思想影响和中国传统文化的"多子多福"和"无后为大"的思想影响。外来文化和传统思想关于生育意愿的双重影响力,共同作用在中国人的思想中,影响了中国人生育意愿的选择,中国人在生育选择方面陷入了困境与矛盾。

二、社会毛细血管理论

法国社会学家杜蒙特的社会毛细血管理论是最早讲述有关于生育意愿的社会学理论。他认为人口增长总是缓慢的和不规则的。很明显,生育意愿在趋于下降,至少在某些文明国家如此。生育意愿的下降是由于人们社会地位的不断提升和经济情况的持续改善而起作用的,他把这种普遍欲望叫作"社会毛细管作用"。社会毛细血管理论提出,个人在社会生活之中,总是渴望改变现状、追求进步、提高自身的身份地位、获取更多的社会认可,通过自身的努力,获取更多的社会财富和权力。因此,社会中的个体总是在不断学习更多的知识,提高自身的知识水平和能力。尤其是在发达国家,人们希望通过自身努力,在社会中实现自身价值。正是在这种推动力作用下,导致了国家出生率的下降。家庭人数众多会影响个人社会地位的提高及自身价值的实现,人们便会减少生育,缩小家庭规模,这就是一些西欧国家出生率下降的原因所在。

在经济全球化时代,由于经济水平的层次不同,加剧了由于经济因素所造成的社会不平等,越来越多的人希望通过自身的不断奋斗努力,改变自身命运,实现自身的理想目标。在这样的社会环境的影响下,社会毛细管的作用得到更大程度的激发。相反,在一些相对落后的国家,社会等级森严、社会地位固定,普通人难以通过自身的努力改变其自身的现状,实现自身的理想抱负,普通人流向上层的壁垒没有被打破,在这种本身就不平等的社会环境下,社会毛细管对于生育率作用的发挥必然是微乎其微,生育率必定会居高不下。

毛细血管理论还解释了女性生育意愿的选择问题。国内有研究者就受教育程度对育龄女性的生育意愿的影响进行研究,发现育龄女性的受教育年限越长、受教育层次越高,其生育的意愿就越低。研究发现,没有受过教育的育龄女性,比那些受过初中、高中教育的育龄女性更愿意生育孩子;受过高中及以下的育龄女性比受过大学及以上的育龄女性的生育意愿高。究其原因是受过更高的教育,势必要投入更多的人力资本,在接受教育方面要花费大量的时间与精力,这些女性的劳动技能、经济收入与社会地位要更高。其生活环境与生活状态也与受教育程度低的女性大大地不同,生育孩子的成本更高,会给一个家庭带来多方面的压力。在生完孩子之后,孩子的养育也是一个很复杂的问题。受过高等教育的女性的工作性质与工作时间的限制,会使他们在面对是发展个人重要还是要孩子重要的问题时,陷入两难的境地。毛细血管理论可以很好地解释这一现象,人们对孩子的需求与个人的需求就像毛细血管现象一样,是一种此消彼长的状态,选择对个人的发展就要放弃生育孩子,选择生育孩子就不能重视个人的发展。受教育层次高的女性,由于教育资源所带来的赋能,使他们有更多的话语权,对生育事件的决策有影响力,使得与传统的家庭观念有所不同。受教育程度比较高的育龄女性,他们对国家的相关政策有更深刻的了解,受到传统思想的影响较小,他们会认为少生优生是一个很好的选择,他们更具有现代人的家庭观念与生育观念,认为早生多生会给家庭带来不利的影响。受教育程度较低的育龄女性,则在家庭生活中拥有较小的选择权,容易受到传统思想的影响。可见,育龄女性的受教育程度对生育意愿有着重要的影响。随着国家对教育事业的重视、女性地位的提升,优生少生会成为众多高学历女性的不二选择。学者周长洪(2015)在研究家庭经济水平与生育意愿影响时发现,毛细血管理论能对研究结果做出很好的解释。一个家庭的经济收入决定了这个家庭所能承担的抚养小孩的成本多少,特别是在高度经济化的今天,对于小孩的抚养、教育、医疗等各方面都需要一大笔经济支出,生育成本较高,有些家庭本有生育的意愿,但由于经济条件的限制,最后选择放弃了生育或少生,经济水平对于生育意愿的影响存在着复杂性。家庭的经济收入状况与生育意愿呈现负相关的关系,即家庭经济收入越高,生育意愿越低,对于生育子女的数量期望越低,这些家庭对孩子更多的是实现精英式的教育。

三、社会性别平等理论

学者在对西方国家生育率低的解释中,提出从性别平等的角度进行思考。麦克唐纳提出,性别公平在不同社会领域的制度设置的不相容性,可以很好解释生育率从更替水平向超低生育率的变化(郑真真,2015)。在男女地位越来越平等的后现代社会,女性对于自己事业的追求,会将更多时间用在自我提升方面,自觉增加自己的社会竞争力,将生活倾向于以自我为中心,将家庭的角色作为当作自己获取成功的障碍,这会大大减少对家庭方面的依赖,也会降低其生育意愿。国家推行的家庭友好型政策,如不能够从性别平等的角度出发,也会导致生育率的降低。在女性普遍地享受从事社会工作的社会,女性不仅要承担工作上的压力,还要受到家庭压力带来的影响,从而承担繁重的家庭负担,致使女性群体承受压力过大,影响工作与生活。因此,她们会选择少生甚至不生。一些女性主义学者也提出,在工作和家庭的双重压力下,女性群体如果将更多时间和精力放在家庭上,会容易受到雇主的性别歧视。很多人也会做出放弃生育或减少生育的选择,来保持自己在工作中获得更平等的对待。

研究表明,女性在23—30周岁时是最佳生育年龄,男性则比女性时间更晚些,30—35岁为最佳生育年龄。如果超过最佳生育时间,随着生育年龄的增长,导致生育孩童患病概率更高,当生育群体到了35—40周岁时,工作压力会加大,且需要承担更多的家庭与社会责任。在同龄人的生活中感觉到抚养孩子的艰辛,给自己带来更多的生活压力,人们的生育意愿会降低(李庭,2019)。女性在合适年龄生育十分重要,但女性的最佳生育年龄在30岁以内。这个年龄对大多数女性来说,正是通过工作增加收入,提升社会阶层的黄金时期。在社会现实中,很多的企业对孕妇或已生育孩子的女性,有工作上的歧视,认为他们会分散精力在自己的家庭和孩子身上,在劳动力市场上不具有竞争力,达不到企业的利益回报。站在性别平等的角度上看,女性有权利在自己的最佳生育年龄选择自己是否生育,但我国传统的思想认为女性天生就要生儿育女,女性应该把家庭放在第一位,与我国女性在最佳的生育年龄选择是否生育存在矛盾,即选择生育就意味着放弃自己的事业,在育龄时期不生育就要受到传统思想的袭扰,这种袭扰主要来自家庭方面和社会舆论(吴小勇,董艳萍,孙威,2019)。

面对这一社会问题,国家的政策往往能发挥重要作用,政策的制定者应该将社会性别平等的人权观念融入相关的政策之中,保护好育龄女性的权力与自由,对于在孕期间的女性要有政策上的倾斜,比如生育保险制度就发挥着很积极的作用。西方研究者指出,女性就业、地位和生活方式都会对其生育意愿和生育决策产生影响,目前中国妇女的职业状况也是影响其生育水平的重要因素(黄桂霞,2015)。

国内学者通过对不同职业的生育意愿研究,在国有体制内工作的女性,由于受国家相关政策的影响,对于生育小孩的意愿较低,更愿意只生一个小孩。有调查发现,对于有固定职业的女性,生育多孩意愿相对更低。由于社会竞争的激烈,在工作岗位上压力大,更多人更愿意把时间花费在事业的追求上,提升自身的知识水平上。处于行业顶端的人才相对普通群众来说,生育意愿也更低,特别是对二孩或多孩的生育意愿。她们对于事业的追求,导致他们把更多的时间和重心用于自我提升上。以上几类都处在社会的相对较高阶层,他们对生育有着较高的决定权。从性别平等的角度来看,我国育龄女性对生育的选择面临着一些亟待解决的问题,相关的政策制定者应该深入实地去调研,设身处地地解决育龄女性的生育问题,特别是在我国进入人口老龄化、生育率不断降低的当今社会。

四、代际财富流理论

代际财富流理论是澳洲著名人口学家卡德威尔提出的,是一种根据家庭财富在父代与子代之间的流向来分析生育率变动趋向的理论模型(庄渝霞,2009)。卡德威尔主张从社会关系的角度来思考影响生育率的因素,从家庭的角度来思考影响生育意愿的原因。生育行为属于一种对个人经济花费及所能带来效益和效用的选择结果,当产生生育行为后,必然会导致父代的经济财富流入到子代,即所谓的财产的代际传递,会影响本代人的消费习惯和消费能力。如果生育子女数量过多,超过生育家庭的经济承受力,这些家庭便会选择放弃生育行为,把子女的数量维持在一个自己的经济所能承担的范围之内。

在原始社会和封建社会,代际财富的流向与现代社会是完全相反的,由于物资的匮乏,抚养孩子的经济成本比较低,加上生育家庭自身本就没有太多的经济财富,生育子女对于自身经济财富流动比较少,更多家庭选择生育是为了通过少量的经济财富流向子女,帮助子女长大成人,帮助家庭获取更多的家庭财富,增加生活物资,提高整个家庭的生活水平,此时的代际财富是从子代流向父代。因此,古代的生育意愿比较强烈,社会生育率高。在现代社会中,当生育行为产生后,子代的出生,从幼儿抚养到成年,抚养子代成本过高,会造成父代经济财富的大量花费,会导致生育家庭自身生活水平的下降,影响追求更富足的生活。而且,伴随着现代生活方式的转变,教育的重要性越来越凸显,更多家庭注重对子女的全面培养,子女养育的代价会不断增加,自然就会降低生育意愿。在现代社会中,生育意愿行为的产生,会造成父代的代际财富流向子代,出于享受和成本因素的考虑,现代社会的家庭成员生育意愿不强,生育率水平很低。

有关学者通过对城区青年生育意愿的研究认为,对于家庭经济财富收入状况不同的人群,生育意愿也有着极大的差别。随着生活成本的增加,当子女出生后,衣食住行用的花费巨大,将会耗费生育家庭大量的财富。家长们都希望给予孩子们最好的成长条件,无形之中也造成了更多的财富支出。现在的生育者对于生育小孩考虑的因素越来越多,不仅仅考虑生育之前的问题,而且注重对小孩生育后的全方位发展问题。生育观念更加理性化,当生育家庭认为生育行为产生后,自身的经济收入难以维持孩子成长需要时,也会选择放弃生育行为,保持少生或者不生的现状。加上社会竞争越来越激烈,人们在工作中需要不断提升自己,将更多时间花费在工作上面,以此来保证自己不被社会所淘汰,这就会产生许多工作压力。为了避免让自己处于工作和家庭的双重压力下,人们也会降低生育意愿,让自己在生活之中能够维持之前的生活水平,不会因为生育而导致生活水平的下降,甚至致使家庭贫困。当家庭收入处于贫困线水准上,自己的生活难以为继,他们辛苦获得的经济收入更多只能用来补贴生活,生育小孩会造成自身更多的经济支出,让自己过上更艰苦的生活,且小孩的成长周期长,成长培育的花费会给家庭带来更多的负担,家庭也会拒绝多生育子女。

有研究者认为,经济条件好的人会有足够的资金投入到对孩子的培养中,他们倾向于尽全力培养"高质量"的孩子,并且拒绝多生育。在这个精英化教育逐渐被越来越多人关注的时代,更多家庭减少了子女生育的数量,转而变成注重子女德智体美劳全面发展的培养。家长通过对一个子女的全力培养,对孩子全身心的投入,从小让子女获得最好的成长条件,获得最优的教育资源,为子女以后在社会上走向成功打下良好的基础,帮助子女在社会生活中取得成就,实现自己对子女的期望。把孩子养育成人耗费时间较长,过程也夹杂着无数的艰辛。因此,许多家庭更愿意选择花费时间、金钱、精力培养一个优秀的孩子出来,而不是多生育几个小孩培养,培养多个优秀的孩子。许多人都会从现实角度出发,考虑自身精力和经济水平,更多人都愿意选择让自己活得轻松些,让自己可以去做更多想做的事情,而不是一味地生育,对生育的硬性要求大大降低,更多地追求自我价值。

五、社会网络和互动理论

处于社会生活中的个体,与周围的其他社会个体总是存在着联系,社会的这条关系纽带,让处于相同社会环境中的人们,有着相似的思考方式和行为方式。人们在社会生活中,总会与周围群体产生交流与互动,通过语言或非语言的交流形式,了解和认识他人的生育观念和生育行为选择,从而会影响到个人的有关生育方面的选择,做出与他人相同或相似的行为。当社会中大多数人选择生育一个子女时,对于社会的生育意愿会造成影响,将要进行生育的群体也会偏向于选择只生育一个子女,从而影响整个社会的生育率。美国著名社会学者G.H.米德、H.G.布鲁默等人提出,人的自我意识来源于社会互动,在社会互动中学习和使用语言符号,通过角色扮演和他人对自己扮演角色的反馈,逐步形成自我意识。每个人都是社会的组成部分,与社会中的其他人是难以分离的,无论社会个体愿不愿意,都会受到周围群体的影响,加上这属于信息化高速发展的时代,人们的互动方式选择较多,可以接收到来自于世界各地的信息,生育意愿亦在这些信息之中,跳过地域、国家的限制,让世界这个庞大的生育环境,影响到个体的生育意愿。美国社会学家格兰诺维特发现,整个社会的生育水平,属于一种强关系,会影响处于弱关系中的个体的生育选择,并且其他社会个体会重复这种选择。

有研究者从女性视角论述社会网络与互动理论对生育意愿的影响,认为在同一家工厂中,人们习惯于在这种网络中进行对比,从而做出适合自己的生育意愿选择。收入与多子女生育意愿呈负相关,当职业女性工资的价格效用大于其收入对于生育率的效用时,二孩生育意愿较弱,另外,工资以外的收入对职业女性的生育意愿呈正相关(方长春,陈有华,2013)。相同网络中的人群会相互对比与比较,从社会网络的其他关节点上找到成功和失败之处,取长补短,寻找适合自己的生育选项。人们会在生育行为发生前进行选择,如果工资的价格效用大于收入对于生育率的效用时,人们便会选择工作,争取更多的经济收入,从而放弃生育或者减少生育;当收入对于生育率的效用大于工资所带来的价格效用时,人们便会选择生育,多生育子女,通过生育来获得更多的效用。

社会互动作为一种最基本、最普遍的日常生活现象,属于一种人们社会行为的表现形式,是众多社会学家进行研究和探讨的对象。互动的频繁性是导致人际交往选择的重要原因,人们习惯于与具有同等地位的人进行交往,不愿意与高等级或低等级的人进行交往。在交往过程中,人们的生育意愿会受到相互影响,或者说是具有相同生育意愿的人群更倾向于相互交往。相同社会地位的人,在行为方式和思维方式方面是相同或相近的,一个人的行为可以影响另一个人,甚至是一个群体。这也可以解释为什么在某些社交圈中,不同类型的社会群体采取各不相同的生育行为。

经济收入很高但文化层次不高的群体,往往会不约而同地选择生育多个子女,即使是在政策不允许而被处以高额罚款的情况下,依然一如既往地完成多生多育的计划。如此不惜成本地生育很多子女的原因,是她们在自己的社会互动中,经常交流育儿的观念,不约而同地选择在数量上取得的优势。相反,一些文化层次高、经济收入高的家庭,则往往会走一条反方向的道路,少子化甚至丁克。究其原因,是她们互动过程中受到他人生育理念的影响,认为养育孩子的成本过高,一方面是与自身成长经历有关,读了二十多年的书,成为社会白领,其中所花费的各种成本,是可以计算出来的,他们未来的孩子自然要接受相同的教育,其成本也是可以计算的;另一方面,高知高薪、良好的社会保障待遇使这群人不存在养儿防老的顾虑。因此,生育意愿往往与人的经历相关联,尤其会受到交往群体意识和观念的潜移默化的影响,会不断更新生育意愿观念,以便可以与该群体保持思想和行为方式的一致性。

社会互动的特殊形式会影响个人的偏好,参与互动的人会受到他人的参照影响。当社会中某些人的行为方式或思想观念受到许多人的推崇,受所处环境的影响,人们便会模仿他们的行为和想法,做出与社会环境中行为范式相同或相似的抉择,有明显的从众心理。在人们都只愿意生育一个小孩的社会大环境下,当人与人之间产生互动,对于那些有生育意愿的家庭或者面临生育选择的家庭,受到周围生育环境的影响,大多数家庭也将会选择生育一个孩子,使有些家庭减少自身的生育意愿,降低社会生育率。

第三节　生育意愿的心理学阐释

在以生育率为导向的研究背景下,多数人口学研究均将生育意愿默认为意愿生育子女的数量,实际上,反映生育意愿的指标不止于此,还包括性别偏好、预期生育年龄、生育的时间间隔、预期生育生命历程等指标。一系列的指标都意味着,生育意愿指的是人们对生育行为的态度和倾向。生育意愿归根到底反映出的是一种主观上的属性,与心理学领域中生育动机、生育需要、生育价值观、婴儿期待等概念密切相关。探讨生育意愿问题,解释生育现象,心理学的研究不可或缺。实际上,在20世纪80年代初国内心理学者就开始关注生育意愿的问题。结合国内外的研究现状来看,生育意愿的心理学研究主要集中在两个方向,一是从影响因素角度来探讨生育意愿的问题,二是从决策过程上来探讨生育意愿的问题。

一、生育意愿的影响因素

(一)依恋生育理论

依恋生育理论认为,亲密持久的关系是对后代的一种进化适应,需要多个照料者给予大量的亲代照顾。亲密持久的关系有助于确保一个家庭中的后代得到充分的养育。依恋方式的研究表明,照料者如何对待婴儿会在成年期形成持久的个人关系类型。第一个提出这个观点是 Bowlby(1958),他认为孩子对母亲的依恋是适应性的,因为它提高了生存的可能性。研究人员指出那些在孩童时期就没有安全依恋的人往往性成熟和初潮的时间更早,性伴侣的交往时间更短,也不太稳定,对每一个孩子的投资要少一些,但是倾向于投资更多的孩子,这被认为是为了适应恶劣或不可预测的环境。主流心理学研究已经确定了不同类型的不安全依恋,如逃避者,即人们避免亲密的人际关系;焦虑矛盾者,即人们"依恋"和害怕被抛弃。Rholes 等人(1995)发现逃避的人比有安全依恋的人表达了更少的想要孩子的愿望和更强烈的对做一个好父母的担忧。焦虑矛盾的人担心自己是否有能力成为一个好父母,但他们的依恋方式与他们对孩子的渴望无关。之后进一步研究发现,逃避依恋的人相信他们的孩子会表现出消极/不安全的行为,而焦虑矛盾依恋的人并没有预料到这一点。尽管由于社会规范而使生育意愿水平较低,但依恋的人仍然有孩子,同时父母投资较低。

相关研究发现依恋方式与生育的两个先兆有关,即冒险行为和态度。焦虑和回避群体比有安全依恋的个人更倾向于相信没有承诺的性关系。这些态度预示着有风险的性行为,更有可能发生更多的随意和不受保护的性行为。有牢固依恋关系的人更容易反思自己的行为,减少了性风险。文献表明,早育的趋势可能是由个体与其早期照护者之间的关系所介导的,并有可能向后代传播这种生育模式。

父亲缺席尤其会增加妇女倾向于早熟、更大的性风险和更早的初生年龄。DelPriore 和 Hill(2013)通过让女性思考当父亲不在身边的时候她们生命中的一个重要时刻,这为父亲的缺席或疏离做好了准备。与父亲分离有关的线索与女性思考更多的性想法有关;并且,自我报告的性许可和对使用安全套的否定性增加都与生育结果间接相关。Clutterbuck等人(2014)对9—14岁的女孩采用了类似的测量方法,发现那些童年逆境较少(包括父亲缺席)的女孩对婴儿更感兴趣。

(二)恐惧管理理论

恐惧管理理论认为,人类面临着一种独特的心理冲突:人们渴望生存,但同时也意识到死亡的必然性,这就导致了我们通过文化(如相信来世)和生物(如生育)的手段确保永生来缓解恐惧。

相关证据表明,死亡率风险与生育成功和初育年龄呈负相关,与生育率呈正相关(Nettle,2010)。越来越多的研究采用实验方法支持了这一观点,结果表明,鼓励人们思考死亡会提升生育动机。

Chipman和Morrison(2013)发现,对当地预期寿命低和风险高的看法,导致青少年对少女怀孕持更积极的态度。Griskevicius等人(2011)采用实验法,在美国大学生中也发现了相似的关系,这种关系会受早年社会经济地位的影响。在主观上较差的经济环境中长大的受试者,在高死亡率风险提示下,会比对照组的受试者对早生孩子有更积极的态度,更倾向于面对和愿意冒险,而在主观上较富裕的社会经济环境中长大的受试者,在高死亡率风险提示下,则对早产有更消极的态度,比对照组更注重未来并且谨慎性也更高。

国外一项研究发现,死亡意识的凸显引发了荷兰男性对更多孩子的渴望,而荷兰女性想要更少孩子的趋势不显著。这种性别差异可能与职业和生育权衡有关,因为女性掌握的信息表明两者是相容的,这与男性的结果是一致的。与对照组相比,德国大学生更倾向于说他们想要至少一个孩子,并且在提出死亡后更倾向于使用与后代相关的词汇,结果没有性别差异,这可能是因为人们被问到是否想要孩子,而不是想要多少。其他研究者也考虑了较高的死亡率和依恋方式有怎样的关系,结果发现可能会影响养育子女的兴趣。

在我国,有研究者通过比较研究发现,与对照组相比,死亡率更高地区的人更不赞成独生子女政策。他们还发现,与非临终病人组相比,临终病人对5岁以下的家庭成员(相对于年长的家庭成员)表现出更大的偏好。其后续研究表明,人们思考关于死亡的问题,会产生死亡恐惧效应,表现为更喜欢幼儿图片,并且观看它们的时间要比观看成人或物体的图片长。

有研究者基于以色列的样本发现,与对照组相比,呈现高死亡率线索时,会引起产妇更高的分离焦虑。也有研究发现,具有高死亡率地区的男性理想子女数量更高,但对女性没有这种影响。具有预期寿命较短想法的人更愿意对伴侣进行性胁迫,有更具攻击性和更少生成性(希望积极影响后代)的倾向。对两性来说,短预期寿命增加了短期交配的偏好,长预期寿命增加了长期交配的偏好。

(三)社会动机理论

社会动机论强调社会或文化对生育孩子的规范直接作用于个人生育的动机,这个作用的影响力与个人意愿遵守生育规范的态度成正比。文化规范的内容包括模拟同龄人的生育行为、满足其他重要人的行为期望、倾向于文化认可的规范性行为而非偏差行为,以及人口水平变化对生育行为的影响。Ajzen 和 Klobas(2013)发现,在所研究的8个发达国家中,有7个国家的主观规范影响了生育意愿。

有研究提出生育率下降的部分原因是文化对生育的支持减少,生育率的变化与女性价值观和期望值的群体间变化可能存在关联:如果对生育的文化支持减少,对妇女职业投资的文化支持增加,生育率就会下降。与此一致的是,Kariman等人(2014)发现,伊朗妇女的生育在一定程度上受到社会产生的压力和就业冲突的影响。Adair(2014)还发现了女性价值观和期望影响生育的证据:(1)对女性角色持传统观点的夫妇对婴儿的态度比持更多工作导向观点的夫妇更为积极;(2)经历更多文化压力想要孩子的妇女在第一胎时的初育年龄更小;(3)受生育意愿、态度和计划的影响,没有恋爱关系的男性和女性对婴儿的消极态度更高,更倾向于初育年龄更晚,以及完整的家庭规模较小。Adair的发现与Miller(1986)的研究有相关性,这表明单身女性受文化规范的驱使,只在稳定的社会关系下生育。另外,在文化认可的标准范围内,妇女更容易接受怀孕。

应该注意到文化规范与个人生物驱动力之间的紧密关系。例如,二战结束后的婴儿热表明,尽管普遍的文化规范和期望妇女推迟生育直到获得教育和职业,西方女性的初育年龄仍可能发生在十几岁到二十多岁。

二、从生育过程上认识生育意愿

(一)计划行为理论

计划行为理论有四个步骤:(1)人们对特定行为的结果、他人对该行为的看法以及是否存在影响该行为的某些因素持有的态度(Ajzen&Klobas,2013;Philipov,2009);(2)这些信念影响人们对某一行为的态度和主观规范,以及人们对该行为的把握程度;(3)态度、主观规范和感知控制权决定了行为的意愿,人们对行为的实际控制改变了行为意愿;(4)路径以行为为终点。

计划行为理论已应用于避孕,但较少用于其他与生育有关的行为。在2009年,计划行为理论是REPRO项目的基础,该项目用于解决周围的宏观环境(政府政策、经济危机等)是如何影响个人层面的生育决策的(Philipov,2009)。这种理论的一个优点是它不假设人们是理性的。

(二)特质—欲望—意愿—行为模型

特质—欲望—意图—行为框架概述了引导人类行为以生育或避免生育的动机倾向和意识状态的顺序。这一模型以积极和消极的生育动机特征为出发点,这些特征会导致想要或不想要孩子。这些欲望导致相应的生育意愿。这些意愿导致倾向于怀孕或避免怀孕的行为。生育欲望和生育意愿被认为是不同的因素,由于外部、社会和经济限制以及内部的成熟因素(包括与生育有关的决定)的变化,预期生育欲望和生育意愿会在整个人生过程中发生变化(Miller,2011)。生育决定是一次只生一个,每次生育都会反馈给该模型。其他行为领域(如教育、职业和伴侣关系)的重大生活事件也会反馈到该模型中。特质—欲望—意愿—行为模型与计划行为理论具有可比性,但特质—欲望—意愿—行为模型是专门针对人类生育力而提出的。

(三)认知社会模型

认知社会模型是将认知科学中图式和社会科学的相关因素整合起来而提出的解释生育行为的理论。首先,意愿意味着对结果的渴望和对某种行动将会实现的信念。因此,一个有意成为母亲的女性通常会有一种与积极情感相关的为人父母的图式。她也会有一个成为母亲的心理脚本——一套将特定行为与怀孕和生育联系起来的心理图式。对结果的渴望意味着相关的图式不仅有积极的价值,而且在某种程度上与自我相联系,也许是未来潜在自我形象的一部分。然而,这种联系并不一定意味着意图,因为它可能是自动发生的,不需要有意识的思考。其次,与结果相关的行动不需要依赖于个体形成的原有意愿。这有两个原因,认知科学表明,虽然我们通常会意识到自己的行为,但行为不仅可以先于有意识的思考,还可以先于意识(Gazzaniga, 2011)。如果图式将某些行为与母性联系起来,而这些行为积极地融入了自我,那么即使在缺乏有意识思考的情况下,他们也能在环境暗示的触发下产生行为。例如,一个有着非常积极的母性观念的女性(或者是强烈反对堕胎的女性)在面对意外怀孕时可能从来不会考虑堕胎的可能性。

意愿不需要先于行动的另一个原因是,行动可能与多种结果相关(Barber, 2001),因此,针对一种结果的有意行动将对其他结果产生影响。如果一个意愿形成了,它不仅可能影响其所针对的具体结果的行为,还可能影响与该意愿直接或间接相关图式的组织和情感内容。由于神经网络将图式链接在一起,对与特定操作或结果相关的图式的更改可能会产生连锁反应,从而修正相关的图式。例如,接受高要求工作的意愿或决定可能会强化和证明推迟生育是合理的计划,或者成为父母的意愿或决定可能会削弱一个人对特定工作的依恋。

意愿是由结构构成的。我们学习和使用的最可靠的图式是那些我们通过观察重复出现的社会生活图式(即,图式在世界上的物质表现)来习得的图式。因为我们反复接触这些图式,并对它们进行了彻底的学习,所以它们成为了意愿形成的基本前提。这并不意味着意愿总是反映主导的结构图式,但它确实意味着意愿是在一个结构化的世界中形成的。例如,大多数人会承认,一个人应该成为父母,一个人应该有第二个孩子,为第一个孩子提供一个兄弟姐妹。当然,并不是所有的人都有两个孩子,但是其他家庭规模的合理解释经常被作为这个被广泛接受的图式的合理例外。结构还可以通过塑造环境来构筑意愿的形成。存在于结构化情境中的物质线索会引出图式,从而产生适合情境的意愿

(Miller,2011)。

只有在某种情况需要或激发它时才会形成意愿。意愿的形成需要经过评价的过程,而这些过程对大脑来说代价高昂。他们只在必要的时候参与,通常是在自动过程不能产生连贯的故事或行动方向的时候。当人们面对新的或意想不到的情况或需要在相似价值的选项之间进行权衡选择时,这种情况就可能发生。意愿形成的观点借鉴了心理学和行为经济学的相关理论,生育偏好是"构建的",而不是检索的,尤其是在不熟悉的环境或需要权衡的情况下。

第三章 人格特征对生育意愿的影响

欧美国家经历了第二次人口转变之后,人格对生育行为的影响愈发凸显出来。研究发现,外向性、宜人性与积极的生育行为相关联,而尽责性、开放性和神经质与消极的生育行为相关联。人格特质与生育之间的关联模式并非是稳定不变的,从进化的角度看,两者之间的关联模式取决于环境和个体掌握的资源,这反映了人格进化的平衡选择特征。关注人格因素是生育行为影响因素研究的有力补充,同时在我国社会文化背景下探讨人格与生育行为的关系对于进一步认识两者之间的关系模式有着重要价值。

第一节 个性化生育时代的到来:人格特征与生育的关系

近十年,欧美国家相关研究者开始关注人格与生育行为之间的关联,大量研究结果证实,两者之间存在稳定的关联(Avison & Furnham, 2015;Berg et al., 2013;Jokela et al., 2011)。随着我国全面二孩生育政策的全面实施,随之释放的生育行为自主选择的空间势必会放大个体差异在生育行为中的影响。本节将就人格与生育行为产生关联的历史背景、特质论视角下人格与生育行为的关系、进化视角下人格与生育行为之间的关系这三个方面分别进行阐释,以期为国内相关研究者关注人格在生育行为中的作用提供参考。

一、人格与生育行为产生关联的历史背景

19世纪下半叶到20世纪上半叶,欧洲完成了第一次人口转变,人口从高生育率、高死亡率和高自然增长率转变为低生育率、低死亡率和低自然增长率。从20世纪60年代起,整个欧洲相继出现的生育率迅速下降(石人炳,2012),与此相伴随的现象是,初婚率大幅度下降,初婚年龄上升,初婚初育的时间间隔拉大,离婚率大幅度提高,无证婚姻或同居成为一种可接受的选择。与此同时,美国也出现类似变迁。相对于传统的结婚、生子、抚育后代的人生历程规范,现代人的人生历程变得更加非结构化(Briley et al.,2014)。为了解释生育行为的转变,相关研究者确认了第二次人口转变(Lesthaeghe,2010)。

随着第二次人口转变,孩子不再是传统意义上常规的人生目标,生育变为人生的可选项目。社会价值趋向于容忍个体表达迥异的生育行为,引发了研究者对个体思想、情感和行为与生育行为发生关联的研究兴趣。Eaves等(1990)首次发现了人格特征与生育行为存在关联,他们发现,更多子女数量的女性在外向性上得分较高,而在神经质上得分较低。随后,Miller等(1992)发现,人格特征在预测生育动机时存在性别差异。就此,人们开始关注人格与生育之间的关联。

众多研究表明,人格特征可以独立于社会或者经济解释和预测生育行为。人格与生育之间关系的系列研究发现成为支持第二次人口转变的直接证据,如Jokela等(2012)以出生在1914年到1974年之间的美国人为样本,发现了人格与生育行为之间的关联存在出生年代效应(birth-cohort effects),相对于20世纪20年代出生的人,20世纪60年代出生的人的人格特征可以更好地预测拥有孩子的可能性,人格特征的效果量随较晚的出生年代而提高。相似的出生年代效应也在挪威男性中发现(Skirbekk&Blekesaune,2013)。

二、特质论视角下人格与生育行为的关系：基于欧美人群的研究

（一）外向性与生育行为的关系

高外向性个体往往充满热情、开朗以及善于交际。研究发现，外向性对于初育时间有较高预测作用，高外向性倾向个体的初育时间更早。无论对于男性还是对于女性，外向性倾向与子女的数量呈显著正相关（Jokela et al., 2011）。在一项关于无孩一族的研究中，与已经有孩子或者期待有孩子的个体相比，选择不要孩子的个体在外向性上的得分更低（Avison & Furnham, 2015）。总体来看，外向性对积极的生育行为和结果存在正向预测作用。

相对于内向性个体来说，外向性的个体往往更容易获得爱情，具有更高的交配动机（Schmitt & Shackelford, 2008），同时，在寻找伴侣的过程中有着更高的成功率（Nettle, 2005）。这一趋势促使高外向性个体往往更容易成为父母，而与此相反，害羞则会推迟个体结婚并成为父母的时间（Jokela et al., 2011）。这些关联在一定程度上揭示了外向性与生育之间存在正向关系的原因。

Berg等（2013）在一项关于计划怀孕和意外怀孕与人格的关联研究中发现，意外怀孕的女性在外向性上的得分更高。影响怀孕计划性的因素颇多，其中危险的性行为是主要影响因素之一，多个性伴侣、缺乏避孕措施、与陌生人发生性关系都可能会导致意外怀孕。相关研究显示，高外向性个体更容易出现出轨行为（Nettle, 2005），拥有更多的性生活和短期性关系（Schmitt & Shackelford, 2008），高外向性和感觉寻求个体倾向于更容易发生危险的性行为（Briley et al., 2014），这意味着高外向性个体更加容易出现未婚先育，这也为外向性与生育行为之间的关系提供了另一解释。

（二）宜人性与生育行为的关系

高宜人性的个体往往更富于同情心，更会关心人，更具有合作精神（Larsen & Buss, 2015）。Miller（1992）发现，关怀和乐群属性得分高的被试存在更高的生育动机水平。而更高攻击性水平的个体有着更多的负面生育期望（Hutteman et al.,2013）。一项针对青少年的研究发现,低宜人性个体在是否愿意成为父母的决策上有着更大的矛盾心态(Pinquart, Stotzka, &Silbereisen, 2008）。这些研究结果表明,高宜人性个体在生育决策上心理障碍更少而内在动力更多。从实际生育行为看,有孩女性比没有孩子的女性在宜人性上得分更高(Dijkstra & Barelds, 2009),宜人性得分更高的女性会更早结婚,更早生育,拥有更多的孩子(Jokela et al., 2012）。

友好和善解人意是人们在择偶过程中偏爱的品质。Newton 和 Stewart(2013)比较了有无孩子的中年女性,无孩女性在传统女性化特质上得分较低,如同情心、关怀和寻求安慰,与此相对,却在男性化特质上得分较高,比如独立性、怀疑主义。高宜人性特质让女性更加容易同时也更加适合担负起子女养育的角色,这种性别角色因素有助于解释女性的宜人性水平与其生育行为之间的紧密关系。

(三)开放性与生育行为的关系

开放性水平更高的个体往往表现出更高的求知欲,乐于变化,更多的开创性,更加开明(Larsen & Buss, 2015）。研究发现,高开放性与成为父母的可能性以及子女的数量呈负相关(Jokela et al. ,2011),不仅如此,高开放性个体更倾向于推迟或者放弃婚姻(Lundberg, 2012),通常初育时间也更晚,而且对于有多个孩子的家庭,高开放性个体在生育时间间隔上也更长(Jokela et al.,2011）。关于无孩一族的研究显示,相对于较晚决定不要孩子的个体,早年就决定不要孩子的个体在开放性上的得分更高(Avison& Furnham, 2015）。

对于开放性与生育之间的关联可能存在两方面解释。首先,开放性与个体的学习动机和成就存在密切的关系(Berg et al., 2013),对教育成就的抱负以及职业生涯成功的追求常常会推迟个体成为父母的时间,这种情况对于女性来说尤其如此。从实际情况来看,开放性与智商之间存在中等的相关(Ackerman & Heggestad, 1997),而且高开放性的女性往往在学历上也确实更高。其次,开放性与非传统的价值观念和态度存在关联。相对于意外怀孕的个体来说,有计划怀孕的个体在开放性上的得分更高(Berg et al., 2013);而相对于有孩一族,无孩一族在开放性上的得分也更高,他们在生活上更加注重独立和自由,同时,无孩一族的宗教虔诚性水平更低,政治观念上自由化倾向水平也更高,研究发现,宗教虔诚性水平以及政治上的保守性水平与子女的数量呈正相关。因此,非传统的价值观念是另一个可能会导致开放性与生育行为之间出现负相关的原因(Avison & Furnham,2015)。

(四)尽责性与生育行为的关系

尽责性的特质与目标取向、成就寻求、有毅力以及自律的特征相联系,它是职业生涯成就动机的重要预测变量(Judge & Ilies, 2002)。Jokela等(2010)发现,高毅力特质会降低个体要孩子的可能性。一项关于"好市民身份(solid citizenship)"与生育行为之间的关系的研究也印证了这一结果(Perkins et al., 2013)。"好市民身份"相关的特质包括长远的计划性、高成就取向、富有责任心、高毅力等特征,研究结果显示,具备"好市民身份"特征的个体拥有较少的子女数量。与此同时,相关研究也发现,对于女性来说,尽责性与生育行为之间的关系更加紧密,女性的尽责性水平不仅与更少的子女数量相关联,而且与更低的意外怀孕水平相关联(Berg et al. 2013; Jokela et al., 2011; Skirbekk & Blekesaune, 2014)。此外,高尽责性倾向的女性在终身生育的时间跨度上通常也更短,也即她们在更短的时间内拥有了自己的全部孩子(Jokela et al., 2011)。

对于尽责性与生育行为之间的关联存在两方面的解释,一方面,随着女性逐渐从家庭走向社会,女性不仅拥有照顾家庭的角色,而且拥有了在社会中工作的角色,具有工作导向的女性可能在工作和家庭的冲突中会延迟生育或者选择不要孩子。高尽责性倾向的女性在终身生育的时间跨度上更短可能反映了其在工作与家庭冲突中权衡生育利弊而产生的结果(Judge & Ilies, 2002)。虽然也有研究发现女性的尽责性水平与子女的数量呈正相关(Dijkstra & Barelds, 2009),但这些女性在成就取向上更关注家庭生活,而不是职业生涯。另一方面,具有高尽责性倾向的个体往往会更倾向于使用有效的避孕措施(Berg et al., 2013),这在一定程度上也会导致生育行为更具有计划性,生育时间延后。

(五)神经质与生育行为的关系

神经质体现了体验到更多负面情绪的倾向,具有高神经质倾向的个体更易于陷入抑郁。研究发现,高神经质个体的子女数量更少,成为父母的可能性更低(Reis et al., 2011; Jokela et al., 2012),但是与此同时,高神经质个体意外怀孕的可能性较高(Berg et al., 2013)。从这些结果看来,神经质与生育之间的关系相对复杂。

Pinquart等(2008)发现,低情绪稳定性的青少年在未来要生孩子的决策中存在更大的矛盾心态。这一倾向可能会导致高神经质个体更易于认为他们的怀孕是非计划内的。另外,高神经质个体的情绪稳定性较低,更容易陷入抑郁,在生活中往往会知觉到更多的压力(Lahey, 2009),这样的状态可能也会增大意外怀孕的可能性。在社会交往中,神经质与人际交往困难相联系。基于婚姻和亲密关系对于生育的重要性,神经质对夫妻关系的负面影响可能会阻碍良好家庭氛围的形成。不仅如此,高神经质个体对于养育子女感受到更多的压力,这也会导致其要更少的孩子,或者选择不要孩子。

三、进化视角下人格与生育行为的关系

由于人格具有高度的可遗传性(Larsen & Buss, 2015),而生育行为又是人类延续和繁衍的基本途径,人格的进化论角度必然要回应人格与生育之间的关系。系列研究证实平衡选择(balancing selection)能够在种群中维持遗传学的多样性,而不是仅选择一个最有利的基因型,这从一定程度上解释了人格特质个体差异多样性的成因。人格进化中存在的平衡选择策略可以用于探讨通过生育行为中"质"与"量"的衡量以及生育行为的环境依赖性。

(一)"质"与"量"的权衡问题

多数关于人格与生育关系的研究,主要将子女数量作为生育适宜性的评价指标,忽视了子女质量在生育中的作用。前文基于欧美社会人群的研究结果显示,神经质与较低的成为父母的可能性以及较少子女数量相关联。单纯从子女

数量上来看,神经质特质会降低生育的适宜性,但神经质并不必然会降低生育的适宜性。研究发现,当家庭规模较小时,父母的神经质水平与子女的教育水平呈正相关,当家庭规模较大的时候,两者的关系反转为负相关(Jokela et al., 2014),这表明高神经质父母可能更加注重子女的成就(Nettle, 2005),导致其对子女的亲代投资更多,而随着家庭规模的扩大,高神经质父母会备感压力(Hutteman et al., 2013),因此,高神经质父母关注子女的质量而非数量。一项针对传统高生育率社会的女性研究也表明,高神经质与更多的子女呈正相关,但是同时子女健康状况更差(Alvergne et al., 2010)。可见,从"质"的角度来分析生育适宜性,显然神经质对生育是有益的。

与神经质人格特质情况相似,基于西方发达国家人群的研究结果也显示,开放性与较低的成为父母的可能性以及较少的子女数量相关联。在生育数量和质量权衡上,高开放性父母体现出不同的特点,相对于较晚出生的子女,较早出生的子女在教育水平上更高(Jokela et al., 2014),这意味着高开放性父母会给予较早出生的子女教育优先权,这一优先权会随着出生的次序而逐渐减弱。这种趋势与亲代投资的资源稀释的观点相一致,可能正因这一趋势的存在,导致高开放性个体倾向于要更少的孩子,由此,高开放性个体的生育特征也是对生育适宜性有益的。

(二)人格与生育之间关系的环境依赖性

通过人格与生育之间关系的环境依赖性分析,也可以发现人格进化中平衡选择趋势的证据。首先,人格与生育之间关系存在区域性差异。多数以西方发达国家人群的研究结果表明,尽责性和开放性与子女的数量呈负相关。但是,一项基于玻利维亚 Tsimane 原住民的研究却发现,男性的尽责性与开放性与子女的数量呈正相关(Gurven et al., 2014)。玻利维亚 Tsimane 的原住民社会属于小规模的传统化社会,这样的环境让高尽责性和开放性男性较少受到降低生育水平的相关环境因素的影响,但是与此同时,高尽责性和开放性往往与掌握更多的资源相关联,这会让他们获得更多的人际资源,获取更多的交配可能性。因此,不同的社会背景下,人格与生育之间的关系完全可以呈现出相反的模式。从区域差异的角度来看,人格与生育之间的关系具有高度的环境依赖性,而从进化的角度看,不同的环境下个体存在不同的最优适应策略。

人格与生育之间关系的环境依赖性不仅表现在区域性差异上,还表现在时代差异上。如前文所述,Jokela(2012)、Skirbekk和Blekesaune(2013)发现了人格与生育行为之间的关联存在出生年代效应,相对于较早年代出生的人,较晚年代出生的人的性格特征可以更好地预测生育行为,人格特征的效果量随较晚的出生年代而提高。随着第二次人口转变,个体有更多的自由去追求个体自身的生育兴趣。不仅如此,研究发现,特定的人格特质与生育行为之间的关系会因为时代的变迁而出现反转,比如,Perkins等(2013)认为"好市民身份"相关的特质包括长远的计划性、高成就取向、富有责任心、高毅力等特征,这样的人格特质往往跟成功人士的特质密切关联。在19世纪的英国,职业成功人士的子女数量是平均水平的两倍,而职业的失败往往也伴随着养育子女的失败,但是在现代社会,具备"好市民身份"特征的个体与拥有较少的子女数量相关联。Perkins等进一步认为,这一关系的反转可能源于现代社会的福利保障制度,由于社会保障制度的完善,现代社会女性的择偶标准不会太受制于经济条件。从频率依赖性选择的角度来看,在女性择偶过程中,对亲代投资追求的降低、对遗传品质追求的提升,从一定程度上会让不具备"好市民"特征的男性在生育行为上受益。

还可以从群体水平分析环境依赖性的问题。Briley等(2014)发现,美国不同州在"大五"人格各维度上的平均得分与不同州的平均生育行为之间存在显著关联。究其原因,不同州在政治、经济和文化上都存在显著差异,这可能导致不同特征的区域会吸引具有相应人格特征的个体迁徙到该区域生活(Penke & Jokela,2016),这会导致特定人格特征的区域性聚集,从而形成在群体水平上的人格与生育的关联,这反映了个体会主动地寻找适合于自身的生态位(niche picking)。在进化过程中,人类不仅被动地适应环境,也会主动地选择环境。

四、总结与展望

自2016年全面二孩政策实施以来,国内众多研究者开始关注育龄人群中究竟哪些人会生育二孩,现有关于二孩生育意愿影响因素的研究一般认为,家庭经济条件、育龄夫妇时间精力以及祖辈能否提供支持是影响育龄人群二孩生育意愿的三大影响因素。但是知名学者风笑天(2017)基于全国12个城市的调查结果发现,生育二孩的内心需求是另一个更为重要却一直被忽视的影响因素,其调查结果表明,对于内心真正想要生育二孩的人,经济条件、时间精力、祖辈支持等影响因素可能都并不重要。在此前提下,根据前文的系列分析,研究人格对中国人的生育行为的预测效应具备了可能性和必要性。未来研究中引入人格因素将利于更加全面地认识中国人的生育行为。

从进化的角度看,人格与生育行为的关系模式并非是恒定不变的,人格与生育行为的关系受到环境的影响,在不同的环境中,人格与生育行为的关系模式可能是不同的,甚至是相反的模式。我国生育文化厚重,在生育观念上与欧美社会有着较大的差异,传统的"多子多福""不孝有三,无后为大"等观念深入人心,生育行为所承载的意义可能远比欧美人群复杂。以中国人为样本探讨人格与生育行为之间的关系对于进一步认识人格与生育行为的两者之间的关系模式有着重要价值。

目前国外人口学研究开始重视生育的文化和心理机制(Anderson,2017),通过前文特质论视角分析人格与生育行为的关系可知,个体的人格与其价值观念、教育成就、宗教信仰、人际交往、风险行为、成就取向等因素存在密切关联,正是这些具体因素直接影响了生育行为。涉及影响生育行为的具体心理因素浩繁而庞杂,一一探明这些具体的心理因素与生育行为的关系不仅任务艰巨而且难以进行系统解释。人格反映的是一个现实的、整体的人,是个人在思想、情感和行为上所表现出的独特模式(黄希庭,2016),为探讨人格与生育行为提供了一个良好的框架。从一定程度上可以说,探明人格与生育行为的关系不仅可以从心理层面整体把握个体生育行为的基本特征,而且也为系统分析各类具体心理因素与生育行为之间的关系提供了理论指导。

第二节 人格特征对中国人生育行为的影响

我国1983年正式全面实施计划生育政策,在高度生育控制的环境下,自20世纪80年代起,大中城市仍然出现相当比例的"双收入无子女"的自愿选择不育的家庭(李爱芹,2006)。近年,随着我国生育政策的持续松动,民众的生育行为拥有了较大的自主选择空间,这势必会放大个体心理差异在生育行为中的影响。从进化的视角看,人格特征具有高度的可遗传性(Buss & Hawley,2011),而生育行为又是人类种族延续和繁衍的基本途径,探明人格特征与生育行为的关系对于了解生育行为的特征和规律具有重要价值。在第二次人口转变的时代背景下,欧美国家相关研究者开始关注人格与生育行为之间的关联,大量的研究结果证实,两者之间存在稳定的关联(Avison & Furnham, 2015; Berg et al., 2013; Jokela et al., 2011)。目前国内相关研究者更多关注生育行为的客观影响因素(曹艳春,2017;侯佳伟等,2014),如教育成就、经济地位、地区差异、年龄、女性参与劳动、生育支持、医疗支持等。

本节主要关注以下两个问题:首先,以往人格特征与生育行为之间的关系研究基本都以欧美社会人群为样本,而中国人的人格特征与生育行为之间是否存在关联,根据已有的研究无从得知,这是本节关注的焦点;其次,以欧美人群为样本的研究发现,外向性、宜人性与积极的生育行为相关联,而尽责性、开放性和神经质与消极的生育行为相关联,中国人的人格特征与生育行为之间的关联模式是否与欧美人群相一致,这是本节关注的另一个问题。

一、数据与变量

(一)数据来源

本研究数据来源于2013年中国人民大学社会学系开展的中国综合社会调查的数据(CGSS,2013)。样本来源包括全国28个省、自治区、直辖市,涵盖100个县(区),包括北京、上海、天津、广州、深圳5个大城市,样本规模为11438人,其中,男性5756人,女性5682人,被调查对象均为18周岁以上,平均年龄为48.59±16.38岁,男性平均年龄为48.89±16.44岁,女性平均年龄为48.29±16.33岁。由于不同变量上部分个案数据缺失,因此涉及不同变量的统计中样本的数量存在差异。

(二)因变量

在生育行为研究中,存在诸多反映生育行为的指标,包括结婚可能性、初婚年龄、生育可能性、初育年龄、生育时间间隔、人生生育历程时间跨度、子女数量、避孕行为、流产行为等。CGSS(2013)数据提供了样本对象的出生时间、结婚时间、婚姻状态、子女数量信息,据此,本研究以婚姻状态、初婚年龄、生育状态、子女数量四个指标作为反映生育行为的因变量。初婚年龄通过题项A70"您第一次结婚时间"数据减去题项A3a"您的出生日期–年"数据获取。婚姻状态主要通过被试结婚与否来进行衡量,结婚与否在调查问卷中所对应题项为A69"您目前的婚姻状况是",题项选项包括:"1未婚""2同居""3初婚有配偶""4再婚有配偶""5分居未离婚""6离婚""7丧偶",本研究中将"1未婚"和"2同居"选项合并为"未婚",将"3初婚有配偶""4再婚有配偶""5分居未离婚"选项合并为"已婚",分别赋值为0和1,由于"6离婚"和"7丧偶"选项具有个体特殊性,可能会混淆统计结果,因此统计中将这两个选项值设置为缺失值。子女数量指标通过调查问卷中题项A68"请问您有几个子女"获取。生育状态通过生育与否指标来衡量,将题项A68中子女数量为0的结果设置为"未生育",大于等于1的结果设置为"已生育"分别赋值为0和1。

(三)自变量

CGSS(2013)并未专门设置人格特征的相关调查内容,但是在其调查内容中存在诸多反映个体行为的特征、思想观念和生活习惯的题项,这些行为特征、思想观念和生活习惯与个体的人格特征存在密切联系。Hutteman等(2013)利用德国"亲密关系和家庭动力的面板分析(Panel Analysis of Intimate Relationships and Family Dynamics)"中人格相关题项的数据来分析人格与生育意愿的关联。借鉴Hutteman等的方式,本研究根据CGSS问卷中题项的内容,筛选出相关题项作为指标来分别反映人格特征的各个维度。

国外多数研究者围绕大五人格模型中不同的人格维度进行人格特征与生育行为之间关系的研究,大五人格模型包括神经质、宜人性、外向性、开放性和尽责性五个维度。神经质人格维度主要通过情绪的稳定性体现出来,高神经质倾向个体会表现出更多的情绪波动,更容易受到情绪的侵扰,体验到更多的负面情绪,也更容易陷于焦虑和抑郁(Larsen & Buss, 2015),根据神经质人格特质的这些特点,本研究选取CGSS问卷中题项A17"在过去的四周中,您感到心情抑郁或沮丧的频繁程度是"作为反映神经质人格倾向的具体指标,该题项七点计分,得分越高代表负面情绪频繁程度越高,该指标被命名为"负面情绪频度"。高宜人性倾向的个体往往具有更高的亲社会特征,更富于同情心、更乐于帮助他人,也更具有合作精神(Larsen & Buss, 2015),另外,已有研究发现宗教信仰的虔诚度与宜人性倾向呈正相关(Berg et al., 2013),根据宜人性人格特质的特点,本研究选取题项B1108和A6作为反映宜人性人格倾向的具体指标,其中,题项B1108表述为"我总是不愿意与那些生活境况不太好的人来往",该题项四点计分,得分越高代表越不同意所描述的情况,该指标被命名为"友好倾向"。题项A6表述为"您参加宗教活动的频繁程度是",该题项九点计分,得分越高代表参加宗教活动的频度越高,该指标被命名为"宗教活动频度"。高外向性个体往往充满热情、开朗以及乐于社交(Larsen & Buss, 2015),根据外向性人格特质的特点,选取A31"在过去一年中,您是否经常在您的空闲时间做下面的事情?"中第1个题项"社交/串门"作为具体指标,该题项五点计分,得分越高代表社交或串门越频繁,该指标被命名为"社交频度"。开放性水平更高的个体往往表现出更高的求知欲和创造性,乐于变化,同时更加开明,更少保守,对各种信息保持更加"敞开"的态度(Larsen & Buss, 2015)。已有研究发现,开放性与智力呈中等水平正相关,与非传统的价值观念和态度也密切关联(Avison & Furnham, 2015)。根据开放性人格特质的特点,选取题项A38、A39、A40和A49、A50、A51、A52作为反映开放性人格倾向的具体指标,其中,题项A38—A40主要调查受测者的性观念,三个题项均为五点计分,得分越高代表性观念开放程度越高,在本研究中三个题项的内部一致性α系数为0.64,该指标被命名为"性观念开放度";题项A49—A52主要调查受测者的认知能力,四个题项也均为五点计分,得分越高代表认知能力水平越高,在本研究中四个题项的内部一致性α系数为0.73,该指标被命名为"认知能力"。尽责性的特质与目标取向、成就寻求、有毅力以及自律的特征相联系,它是职业生涯成就动机的重要预测变量(Judge & Ilies, 2002)。根据尽责性人格特质的特点,选取问卷A31"在过去一年中,您是否经常在您的空闲时间做下面的事情?"中第3个题项"学习充电"作为具体指标,该题项五点计分,得分越高代表在空闲时间中学习充电的频率越高,该指标被命名为"学习充电频度"。

(四)控制变量

根据以往研究中所涉的生育行为主要影响因素,结合CGSS问卷中所提供的信息,本研究中的控制变量为性别、年龄、教育程度、社会经济地位四个变量。性别变量所对应的题项为A2;年龄通过调查实施年度时间2013减去题项A3a"您的出生日期-年"的数值获取;教育程度所对应的题项为A7a,教育程度越高,得分越高;社会经济地位所对应的题项为B1,设置"不好说"选项值为缺失值,B1得分越高代表社会经济地位越低(见表3-1)。

表3-1 主要变量的描述性统计

变量	总体 样本数	总体 均值(标准差)	男性 样本数	男性 均值(标准差)	女性 样本数	女性 均值(标准差)
年龄	11 438	48.59(16.38)	5756	48.89(16.44)	5682	48.29(16.33)
社会经济地位	10 921	2.31(0.55)	5470	2.31(0.56)	5451	2.31(0.54)
教育程度	11 435	4.90(3.05)	5754	5.26(3.01)	5681	4.53(3.06)
子女数量	11 408	1.70(1.29)	5741	1.61(1.27)	5667	1.79(1.29)
初婚年龄	9 940	23.71(3.90)	4871	24.77(4.03)	5069	22.68(3.49)
生育状态	11 131	0.87(0.34)	5741	0.84(0.37)	5667	0.90(0.31)
婚姻状态	11 105	0.89(0.31)	5516	0.87(0.34)	5516	0.92(0.27)
神经质指标:负面情绪频度	11 417	3.93(0.94)	5747	3.97(0.94)	5670	3.88(0.94)

续表

变量	总体 样本数	总体 均值(标准差)	男性 样本数	男性 均值(标准差)	女性 样本数	女性 均值(标准差)
宜人性指标：友好倾向	11 421	3.06(0.88)	5749	3.04(0.88)	5672	3.07(0.87)
宗教活动频度	11 376	1.48(1.41)	5724	1.38(1.25)	5652	1.58(1.56)
尽责性指标：学习充电频度	11 419	1.91(1.06)	5746	2.01(1.09)	5673	1.81(1.02)
开放性指标：性观念开放度	11 177	1.50(0.67)	5638	1.55(0.69)	5539	1.45(0.63)
认知能力	11 421	3.26(0.99)	5747	3.28(0.96)	5674	3.25(1.03)

二、统计方法

研究中所使用的统计方法主要包括描述性统计、相关分析、回归分析。其中，使用多元线性回归模型对因变量初婚时间和子女数量进行预测，在统计分析过程中分别对因变量初婚时间和子女数量取对数，对各类自变量和控制变量进行标准化处理，同时利用残差分析判断线性回归模型分析的合理性，结果显示，各线性回归模型的自变量与因变量之间均呈线性关系，因变量残差均服从正态分布。使用二元Logistic回归模型对婚姻状态和生育状态进行预测。

由于以往关于生育行为和人格特征之间关系的研究中发现存在性别差异（Alvergne, Jokela, & Lummaa, 2010; Jokela et al., 2011; Reis et al., 2011），本研究中除进行总体分析外，分别呈现不同性别统计结果以便比较性别差异。

三、结果与解释

通过表3-2可知,学习充电的频率、认知能力和性观念开放度对结婚可能性具有负向的预测作用,友好倾向、宗教活动频度和社交频度对结婚可能性具有正向预测作用;学习充电的频率、认知能力和性观念的开放度对初婚年龄具有正向的预测作用,负面情绪频度、友好倾向、宗教活动频度和社交频度对初婚年龄具有负向的预测作用。这意味着,尽责性和开放性人格倾向会降低结婚的可能性,宜人性和外向性人格倾向会提升结婚的可能性,尽责性和开放性人格倾向会提升初婚年龄,神经质、宜人性和开放性人格倾向会降低初婚年龄。从性别差异来看,外向性、尽责性和开放性指标对男性和女性的结婚可能性均具有预测作用,宜人性指标仅对女性结婚可能性具有正向预测作用;尽责性、开放性和宜人性指标对男性和女性的初婚年龄均具有预测作用,外向性指标仅对男性初婚年龄具有负向预测作用,而神经质指标仅对女性初婚年龄具有负向预测作用。

表3-2 结婚可能性及初婚年龄的回归分析

	总体	男性	女性
结婚可能性			
神经质指标: 负面情绪频度	1.01(0.01)	1.00(0.02)	1.02(0.02)
宜人性指标: 友好倾向	1.04(0.01)**	1.03(0.02)	1.05(0.02)*
宗教活动频度	1.02(0.01)**	1.01(0.01)	1.02(0.01)*
外向性指标: 社交频度	1.04(0.01)***	1.05(0.01)***	1.03(0.01)*
尽责性指标: 学习充电频度	0.94(0.01)***	0.96(0.02)**	0.91(0.02)***
开放性指标: 性观念开放度	0.89(0.02)***	0.91(0.02)***	0.90(0.03)***

续表

	总体	男性	女性
认知能力	0.83(0.01)***	0.84(0.01)***	0.82(0.02)***
样本数/事件数	11438/9605	5756/4720	5682/4885
卡方/自由度	446.97/8	136.91/7	331.77/7
初婚年龄			
神经质指标：负面情绪频度	−0.02(0.002)*	−0.02(0.003)	−0.03(0.002)*
宜人性指标：友好倾向	−0.04(0.002)***	−0.03(0.003)*	−0.05(0.003)***
宗教活动频度	−0.04(0.002)***	−0.03(0.003)*	−0.05(0.002)***
外向性指标：社交频度	−0.04(0.002)***	−0.05(0.003)**	−0.02(0.002)
尽责性指标：学习充电频度	0.09(0.002)***	0.06(0.003)***	0.12(0.003)***
开放性指标：性观念开放度	0.08(0.002)***	0.09(0.003)***	0.07(0.003)***
认知能力	0.20(0.003)***	0.19(0.005)***	0.22(0.004)***
样本数	7355	3575	3780

注：采用二元Logistic回归对结婚可能性进行分析，表格报告了优势率和标准误，优势率大于1表示正向预测结婚可能性，小于1表示负向预测结婚可能性；采用多元线性回归对初婚年龄进行分析，表格分别报告了β系数和标准误，所有回归模型均控制了性别、年龄、教育程度、社会经济地位变量；*表示$p<0.05$，**表示$p<0.01$，***表示$p<0.001$。

通过表3-3可知，总体来看，学习充电频度、性观念开放度和认知能力对生育可能性具有负向预测作用，宗教活动频度对生育可能性具有正向的预测作用，也即尽责性和开放性人格倾向降低了生育可能性，而宜人性人格倾向提升了生育可能性。从性别差异来看，开放性指标对男性和女性的生育可能性均具有预测作用，宜人性指标仅对女性的生育可能性具有正向预测作用，在总体分析中虽然外向性指标对生育可能性不具有预测作用,但是对男性的生育可能性却具有正向的预测作用。

表3-3 人格特征对生育可能性的预测效应

	总体	男性	女性
神经质指标: 负面情绪频度	0.92(0.07)	0.85(0.09)	0.99(0.09)
宜人性指标: 友好倾向	1.13(0.07)	1.07(0.10)	1.19(0.09)*
宗教活动频度	1.21(0.07)*	1.22(0.11)	1.23(0.11)*
外向性指标: 社交频度	1.11(0.06)	1.32(0.09)**	0.93(0.09)
尽责性指标: 学习充电频度	0.88(0.06)*	0.89(0.09)	0.88(0.09)
开放性指标: 性观念开放度	0.66(0.08)***	0.63(0.11)***	0.69(0.12)**
认知能力	0.83(0.07)*	0.92(0.10)	0.72(0.10)**
样本数/事件数	11438/10525	5756/5286	5682/5239
卡方/自由度	2572.88/8	778.42/8	2877.04/8

注:采用二元Logistic回归对生育可能性进行分析,表格报告了优势率和标准误,优势率大于1表示正向预测结婚可能性,小于1表示负向预测结婚可能性。*表示$p<0.05$,**表示$p<0.01$,***表示$p<0.001$。

通过表3-4可知,学习充电频度、性观念开放度和认知能力对子女数量具有负向的预测作用,负面情绪频度、友好倾向、宗教活动频度、社交频度对子女数量具有正向的预测作用,也即尽责性和开放性人格倾向会降低子女数量,而神经质、宜人性和外向型人格倾向会提高子女数量。从性别差异来看,神经质、宜人性、尽责性和开放性人格倾向均对男性和女性的子女数量具有预测效应,但是,外向性人格倾向仅对男性的子女数量具有正向预测效应。

表3-4 人格特征对子女数量的预测作用

样本	人格变量	A	B	C
总体 (*n*=9530)	神经质指标： 负面情绪频度	0.04(0.004)***	0.04(0.005)***	0.04(0.004)***
	宜人性指标： 友好倾向	0.04(0.005)***	0.04(0.005)***	0.03(0.004)***
	宗教活动频度	0.07(0.004)***	0.09(0.004)***	0.06(0.004)***
	外向性指标： 社交频度	0.04(0.004)***	0.02(0.004)**	0.02(0.004)*
	尽责性指标： 学习充电频度	−0.09(0.005)***	−0.04(0.006)***	−0.03(0.005)**
	开放性指标： 性观念开放度	−0.04(0.006)***	−0.03(0.006)***	−0.02(0.006)*
	认知能力	−0.19(0.008)***	−0.11(0.009)***	−0.09(0.008)***
男性 (*n*=4654)	神经质指标： 负面情绪频度	0.04(0.006)**	0.04(0.007)**	0.04(0.006)***
	宜人性指标： 友好倾向	0.04(0.007)***	0.04(0.007)**	0.03(0.006)***
	宗教活动频度	0.07(0.007)***	0.06(0.007)***	0.05(0.007)***
	外向性指标： 社交频度	0.05(0.006)***	0.03(0.006)*	0.02(0.006)*
	尽责性指标： 学习充电频度	−0.08(0.007)***	−0.03(0.008)*	−0.03(0.007)*
	开放性指标： 性观念开放度	−0.05(0.009)***	−0.05(0.009)***	−0.02(0.009)
	认知能力	−0.18(0.011)***	−0.12(0.013)***	−0.10(0.012)***

续表

样本	人格变量	A	B	C
女性 (n=4876)	神经质指标： 负面情绪频度	0.04(0.006)***	0.04(0.006)***	0.04(0.006)***
	宜人性指标： 友好倾向	0.04(0.007)**	0.03(0.007)**	−0.02(0.006)*
	宗教活动频度	0.08(0.005)***	0.07(0.005)***	−0.06(0.012)***
	外向性指标： 社交频度	0.04(0.006)**	0.02(0.006)	0.01(0.007)
	尽责性指标： 学习充电频度	−0.11(0.008)***	−0.04(0.008)**	−0.03(0.006)*
	开放性指标： 性观念开放度	−0.03(0.009)**	−0.02(0.009)	−0.01(0.009)
	认知能力	−0.19(0.011)***	−0.09(0.012)***	−0.07(0.009)***

注：采用多元线性回归进行分析，模型A控制了性别和年龄因素的影响，模型B在模型A的基础上进一步控制了教育程度和社会经济地位因素的影响，模型C在模型B的基础上进一步控制了初婚年龄因素的影响。*表示$p<0.05$，**表示$p<0.01$，*** 表示$p<0.001$。

通过以上对各类因变量预测的回归分析结果可知，外向性和宜人性人格倾向对生育行为有正向的影响力，而尽责性和开放性人格倾向对生育行为有负向的影响力。这一结果与基于欧美人群的研究结果保持一致（Avison & Furnham，2015；Jokela et al., 2011）。

相对于内向性个体来说，外向性的个体往往更容易获得爱情，具有更高的交配动机（Schmitt & Shackelford，2008），同时，在寻找伴侣的过程中有着更高的成功率（Nettle，2005）。这一趋势促使高外向性个体往往更容易成为父母，而与此相反，害羞则会推迟个体结婚并成为父母的时间（Jokela et al., 2011）。这些结果在一定程度上揭示了外向性与生育行为之间存在正向关系的原因。

友好和善解人意是人们在择偶过程中偏爱的品质，Newton 和 Stewart（2013）比较了有孩子和无孩子的中年女性，无孩子的女性在传统观念认为的女性化特质上得分较低,如同情心、关怀和寻求安慰,与此相对,却在男性化特质上得分较高,比如独立性、怀疑主义。高宜人性的特质让个体更加容易也更加适合担负起子女养育的角色,这可能会有助于解释宜人性水平与其生育行为之间的关系。

对于尽责性与生育行为之间的关联存在两方面的解释。一方面,随着女性逐渐从家庭走向社会,女性不仅拥有照顾家庭的角色,而且拥有了在社会中工作的角色,在工作和家庭的冲突中,具有工作导向的女性可能会延迟生育或者选择不要孩子。高尽责性倾向的女性在终身生育的时间跨度上更短可能反映了其在工作与家庭冲突中权衡生育利弊而产生的结果(Judge & Ilies,2002)。另一方面,具有高尽责性倾向的个体往往会更倾向于使用有效的避孕措施(Berg et al.,2013)、生育行为更具有计划性,这在一定程度上也会导致生育时间的延后。

对于开放性与生育行为之间的关联存在两方面解释。首先,开放性与个体的学习动机和成就存在密切的关系(Berg et al.,2013),对教育成就的抱负以及职业生涯成功的追求常常会推迟个体成为父母的时间,这种情况对于女性来说尤其如此。从实际情况来看,开放性与智商之间存在中等的相关,而且高开放性的女性往往在学历上也确实更高。其次,开放性与非传统的价值观念和态度存在关联。相对于意外怀孕的个体来说,有计划怀孕的个体在开放性上的得分更高(Berg et al.,2013);而相对于有孩一族,无孩一族在开放性上的得分也更高,他们在生活上更加注重独立和自由,因此,非传统的价值观念是另一个可能导致开放性与生育行为之间出现负相关的原因(Avison & Furnham,2015)。

本研究发现,中国人神经质人格倾向和生育行为之间的关系模式与基于欧美人群的研究结果恰恰相反,基于欧美人群的研究发现神经质人格倾向与消极的生育行为相关联,本研究中,神经质人格倾向对初婚年龄具有负向预测效应,对子女数量具有正向预测效应。针对此结果,首先分析神经质指标的有效性,通过表3-5发现,负面情绪频度与其他人格各维度指标的关联模式与以往基于中国人的大五人格研究是基本保持一致的(王孟成,戴晓阳,姚树桥,2013),这从一定程度上说明以负面情绪频度作为神经质人格维度的具体指标是有效的。

虽然发达国家人群的研究发现两者之间关系呈负相关，但2010年一项针对非洲塞内加尔传统社会的研究发现，神经质人格倾向与子女数量呈正相关（Alvergne et al., 2010）。从进化的视角看，人格特征与生育行为之间的关系模式具有高度的环境依赖性（Gurven et al., 2014），我国作为东方文明古国，在生育观念上与欧美社会有着较大的差异，由于受传统上重男轻女、"多子多福""不孝有三，无后为大"等观念的影响，中国人的生育行为所承载的意义可能远比欧美人群要错综复杂。Pinquart等（2008）发现，低情绪稳定性的个体在生孩子的决策上存在更大的矛盾心态。可能正是由于外在的传统生育观念的促使下，存在生育决策困难的高神经质倾向个体才会更早结婚，要更多的孩子，因此，本研究中两者之间的关系模式可能与我国的社会传统文化存在一定的关系。

表3-5 各人格维度具体指标之间的相关分析结果

	1	2	3	4	5	6
1.负面情绪频度						
2.宗教活动频度	0.07**					
3.友好倾向	−0.03**	−0.01				
4.社交频度	−0.05**	0.01	0.03**			
5.充电学习频度	−0.11**	−0.06**	−0.07**	0.03**		
6.性观念开放性	0.01	−0.01	−0.06**	0.02	0.19**	
7.认知能力	−0.20**	−0.09**	−0.05**	0.02	0.49**	0.26**

注：*表示$p<0.05$，**表示$p<0.01$，***表示$p<0.001$。

在性别差异上，对结婚可能性、初婚年龄、生育可能性以及子女数量的预测分析结果发现，外向性人格倾向指标的社交频率对各个因变量的作用方式较为一致，高社交频率降低了男性的初婚年龄，提高了男性的生育可能性以及子女的数量，但是对女性的初婚年龄、生育可能性以及子女数量不具有预测力，可见，外向性人格倾向主要与男性的积极生育行为有关。乐观开朗，善于社交可能会让男性更加具有吸引力，已有研究发现，高外向性倾向的个体往往更容易获得爱情，具有更高的交配动机（Schmitt & Shackelford, 2008），同时，在寻找伴侣的过程中有着更高的成功率(Nettle, 2005)。而外向性倾向对女性的生育行为不具备预测力的原因可能在于社会文化对于女性的角色定位,传统上"男主外女主内"的思想仍代表了目前主流社会的观点(徐安琪,2010),这可能会降低女性外向性倾向在择偶或生育中的影响力。通过对CGSS问卷题项A421"您是否同意:男性以事业为重,女性以家庭为重"的数据进行描述性统计也印证了此观点(见图3-1)。

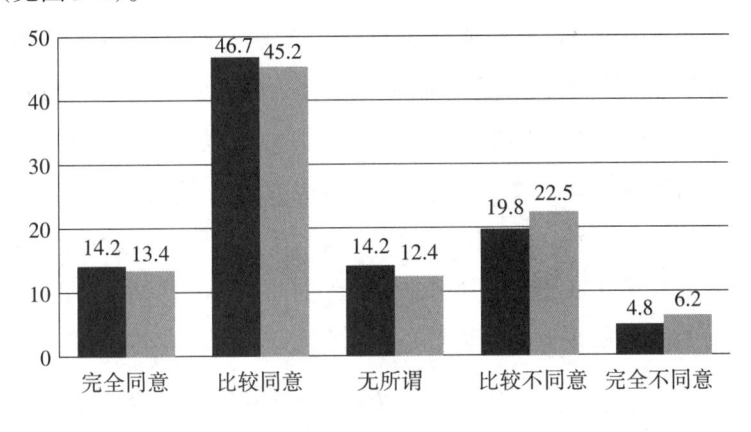

图3-1 "男性以事业为重,女性以家庭为重"各选项所占百分比

四、结论与讨论

目前国内缺乏关于人格特征对生育行为影响的研究,本研究分别从结婚可能性、初婚年龄、生育可能性和子女数量四个变量考察人格特征的影响力,研究结果证实了人格特征各维度对中国人的生育行为存在系统性的影响,这从一定程度上充实了国内关于生育行为的影响因素研究。本研究主要得到以下结论。

首先,外向性、神经质和宜人性人格倾向对生育行为有正向的影响力,而尽责性和开放性人格倾向对生育行为有负向的影响力,其中,神经质人格倾向和生育行为的关系模式与基于欧美人群的研究所发现的关系模式截然相反;其次,从性别差异的角度看,外向性人格倾向对男性的生育行为具有正向的预测效应,对女性的生育行为不具有预测效应。

本研究的主要缺陷在于采用与人格各维度直接相关的行为特征、思想观念以及生活习惯指标来代替人格量表考察人格特征对生育行为的影响，虽然研究结果与基于欧美人群的研究结果具有较高的一致性，而且各个具体指标对四个生育行为因变量的预测效应也有较高的一致性，这说明了本研究中数据的有效性，另外，CGSS具有良好的全国样本代表性，但是这一切无法取代未来进一步直接使用人格量表来考察人格特征与生育行为之间关系的必要性。

据齐鲁晚报报道，2014年，单独二孩政策正式实施5个月以来，山东省累计受理二孩生育申请共计22.3万份，占同期全国二孩生育申请总数的1/4。2016年，山东省人口出生数量达到177万，同比增加53万人，其中，一孩出生比率为34.2%，同比增幅为15.7%，二孩出生比率为63.3%，同比增幅为69.9%，二孩出生比率超过一孩出生比率。在全国统一的生育政策背景下，政策和经济上的差异可能难以解释东部沿海经济强省山东省强烈的二孩生育热情。Briley等（2014）发现了美国不同的州在大五人格各维度上的平均得分与不同州的平均生育行为之间存在显著关联。相对于价值观念，个体人格特征更具有跨时间、跨区域的稳定性，区域内具有相对共性的价值观念可能会塑造出特定的人格特征，从而影响到个体的生育行为，因此，区域文化观念和心理的差异可能对生育现象具有相对独立的解释力。将人格因素纳入生育行为影响因素的研究中，不但充实了生育行为影响因素的研究，而且更有利于更加深入全面地认识人类的生育行为。

第三节　大学生人格特征对生育意愿的影响

改革开放以来，随着我国经济的发展与新的文化思想的涌入，人们的思想观念也在不断发生改变，"不孝有三，无后为大""多子多福""传宗接代，养儿防老"等传统生育观念正在逐渐淡化，孩子不再是传统意义上常规的人生目标，生育已经成为人生历程的非必要选项，当今中国青年的生育观念出现了更加多元化选择的趋势（罗天莹，2008）。随着我国全面二孩生育政策的实施，人们对于生育有了更大的自主选择空间,个体心理差异对生育行为的影响开始越发突出起来。一系列的研究已发现,人格特征对人们的生育行为具有显著的预测作用(吴小勇,2018)。

作为接受高等教育的群体,大学生经历着多元的文化思想冲击,其思维活跃、主体意识突出,思想表现出明显的独立性、选择性、多变性和差异性,因此,相对于其他青年群体,大学生群体的人格特征可能有着其自身的独特性。教育部发布的2018年教育事业发展基本情况显示,2018年我国高等教育毛入学率达到48.1%,高等教育普及化阶段已经到来,大学生群体已成为青年人群的代表,在同龄人口中占很高比重,基于此,大学生生育意愿必将对未来我国国民的生育行为产生重要的影响,对我国未来人口的发展趋势有着明显的预测作用。然而,截至目前,仍缺乏关于大学生人格特征与生育意愿之间关系的研究,本节希望通过研究大学生人格特征对生育意愿的影响,为政府人口规划和生育政策调整提供一定参考。

一、资料来源与方法

(一)研究对象

采用随机抽样方法,从贵阳和遵义两地随机抽取五所高校开展调查,共发放问卷1150份,回收有效问卷1052份,有效率为91.48%。被调查对象的最小年龄为17岁,最大年龄为26岁,平均年龄为20.82±1.50岁,其中,男性平均年龄21.29±1.62岁,女性平均年龄20.55±1.36岁。

(二)研究变量

1.因变量

参考以往研究中的指标设置,本文以生育可能性、期望子女数量、预期生育年龄三个指标作为反映大学生生育意愿的因变量。通过题项"您将来是否要孩子?"来测量生育可能性,采用五点计分,得分越高说明越愿意,得分越低说明越不愿意;通过题项"在无生育政策和其他情况限制的情况下,您期望自己未来有几个孩子?(不想要孩子填0个)来测量期望子女数量,按实际期望的子女数量进行计分;通过题项"如果必须要孩子的话,您预计可能会在什么时候要孩子?"来测量预期生育年龄,采用四点计分,得分越高说明预期生育年龄越大,得分越低说明预期生育年龄越小。

2. 自变量

本次研究中使用王孟成、戴晓阳、姚树桥(2011)编制的中国大五人格问卷简版量表(CBF-PI-B)来对大学生人格特征进行测量,量表包括神经质、严谨性、宜人性、开放性、外向性五个维度,采用六点计分,从"1=非常不符合"到"6=非常符合",得分越高代表所对应的人格特征越显著,此问卷具有较好的信效度。在本研究中,量表总体克隆巴赫 α 系数为0.835,分别对各人格维度克隆巴赫 α 系数进行检验,神经质为0.805、严谨性为0.776、宜人性为0.711、开放性为0.804、外向性为0.663。

3. 控制变量

根据以往研究生育意愿的主要影响因素,本次研究中将年龄、兄弟姐妹情况、家庭月平均收入、家庭规模、个人健康状况设为控制变量。年龄直接通过被调查者所填的实际年龄获取;兄弟姐妹情况通过题项"是否有兄弟姐妹"获取,选项包括:"无""1个""2个""2个以上",依次按1—4计分;家庭月平均收入通过题项"家庭月平均收入"获取,选项包括:"≤1000""1000—4000""4000—7000""7000—10000""≥10000",依次按1—5计分;家庭规模通过题项"家庭规模(长期一起居住的直系亲人)"获取,题项包括:"2—3个人""4—5个人""6—7个人""7人以上",依次按1—4计分;个人健康状况通过题项"个人身体健康状况"获取,选项包括:"非常健康""比较健康""偶尔生病""时常生病""长期生病",依次按1—5计分。

(三)统计学方法

将数据录入SPSS 25.0进行统计分析,所使用的统计方法主要包括描述性统计、回归分析。由于以往关于生育意愿的研究发现存在性别差异,本研究中除进行总体分析外,分别呈现不同性别统计结果以便比较性别差异。

二、结果

(一)人口学变量的描述性统计

调查对象的性别、是否有兄弟姐妹、家庭月收入、家庭规模、个人健康状况(见表3-6)。

表3-6 人口学变量的描述性统计

分类	人数	百分比
性别		
男	378	35.9
女	674	64.1
是否有兄弟姐妹		
无	184	17.5
1个	399	37.9
2个	256	24.4
2个以上	213	20.2
家庭月平均收入(单位:元)		
≤1000	94	8.9
1000—4000	522	49.6
4000—7000	271	25.8
7000—10000	126	12.0
≥10000	39	3.7
家庭规模		
2—3个人	359	34.1
4—5个人	554	52.7
6—7个人	111	10.5
7人以上	28	2.7
个人健康状况		
非常健康	304	28.9
比较健康	537	51.0
偶尔生病	191	18.2
时常生病	17	1.6
长期生病	3	0.3

(二)调查对象的生育意愿情况

调查的1052人中,其中肯定愿意将来要孩子的人数为258,占24.5%;有点愿意将来要孩子的人数为161,占15.3%;表示不确定将来是否要孩子的人数为380,占36.2%;有点不愿意将来要孩子的人数为133,占12.6%;肯定不愿意将来要孩子的人数为120,占11.4%。111人期望子女数为0,占10.6%;118人期望子女数为1,占11.2%;776期望子女数为2,占73.7%;47人期望子女数为3或3个以上,占4.5%;说明大部分大学生期望有2个孩子。预期生育年龄在23—25岁人数为18,占1.7%;预期生育年龄在26—28岁的人数为516,占49.1%;预期生育年龄在29—31岁的人数为438,占41.6%;预期生育年龄在32岁以后的人数为80,占7.6%;说明大部分大学生选择在26—31岁生育。

(三)人格特征对生育可能性的回归分析

结果表明,开放性对生育可能性具有负向预测作用,外向性对生育可能性具有正向预测作用,即开放性降低了生育可能性,外向性提高了生育可能性。从性别差异上看,神经质与宜人性仅对女性生育可能性有正向预测作用,外向性仅对男性生育可能性具有正向预测作用,开放性对男性与女性生育可能性均具有负向预测作用(见表3-7)。

表3-7 人格特征对生育可能性的回归分析

人格变量	总体	男性	女性
神经质	0.035(0.063)	−0.203(0.129)	0.164(0.074)*
严谨性	0.152(0.086)	0.273(0.182)	0.139(0.100)
宜人性	0.118(0.085)	−0.046(0.165)	0.245(0.103)*
开放性	−0.261(0.087)**	−0.436(0.170)*	−0.224(0.104)*
外向性	0.277(0.085)**	0.446(0.167)**	0.101(0.101)

注:采用有序多分类Logistic回归模型进行分析,表格分别报告了β系数和标准误。所有模型均控制了年龄、兄弟姐妹情况、家庭规模、健康状况的影响。*表示$p<0.05$,**表示$p<0.01$,***表示$p<0.001$。

由于后续关于"期望子女数""预期生育年龄"的分析是对意愿生育的大学生样本进行的分析,因此在后续分析中排除了不确定将来是否要孩子的大学生样本。

(四)人格特征对期望子女数量的回归分析

结果表明,开放性对于期望子女数量具有负向预测作用,即开放性会降低期望子女数量。从性别差异上看,开放性仅对女性期望子女数量具有负向预测作用(见表3-8)。

表3-8 人格特征对期望子女数量的回归分析

人格变量	总体	男性	女性
神经质	−0.018(0.021)	−0.019(0.041)	−0.005(0.024)
严谨性	0.026(0.030)	0.046(0.055)	−0.009(0.035)
宜人性	−0.042(0.028)	−0.088(0.049)	−0.004(0.035)
开放性	−0.041(0.019)*	0.003(0.052)	−0.095(0.036)**
外向性	0.006(0.029)	−0.005(0.051)	0.021(0.034)

注:采用多元线性回归模型进行分析,表格分别报告了β系数和标准误,所有模型均控制了年龄、兄弟姐妹情况、家庭月平均收入、家庭规模、个人健康状况的影响。*表示$p<0.05$,**表示$p<0.01$,***表示$p<0.001$。

(五)人格特征对预期生育年龄的回归分析

结果表明,总体来看,神经质对预期生育年龄具有负向预测作用,即神经质人格倾向越高,其预期生育年龄越小。从性别差异上来看,神经质仅对女性预期生育年龄具有负向预测作用(见表3-9)。

表3-9 人格特征对预期生育年龄的回归分析

人格变量	总体	男性	女性
神经质	−0.278(0.115)*	−0.079(0.205)	−0.328(0.146)*
严谨性	0.222(0.160)	0.475(0.276)	0.125(0.208)
宜人性	0.233(0.151)	0.141(0.237)	0.326(0.213)
开放性	−0.013(0.158)	−0.047(0.263)	−0.068(0.215)
外向性	−0.152(0.154)	−0.037(0.265)	−0.257(0.197)

注：采用有序多分类Logistic回归模型进行分析，表格分别报告了β系数和标准误。所有模型均控制了年龄、兄弟姐妹情况、家庭月平均收入、家庭规模、个人健康状况的影响。*表示$p<0.05$，**表示$p<0.01$，***表示$p<0.001$。

三、讨论

（一）大学生生育意愿总体特征比较分析

结果表明，约60%的大学生明确表示不确定或不愿意要孩子，这表明，在将来要与不要孩子的问题上，大学生对要孩子的意愿并不高，但是具体到期望子女数量上时，仅10.6%的大学生期望子女数量为0，有73.7%的大学生期望子女数为2，这与戴金妹等人的研究结果基本一致（戴金妹,方立滢,江剑平,2018；时涛,刘德鑫,2018），同时，约90%大学生的预期生育年龄在26—31岁，这与国内已有相关研究的结果一致。可见，在生育意愿上多数大学生呈现出要孩子的主观意愿不高，预期生育年龄也较晚，但理想子女数量为2，这可能反映了大学生的生育意愿水平较低，但"儿女双全"等传统生育文化标准仍对大学生的生育意愿具有引导作用。

（二）开放性对大学生生育意愿具有负向影响力

结果表明，开放性人格倾向降低了男性与女性大学生的生育可能性，降低了女性大学生的期望子女数量。一方面，高开放性人格倾向的个体往往表现出更高的求知欲和创造性,他们对学业与事业成功的追求更高,因而可能会降低个体生育的意愿,这种情况对于女性来说尤其如此;另一方面,开放性人格更加开明,更少保守,更加追求独立和自由,这可能会降低中国传统思想"不孝有三,无后为大"等传统生育思想的影响力,从而导致生育意愿降低(吴小勇,毕重增,2018)。开放性对大学生生育意愿具有普遍的影响力,这表明人格特征与生育意愿的关联模式中,高级知识分子群体具有自身的独特性。

(三)人格特征对大学生生育意愿影响存在性别差异

外向性人格倾向提高了男大学生的生育可能性。高外向性个体充满热情、开朗以及乐于社交,往往更容易获得爱情,具有更高的交配动机(Schmitt, Shackelford, 2008),这可能会提高其生育可能性。高外向性人格倾向对女大学生生育意愿影响不显著的原因可能在于社会文化对于女性的角色定位,传统上"男主外女主内"的思想仍代表了目前主流社会的观点(徐安琪,2010)。因此,传统思想观念可能会降低女性外向性倾向在生育意愿中的影响力。

宜人性和神经质人格倾向提高了女大学生的生育意愿。国外一些学者研究发现,有孩子的女性比没有孩子的女性在宜人性上得分更高,宜人性得分更高的女性会更早结婚,更早生育,拥有更多的孩子(Dijkstra, Barelds, 2009; Jokela, 2012)。高宜人性的女性往往更富于同情心,对人更具有亲和力,这使得她们更加容易接受与亲近孩子,同时也更加适合担负起养育子女的角色,这可能会提高宜人性对女大学生生育意愿的影响力。高神经质的女性往往决策困难,一方面,相对于男性来说,女性对婴儿的兴趣更高(Pinquart, Stotzka, Silbereisen, 2008),在生育决策困难的前提下,这种对婴儿兴趣的内驱力可能会促使女性具有更高水平的生育意愿。另一方面,低情绪稳定性的个体在生孩子的决策时存在更大的矛盾心态,由于受到"多子多福""不孝有三,无后为大"等传统生育观念的影响,可能会促使高神经质倾向个体具有更高的生育意愿。

从人格特征对大学生生育意愿影响的性别差异来看,传统社会文化仍然可能是影响大学生生育意愿的重要因素。

第四章　主观幸福感对生育意愿的影响

　　通常意义上来说,主观幸福感更倾向于证实人们对幸福的满意程度,大多数的研究表明,主观幸福感会随着收入的增加而增加,受到工作、伴侣、社会资本、宗教信仰、良好的人格特质等的影响。总体而言,由于失业、通货膨胀和宏观经济波动性的上升,人们的主观幸福感也会随之下降。随着人们对于主观幸福感的进一步认识,研究人员开始关注主观幸福感对于人们生育意愿的影响。最开始,没有理由假设人们的生育意愿或生育行为和幸福之间存在任何关联,只要生活方式是人们自己选择的就行。关于生育意愿,假设人们的想法不同,即一些人想生孩子,而另一些人则没有这种想法,一旦这两种人都实现了自己想要的生活状态,就不能说前者比后者更加快乐。而幸福感差异之所以会出现,就是因为人们的某些偏好比其他偏好更有利于让人们增加主观幸福感,或者是具有某些偏好(例如生育意愿较强烈)的人由于其特征能够满足他们的偏好而更加容易获得幸福。当然,如果每个人都对生孩子有相同的偏好,一些人能够实现自己目标,而另一些人不能实现他们的目标,后者当然不会感到幸福。在这种情况下,可能更加难以理解的是在一些国家,为人父母往往与较低的幸福感相关,真的可以有这么多人花费大量时间和精力做些减少他们幸福感的事情吗?

第一节　主观幸福感对生育意愿影响概述

20世纪90年代初,许多发达国家的生育率降至历史新低,引发了一场激烈的辩论,主题是如何应对低生育率及其引发的众多问题,比如,人口老龄化。低生育率大部分是由于推迟生育造成的,但另一个重要的原因是在生育一两个孩子后就不再生育而导致的生育数量减少(Myrskylä, Goldstein, & Cheng, 2013)。因此,政策讨论集中在推迟生育背后的原因,以及为什么大多数人说他们想要两个孩子,却只生一个孩子。

旨在解释生育推迟和生育率下降原因的研究着重从个人主义的上升以及家庭和职业愿望的不相容角度来认识相关现象,尤其是对妇女而言(Adsera, 2004; Feyrer et al., 2008; Gauthier, 2007)。例如,最近的研究表明,女性的工作满意度在第一次生育后下降,这为工作和家庭压力导致低生育率的假设提供了一些间接的支持。尽管主观幸福感与生育推迟和生育下降之间可能存在关系,但与这些传统的解释相比,他们之间的关系受到的关注要少得多。

一、生育是否会提升主观幸福感

对主观幸福感作用于生育意愿的分析呈现了两个相当矛盾的结果。许多人确信生育行为是幸福的源泉,但有关于此类主题的文献却不能准确无误地证实这个假设,导致幸福感对生育意愿的影响两极分化,一些研究发现了生育行为对幸福感的积极影响,从而提高了生育意愿(Aassve, Goisi, & Sironi, 2012),而其他研究则发现了负面关系(McLanahan, Adams, 1987)。大量的实证研究表明,对一系列控制变量(包括生育行为)对于幸福感的影响进行回归分析后,结果是生育行为经常造成负的估计系数(Alesina, Di Tella, & MacCulloch, 2004)。同时,有学者更具体地关注幸福感与为人父母身份的关系,证实了父母的身份与主观幸福感之间存在负相关关系(McLanahan, Adams, 1987),这表明了父母的身份与劳累、时间紧张和沮丧有关。Buddelmeyer等(2015)发现,在澳大利亚和德国夫妻中,生育行为会增加时间压力和经济压力,从而降低了他们的主观幸福感,减少了他们的生育意愿,尤其是女性,这种影响会持续很多年。有学者使用盖洛普世界民意测验数据,分析后表明至少有一个孩子的家庭,生活满意度以及主观幸福感评估相对来说要差,与此同时,担忧、压力和愤怒的情绪指数明显比没有孩子的家庭更高。世界价值调查也发现了相似的结果,做父母与较低的主观幸福感以及消极情绪相关。

二、主观幸福感是否会促进生育

关于主观幸福感对生育的影响,相关研究结论不一致。有研究发现主观幸福感对生育行为的积极作用,例如,Hansen发现挪威母亲的生活满意度和自尊心要比非母亲高,进而使得幸福感增加,增加生育行为。Evenson和Simon(2005)的观点更为具体,他们认为,生育行为对父母心理健康的影响取决于儿童的年龄,幼儿会增加父母的痛苦,进而减少父母的生育意愿,而当孩子成年后,会改善父母的心理健康,增加他们的幸福感。Parr(2010)认为,主观幸福感、生活的特定领域、伴侣与现有孩子的关系、生育意愿以及随后的生育能力之间存在着相关性的假设,这些数据来自于对澳大利亚家庭的纵向调查,其中2948名女性和2622名男性的年龄在15岁至44岁之间。得出的结果发现,男性对伴侣的满意度以及对伴侣与现有子女关系的满意度及主观幸福感与生育呈正相关,同时,生育率还与年龄、胎次、婚姻状况、教育、就业与出生地有关。除此之外还发现,无论是男性还是女性,对生活的满意度提高之后,生育意愿也会显著提高,存在着伴侣与生活满意度之间的积极互动效应。那些对伴侣满意度越高的人的生育意愿支持了一个等式:伴侣+幸福=孩子。也有研究发现,对生活不满的男女生育率低得惊人,那些对生活非常满意的人随后的平均生育率要高得多。

还有一些研究发现,主观幸福感主要会起到消极作用,例如,2008年的SOEP数据显示,孩子的出生阶段对女性的主观满意度产生积极影响,但是这种影响会在孩子2—3岁时逐渐消失,据估计此后系数变为负,女性的主观幸福感降低后,同样也会影响女性的生育意愿,使得女性的生育意愿直线下降。

针对不同的观点,都有相关的合理性解释。根据风险规避理论,男性和女性可能会避免再生孩子,因为这样做可能会对他们的生活产生负面影响。与此等同的观点是由Ramu总结的,那些自愿无子女的加拿大人不希望生孩子,"没有孩子的生活一直很好"(Ramu,1984)。对生活满意度的下降似乎是与生孩子有关的风险之一,特别是一些研究发现,为人父母与成年人中较高的抑郁水平有关(Evenson,Simon,2005)。因为有很少或根本没有可能性通过生育行为让他们提高生活满意度,以自我为中心且对生活高度满意的人会有更多理由反对生孩子。

然而,根据Parr(2010)的研究结果,高度满足的人更容易有孩子,他们知道为人父母的身份有着较强的利他动机,他们未来孩子的生理或社会禀赋会跟他们很像,这样的幸福感比任何风险都更优先,这也同时表明他们对产后高满意度的恢复能力有信心。

三、一个主观幸福感对生育的影响机制模型

在现代社会,养育行为被看作个体追求自我实现方式之一。Van de Kaa早在30多年前就指出,个体把自我实现和主观幸福感放在一个重要的位置,极力强调主观幸福感在个体如何决策生育行为中起着重要的作用。这一观点的前提是个体的决策过程起源于对幸福的追求,在这之中,子女可能是一个重要因素。依这一观点推论,那些在生育中获得更高主观幸福感的夫妻,其生育水平也会更高(Aassve et al.,2016)。按其观点来理解,主观幸福感是生育的一个功能,这也就意味着,主观幸福感是生育的结果。

另外一种与此相反的观点认为,生育作为夫妻双方的共同决策,他们俩的主观幸福感水平可能起到重要的作用。直观地看,体验到乐观和满意的人们能够更好地去着手组建家庭,这种幸福感水平应该与生育的可能性呈正相关(Evans,Kelley,2004;Zimmermann,Easterlin,2006;Carmichael,Whittaker,2007)。具体说来,首先,一个人对伴侣的满意度会影响他们对生活的满意度,

并会通过提高婚姻的稳定性和延续可能性来影响他们的生育能力。其次,父母普遍渴望有快乐的孩子,如果这些潜在的未来父母对生活感到满意,这可能会增加要孩子的可能性,因为孩子会传递父母的生理和社会禀赋。这种对更快乐孩子的预期会反过来提高生育意愿。此外,由于孩子在某种程度上是其父母的"形象代言人",对自己有更积极态度的夫妻也可能对其未来的后代更好地生存和延续有利(Kohler, et al., 2005)。最后,抑郁和压力被发现是导致繁殖力下降的原因,也是导致生育力下降的原因。

针对以上一系列的理论解释,Parr(2010)提出了一个主观幸福感与生育的理论模型,见图4-1。

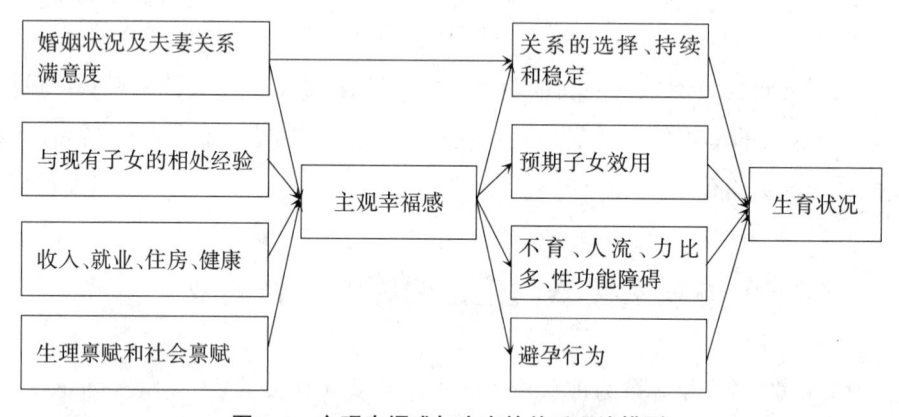

图 4-1 主观幸福感与生育的关系理论模型

(来源:Parr N. Satisfaction with Life as an Antecedent of Fertility[J]. Demographic Research, 2010, 22(21):635-662)

第二节 幸福感调节生育策略?幸福感对性别角色和生育意愿关系的调节效应

国家统计局公布的数据显示,自全面二孩政策实施以来,2016年和2017年出生人口在总量上与"十二五"期间年均出生人数相比有所上升,2017年的二孩出生数量比2016年增加了162万人,同时一孩出生数量比2016年减少249万人。可见,全面二孩政策的实施明显推动了二孩数量的增加,但二孩出生数量的增加幅度远不及之前的预期,也低于一孩出生的减少量,这意味着生育政策的调整所释放的潜在生育率未达到预期,且后继乏力(计迎春,郑真真,2018)。低生育率问题并非中国独有,20世纪末欧美许多国家普遍出现了生育率持续降低的现象。目前,越来越多的研究者开始从性别平等的角度来理解和解释低生育率问题。随着社会越来越鼓励性别平等,人们的性别角色观念正逐渐发生转变,研究发现,性别角色观念与生育行为有着密切的关系,持性别平等观念的个体的生育意愿和生育水平较低,而持传统性别角色观念个体的生育意愿和生育水平较高(McDonald, 2000; Cooke, 2004; Lappegård et al., 2015)。相关研究者认为,当前社会鼓励个体层面的性别角色平等(如就业、教育等),与此同时,社会对家庭层面的支持和定位却延续着"男主外,女主内"的性别角色分工,两者之间的矛盾与冲突导致了生育率降低的现象(McDonald, 2000)。

目前,关于女性性别角色观念与生育行为之间关联的研究结果较为一致,性别角色平等的观念对女性生育行为具有负向影响(Lappegård et al., 2015; Li et al., 2016),然而,关于性别角色观念与男性生育行为之间的关系却存在争论,如Puur等(2008)研究发现,男性的性别角色平等观念对生育意愿存在正向的影响,而Miettinen等(2011)发现男性的性别角色观念与生育意愿之间的关系呈U型特征。从进化的角度看,生物学上的性别差异决定了两性在亲代投资[①]上的差异,对于男性而言,一次性行为只需要极少的付出和投资,但女性却可能为此付出十月怀胎和漫长子女抚育期的代价,这让女性在择偶过程中会倾向于选择那些愿意承诺并有能力负责的男性组建家庭(Buss, 2011)。两性在亲代投资上的差异也一定程度上决定了传统家庭"男主外,女主内"的性别角色分工。当前的性别革命让男性担负起子女抚养的责任,同时也让女性走向社会,这一发展趋势减少了两性在亲代投资上的差异,漫长进化历程中形成的生育相关进化机制受到前所未有的挑战,总体生育率的持续下降可能正折射了当前环境下生育

---

① 亲代投资是指亲代为增加后代生存的机会(以让其成功繁殖)而进行的投资,但会以牺牲亲代投资其他适应度成分的能力为代价。

的进化适宜性①降低问题。

性别角色观念与生育行为之间的关系模式是当前社会变迁带来的进化适宜性变化的具体体现,两者之间的关系反映了人们对环境的适应状态。在以往的既有研究中,通过剥离个体环境适应问题来分析两者之间的关系是不合理的,将个体对环境的适应性纳入性别角色观念和生育行为之间关系模式的探讨可以更加深入全面地认识两者之间关系。人类社会生活的一项重要目标是追求幸福,幸福感是人们对其生活质量所做的情感性和认知性的整体评价,反映了人们对自身生活环境的适应情况,幸福作为一种情绪体验并不能直接地增加繁衍的适宜性,幸福体验往往伴随行为活动影响生存与繁衍。在面对性别革命对人类生育行为带来的影响过程中,个体对自身生活环境的适应情况可能会调节性别角色观念和生育行为之间的关系。基于此,本节关注幸福感对性别角色观念与生育意愿之间关系的调节效应。

一、性别角色观念与生育行为之间的关系

性别和性别平等化是人口学研究者理解低生育率的一个重要依据(Lappegård et al., 2015)。从社会环境来说,在教育和就业领域越来越趋向于性别平等化,这让女性的人生历程不再以家庭相关的角色为中心,然而,社会对于工作女性在子女抚养上的支持不充分导致其难以协调工作与家庭的冲突,由此导致了生育率的下降(Li et al., 2016)。从个体角度来说,持传统性别角色观念的女性会倾向于将生儿育女视为人生历程的必要目标,对于她们来说,男性工作养家是天经地义的事,而女性的职责就在于照顾家庭和抚养子女。然而,持性别角色平等观念的女性为追求职业生涯的成就,不想耗费过多的时间来做家务和照顾孩子。一旦夫妻双方无法平等地分担家庭事务,她们就可能会尽可能

---

① 有能力的竞争者往往会比其他个体拥有更多的后代,因为其所拥有的特质总能为自己提供优势,从而能更成功地寻找到食物或配偶,能更有效地避免掠食者的威胁。这些个体的子代将会遗传到成功的特质,可以说"自然选择"就这样发生了。通过这样的过程,有机体将更适应其所处的环境。相对于特质的其他变异,这种随着特质传递给后代而带来的成功也被称为该特质的适宜性。适宜性用来计量相对的繁殖成功率,严格来讲,适宜性是特质的特性。

少要孩子或不要孩子。

在以男性为研究对象的相关研究中,已有研究结果不尽一致。Puur等(2008)以欧洲8个国家的男性为研究对象,发现持性别角色平等观念的男性拥有更高的生育意愿。研究者认为,持性别角色平等观念的男性对家庭的事情有更高的兴趣,他们更易从父亲的角色中得到快乐,由此导致生育意愿的提升。然而,Westoff and Higgins(2009)同样以欧洲相关国家的男性为研究对象,发现性别角色观念与生育意愿呈负向关联,研究者认为不同的测量方式可能是导致性别角色观念与生育意愿之间关联模式不一致的主要原因。Miettinen等(2011)以芬兰的男性为研究对象,研究结果既支持了Puur等的结论,也支持了Westoff和Higgins的结论,他们发现性别角色观念与生育意愿之间的关系呈U型关联,与持中等水平的性别角色平等观念的男性相比,持高水平和低水平的性别角色平等观念的男性都有更高的生育意愿。Miettinen等认为,持中等水平的性别角色平等观念的男性处于性别角色观念由传统向现代的过渡阶段,面临着更高水平的家庭与工作冲突。这也就意味着性别角色平等观念与传统性别角色观念均有利于生育意愿的提升。

性别平等是现代社会发展历程的一个重要特征,随着社会现代化的发展,女性肩负起社会劳动,面临着家庭与工作冲突的问题,与此同时,工业化也彻底改变了传统农业社会的家庭网络,一方面,由于现代社会对劳动力素质的要求提高,导致家庭的子女养育成本提高,另一方面,由于子女照顾由传统社会中父母、祖父母、邻居等共同承担转变为现代社会中主要由父母承担(Sear et al., 2016),这必然会导致男性需要更多地参与到家庭劳动和子女照顾中来,无论其持性别平等观念或是持传统性别观念。从这一角度来看,相对于持性别角色平等观念的男性,持传统性别角色观念的男性可能面临着更多的生育决策困难。另外,随着现代化进程的不断推进,性别平等观念不断深入人心,女性的家庭地位也不断得以提升,在生育决策中,女性开始扮演越来越重要的角色,生育行为成为夫妻双方共同决策的结果。可见,当前社会,性别角色观念与生育行为之间关系存在多重诱因,两者之间无论存在正向关联还是负向关联,相关研究者均可找到合理的理论予以支撑,鉴于既有研究结果相互之间存在的差异和冲突,脱离人们对当前环境的适应状况,单纯地分析性别角色观念与生育行为之间的关系模式是不合理的。本研究从进化的视角引入幸福感作为环境适应的指标来考察性别角色观念与生育行为之间的关系。

二、幸福感与生育行为之间的关系

近年来,越来越多的研究开始关注幸福感与生育行为之间的关系,多数研究者主要通过两个路径来分析两者之间的关系,一方面,关注生育行为是否会带来幸福感的提升(Kohler,2005;王钦池,2015),主要通过考察生育前后幸福感水平的变化来分析生育行为对幸福感的影响(这一研究路径并非本研究探讨的内容);另一方面,关注幸福感对生育行为的影响(Aassve, Arpino, & Balbo, 2016; Moglie, Mencarini, & Rapallini, 2015)。Moglie等(2015)基于德国社会经济面的数据进行分析发现,主观幸福感对男性和女性的二孩生育存在正向预测作用。与此相一致,Parr(2010)以澳大利亚人群为样本,发现借助幸福感可以预测人们在未来两年要孩子的可能性。Baetschmann等(2012)基于德国育龄人群的研究同样发现,五年间要了孩子的女性和五年间一直不要孩子的女性,在五年前的幸福感水平就存在差异,前者的幸福感水平高于后者。国内有研究者以2013年中国社会综合调查(CGSS,2013)数据为基础考察幸福感对生育意愿的影响作用,发现幸福感对生育意愿具有正向影响力。

关于幸福的研究始于哪些因素更能让人体验到幸福,有研究显示令人感到幸福的因素主要有:(1)食物;(2)畅饮;(3)性行为;(4)友谊;(5)某领域取得成功;(6)发明创造;(7)学习;(8)身体锻炼(Nettle,2005)。在此之中,有些因素可直接对生育行为产生影响,但另一些则与学习与工作有关,幸福作为一种情绪体验往往并不能直接地增加繁衍的适宜性,幸福体验往往伴随行为活动影响生存与繁衍。这也就意味着幸福感既可能会直接影响生育行为,也可能通过其他因素对生育行为产生调节作用。关注幸福感对生育行为的调节效应,可以更深入地了解幸福感对生育行为的作用机制。

三、数据、变量及统计方法

(一)数据来源

本研究数据来源于2010年、2012年、2013年、2015年中国人民大学开展的中国综合社会调查(CGSS)的数据。CGSS是中国第一个全国性、综合性、连续性的大型社会调查项目,旨在探讨和分析中国社会具有重大理论和现实意义的议题,定期收集社会各方面的相关数据,被视为研究中国最重要的数据来源之一。限于本研究的具体研究主题,选取CGSS数据中年龄在18岁—49岁之间的育龄人群样本作为研究对象,最终样本规模为18970人,其中,男性9478人,女性9492人,来自于城市(居委会/社区)12583人,农村(村委会)6387人。由于不同变量存在部分个案数据缺失,因此,本研究所呈现的不同变量在统计中有效样本的数量存在差异(见表4-1)。

表4-1 主要变量的描述性统计

变量	男性 城市 N	男性 城市 M(SD)	男性 农村 N	男性 农村 M(SD)	女性 城市 N	女性 城市 M(SD)	女性 农村 N	女性 农村 M(SD)
未婚人群							
年龄	1806	26.62(5.47)	606	25.26(7.05)	1371	23.66(4.87)	345	21.35(3.55)
家庭经济地位	1799	2.78(0.69)	607	2.59(0.71)	1369	2.81(0.65)	345	2.71(0.66)
身体健康状况	1806	4.26(0.84)	607	4.16(1.00)	1370	4.29(0.78)	345	4.30(0.77)
近期情绪状态	1802	4.09(0.93)	607	3.99(0.71)	1365	4.02(0.92)	344	4.08(0.82)
教育程度	1806	13.39(3.04)	607	10.36(3.48)	1369	13.98(2.77)	345	12.32(3.06)
幸福感	1805	3.70(0.86)	604	3.71(0.92)	1370	3.90(0.77)	344	3.93(0.84)
性别角色观念	1085	3.32(1.12)	606	3.37(1.15)	1371	2.58(1.18)	345	2.61(1.18)
生育意愿	1734	1.68(0.83)	569	1.73(0.65)	1294	1.63(0.81)	317	1.62(0.61)

续表

变量	男性 城市 N	男性 城市 M(SD)	男性 农村 N	男性 农村 M(SD)	女性 城市 N	女性 城市 M(SD)	女性 农村 N	女性 农村 M(SD)
已婚人群								
年龄	4261	36.24(5.83)	2454	36.78(6.36)	4575	34.53(5.90)	2790	34.60(6.67)
家庭经济地位	4245	2.76(0.68)	2451	2.66(0.67)	4556	2.73(0.67)	2783	2.67(0.67)
身体健康状况	4258	4.13(0.85)	2452	4.02(0.96)	4572	4.02(0.86)	2788	3.87(1.02)
近期情绪状态	4251	4.10(0.89)	2448	4.00(0.92)	4566	3.98(0.90)	2783	3.90(0.94)
教育程度	4259	11.91(3.47)	2452	8.45(2.85)	4575	11.25(3.77)	2790	7.50(3.25)
结婚年龄	4212	21.45(7.68)	2421	20.93(6.44)	4529	20.41(6.73)	2748	19.39(5.97)
配偶年龄	4252	34.41(6.03)	2450	35.07(6.76)	4564	36.22(5.81)	2784	36.12(6.31)
配偶教育程度	4248	11.28(3.71)	2448	7.55(3.11)	4566	11.74(3.48)	2783	8.36(2.62)
幸福感	4252	3.89(0.75)	2441	3.79(0.83)	4560	3.90(0.77)	2786	3.82(0.82)
性别角色观念	4255	3.36(1.17)	2452	3.68(1.11)	4572	3.20(1.24)	2786	3.65(1.15)
生育意愿	4223	1.86(0.76)	2431	1.92(0.64)	4552	1.78(0.63)	2780	1.89(0.62)

(二)被解释变量

以往研究中,主要利用时间序列数据来探讨性别角色观念对生育行为的影响,本研究中,CGSS数据为截面数据,研究对象处于育龄阶段,尚未完成人生的生育历程,因此,子女数量不宜作为被解释变量来探讨性别角色观念的影响,鉴于此,本研究以生育意愿为被解释变量,生育意愿的数据通过CGSS问卷调查中的题项"如果没有政策限制的话,您希望有几个孩子"获取。

(三)解释变量

本研究选取题项"您是否同意以下说法——男人以事业为重,女人以家庭为重"作为解释变量"性别角色观念"的指标,该题项按五点计分,得分越高代表越倾向于认同传统社会的性别角色分工,得分越低代表越倾向于认同性别角色平等的观念。选取题项"总的来说,您觉得您的生活是否幸福",作为调节变量"主观幸福感"的指标,该题项按五点计分,得分越高代表越具有幸福感,得分越低代表越不幸福。

(四)控制变量

根据以往生育意愿的影响因素研究,结合CGSS调查问卷的相关题项,本研究中的控制变量包括年龄、配偶年龄、结婚时长、教育程度、配偶教育程度、家庭经济地位、身体健康状况、情绪状态共八个变量。分别通过问卷调查施测具体年度减题项"出生日期-年"和"您目前配偶或同居伴侣是哪一年出生的"的数值获取年龄及配偶年龄数据;通过问卷调查施测具体年度减题项"您第一次结婚时间是?"的数值获取结婚时长数据;教育程度和配偶教育程度所对应的题项分别为"您目前的最高教育程度是"和"您配偶或同居伴侣目前最高教育程度是",各题项所对应的选项计分分值分别为:小学计6分、初中计9分、高中或职高计12分、大专计15分、大学计16分、研究生计19分;家庭经济地位所对应的题项为"您家的家庭经济状况在所在地属于哪一档",该题项按照五点计分,得分越高代表经济地位越高;身体健康状况和情绪状态所对应的题项分别为"在过去的四周中,是否由于健康问题,影响到您的工作或其他日常活动"和"在过去的四周中,您感到心情抑郁或沮丧的情形是",各题项均按照五点计分,得分越高代表健康状况越好或者情绪状态越好。

(五)统计方法

研究中所使用的统计方法主要包括描述性统计、回归分析及简单斜率检验。使用多元线性回归模型对被解释变量生育意愿进行预测,在统计分析过程中分别对被解释变量生育意愿取对数,对解释变量及控制变量进行标准化处理,同时利用残差分析判断线性回归模型分析的合理性,结果发现各线性回归模型的解释变量和被解释变量之间均呈线性关系,被解释变量残差服从正态分布。

已有研究发现,性别差异和环境差异会影响性别角色观念与生育意愿之间的关系模式(Li et al., 2016; Lappegård et al., 2015),鉴于此,本研究中分别呈现基于城乡和男女分类的统计结果以便更具体地分析性别角色观念与生育意愿之间的关系。

四、结果与分析

表4-2和表4-3分别呈现了未婚育龄人群和已婚育龄人群生育意愿的影响因素的分析结果。以生育意愿作为被解释变量,以性别角色观念、主观幸福感以及两者的交互作用作为解释变量,同时以年龄、教育程度、家庭社会经济地位、身心健康状况等因素作为控制变量。表4-2和表4-3中,模型1为基准模型,模型2为性别角色观念与主观幸福感的交互作用模型。

表4-2 未婚育龄人群生育意愿的回归分析

变量	男性 城市 模型1	模型2	男性 农村 模型1	模型2	女性 城市 模型1	模型2	女性 农村 模型1	模型2
年龄	−0.079	−0.040	−0.043	−0.032	−0.077	−0.077	−0.152	−0.162
家庭经济地位	0.033	0.016	0.068*	0.061	0.000	−0.006	0.073	0.061
身体健康状况	−0.002	−0.017	−0.030	−0.039	0.025	0.026	0.074	0.076
近期情绪状态	−0.051*	−0.063**	0.011	0.004	−0.031	−0.042	−0.067	−0.067
教育程度	−0.052	−0.052	0.001	0.019	0.061	0.073	0.102	0.110
幸福感		0.082***		0.021		0.037		0.004
性别角色观念		0.039		0.056		0.094***		0.070
幸福感×性别角色观念		−0.025		0.025		−0.017		−0.046
常量	−0.440***	−0.354**	−0.381**	−0.361**	−0.629***	−0.579**	−0.816**	−0.801**
Adjusted R^2	0.003	0.013	0.002	0.005	0.000	0.011	0.024	0.032
样本量	1719	1719	565	565	1284	1284	316	316

注:采用多元线性回归对生育意愿进行分析;*表示$p<0.05$,**表示$p<0.01$,***表示$p<0.005$。

表4-3 已婚育龄人群生育意愿的回归分析

变量	男性 城市 模型1	男性 城市 模型2	男性 农村 模型1	男性 农村 模型2	女性 城市 模型1	女性 城市 模型2	女性 农村 模型1	女性 农村 模型2
年龄	0.051	0.038	0.105	0.110	0.038	0.045	0.028	0.036
家庭经济地位	0.024	0.021	0.007	0.002	0.047***	0.040***	0.011	0.010
身体健康状况	0.005	0.002	−0.003	−0.008	0.000	−0.007	−0.062***	−0.062***
近期情绪状态	−0.031*	−0.030*	−0.009	−0.012	−0.021	−0.029*	0.015	0.014
教育程度	−0.028	−0.019	0.001	0.007	−0.128***	−0.121***	−0.122***	−0.114***
配偶教育程度	−0.096***	−0.088***	−0.111***	−0.110***	0.025	0.022	−0.007	−0.006
结婚时长	−0.016	−0.016	−0.020	−0.021	0.016	0.014	−0.038*	−0.038*
配偶年龄	−0.037	−0.026	0.021	0.019	−0.029	−0.032	0.058	0.048
幸福感		−0.003		0.022		0.052***		−0.001
性别角色观念		0.068***		0.036*		0.022*		0.018
幸福感×性别角色观念		−0.034**		−0.002		0.002		0.028*
常量	−0.127***	−0.130***	−0.065*	−0.069*	−0.218***	−0.214***	−0.120***	−0.122***
Adjusted R^2	0.014	0.020	0.022	0.025	0.019	0.024	0.034	0.036
样本量	4140	4140	2372	2372	4454	4454	2702	2702

注：采用多元线性回归对生育意愿进行分析；*表示$p<0.05$，**表示$p<0.01$，***表示$p<0.005$。

通过表4-2可知，解释变量和控制变量对未婚育龄人群生育意愿的影响作用有限，仅发现城市女性的性别角色观念对生育意愿具有显著的预测效应，另外，性别角色观念与幸福感之间的交互作用均未呈现出统计显著性，这可能说明未婚育龄人群尚未面临实际的生育决策情境，各类生育行为的影响因素对未婚育龄人群的生育行为影响作用有限。

通过表4-3可知,教育程度、配偶教育程度、结婚时长、身体健康状况、情绪状态、家庭社会经济地位等控制变量对于各类已婚育龄人群生育意愿表现出不同程度的影响作用。其中,配偶的教育程度对城市和农村男性的生育意愿均具有显著的负向影响作用($\beta_{城市}$=-0.096,$\beta_{农村}$=-0.111,$ps<0.005$),情绪状态仅对城市男性的生育意愿具有显著的负向影响作用(β=-0.031,$p<0.05$);教育程度对城市和农村女性的生育意愿均具有显著的负向影响作用($\beta_{城市}$=-0.128,$\beta_{农村}$=-0.122,$ps<0.005$),家庭社会经济地位仅对城市女性的生育意愿具有显著的正向影响作用(β=0.047,$p<0.005$),身体健康状况则对农村女性的生育意愿具有显著的负向影响作用(β=-0.062,$p<0.005$),结婚时长对农村女性的生育意愿同样具有显著的负向影响作用(β=-0.038,$p<0.05$)。

从不同性别来看(见表4-3),性别角色观念对城市和农村男性的生育意愿均具有直接的影响作用($\beta_{城市}$=0.068,$\beta_{农村}$=0.036,$ps<0.05$),越是具有传统性别角色观念的男性越是倾向于期望要更多的孩子;性别角色观念对城市女性的生育意愿也具有直接的影响作用($\beta_{城市}$=0.022,$p<0.05$),这意味着越是具有传统性别角色观念的女性越是倾向于期望要更多的孩子。在交互效应方面,性别角色观念与幸福感的交互作用对城市男性的生育意愿具有显著的影响作用(β=-0.034,$p<0.01$),同时,对农村女性的生育意愿也具有显著的影响作用(β=0.028,$p<0.05$),这说明幸福感对于性别角色观念与生育意愿之间关系的调节效应主要体现在城市育龄男性和农村育龄女性之中。

本研究将幸福感作为个体对环境适应情况的衡量指标,表4-4结果表明,相对于低幸福感,高幸福感城市育龄男性的家庭经济地位、教育程度、配偶教育程度均更高,身体健康状态和近期情绪状态更好;与此相似,相对于低幸福感,高幸福感农村育龄女性的家庭经济地位、教育程度、配偶教育程度均更高,身体健康状态和近期情绪状态也更好,这些结果说明,将幸福感作为个体对环境适应的指标是合理的。

表4-4　高低主观幸福感的已婚城市男性和农村女性在人口学变量上的差异

	城市男性			农村女性		
	低幸福感(均值±标准差)	高幸福感(均值±标准差)	t值	低幸福感(均值±标准差)	高幸福感(均值±标准差)	t值
年龄	36.84 ± 5.56	35.39 ± 6.17	3.19**	35.76 ± 6.08	33.87 ± 6.73	3.55***
家庭经济地位	2.26 ± 0.79	2.90 ± 0.66	−11.92***	2.18 ± 0.73	2.88 ± 0.64	−12.70***
身体健康状况	3.75 ± 1.06	4.42 ± 0.80	−9.91***	3.31 ± 1.19	4.21 ± 1.05	−9.95***
近期情绪状态	3.51 ± 1.07	4.36 ± 0.85	−12.15***	3.37 ± 1.05	4.27 ± 0.95	−11.23***
教育程度	10.71 ± 3.63	12.02 ± 3.41	−4.89***	6.12 ± 3.42	7.70 ± 3.23	−5.88***
配偶教育程度	9.93 ± 3.92	11.68 ± 3.72	−6.02***	7.13 ± 2.75	8.67 ± 2.64	−7.06***
结婚时长	20.58 ± 8.09	21.94 ± 7.19	−2.37*	19.72 ± 4.79	19.61 ± 5.56	0.27
配偶年龄	34.87 ± 5.98	33.61 ± 6.25	2.65**	37.25 ± 5.69	35.52 ± 6.39	3.43**

注：*表示$p<0.05$，**表示$p<0.01$，***表示$p<0.005$。

为更具体分析幸福感在性别角色观念与生育意愿之间关系中的调节效应，采用简单斜率对数据进行进一步统计分析。按照平均分加减一个标准差对幸福感进行分组，得分高于平均分加一个标准差为高幸福感组，得分低于平均分减一个标准差为低幸福感组。根据回归方程，分析在不同幸福感水平下城市育龄男性和农村育龄女性性别角色观念对生育意愿的影响作用。图4-2显示，在幸福感水平较低时，城市育龄男性的性别角色观念对生育意愿具有显著的影响作用（$\beta=0.143$，$t=1.922$，$p<0.05$），但是，在幸福感水平较高时，城市育龄男性的性别角色观念对生育意愿却不具有显著影响力（$\beta=0.023$，$t=0.657$，$p>0.05$），这说明，对于城市育龄男性来说，只有在幸福感水平较低的情况下，性别角色平等的观念才会降低生育意愿水平，在幸福感水平较高的情况下，性别角色平等观念并不会对生育意愿水平产生显著影响。图4-3显示，在幸福感水平较高时，农村育龄女性的性别角色观念对生育意愿具有显著的影响作用（$\beta=0.073$，$t=$

2.188，$p<0.05$），但是，在幸福感水平较低时，农村育龄女性的性别角色观念对生育意愿不具有显著的影响力（$\beta=-0.028$，$t=0.459$，$p>0.05$），这说明，对于农村育龄女性来说，只有在幸福感水平较高的情况下，性别角色平等的观念才会降低生育意愿水平，在幸福感水平较低的情况下，性别角色平等的观念不会对生育意愿产生显著影响。

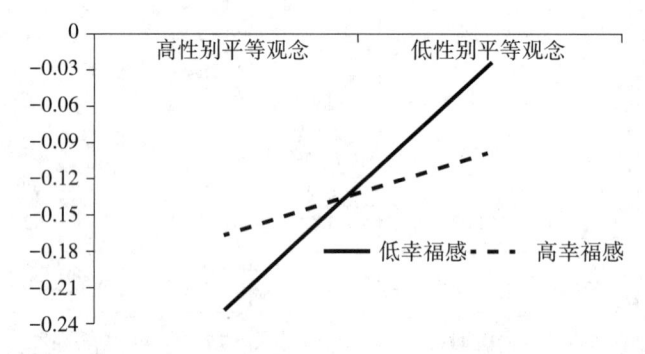

图4-2　城市已婚育龄男性的幸福感对性别角色观念与生育意愿关系的调节效应

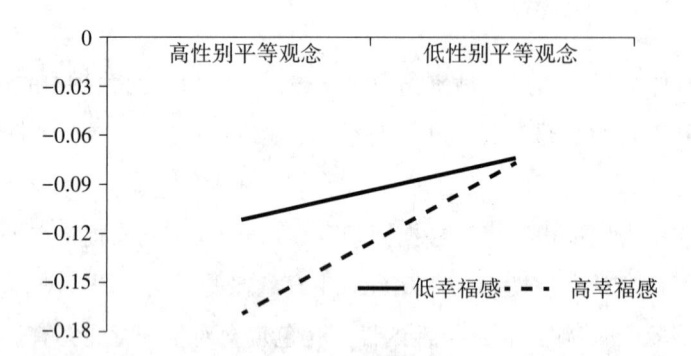

图4-3　农村已婚育龄女性的幸福感对性别角色观念与生育意愿关系的调节效应

五、结论与讨论

近年来,国内有研究者开始关注从性别角色观念的角度来认识低生育率问题(计迎春,郑真真,2018;Li et al.,2016),但是关于性别角色平等观念如何影响生育行为还缺乏系统深入的探讨。本研究引入环境适应指标来分析性别角色观念与生育意愿之间的关系,利于更加客观全面地认识两者之间的关系模式。本研究主要得出以下结论。

第一,总体来说,性别角色平等观念对育龄已婚人群的生育意愿具有负向影响力,性别角色平等观念会降低育龄已婚人群的生育意愿水平,与此同时,性别角色平等观念对育龄未婚人群的生育意愿没有显著影响力;第二,幸福感的影响既表现为对生育意愿的直接影响力,也表现为对性别角色观念与生育意愿之间关系的调节效应,具体表现为:幸福感对城市已婚育龄女性的生育意愿具有直接的影响力,对城市已婚育龄男性和农村已婚育龄女性性别角色观念与生育意愿之间的关系具有调节效应;第三,对于城市已婚育龄男性和农村已婚育龄女性来说,幸福感对性别角色观念与生育意愿之间关系的调节效应是相反的,在幸福感水平较低时,性别角色平等观念会降低城市已婚育龄男性的生育意愿水平,但不会对农村已婚育龄女性的生育意愿产生显著影响,而在幸福感水平较高时,性别角色平等观念会降低农村已婚育龄女性的生育意愿水平,却不会对城市已婚育龄男性的生育意愿产生显著影响。

与以往研究关于性别平等在人口转变中作用的理论假设相一致(McDonald,2000),本研究发现,无论对于男性还是女性,性别角色平等观念均会降低人们的生育意愿水平,但是这一结论主要适用于已婚育龄人群。对于未婚育龄人群来说,可能由于其尚未面临结婚生子的生活情境,尚未体验到因性别角色平等化的社会发展趋势而导致的工作—家庭冲突,由此,性别角色观念对生育意愿的影响不显著。可见,性别角色观念并不必然对生育意愿产生影响,两者之间的关系往往会取决于个体所处的现实生活状态,从这一结果来看,本研究将幸福感作为个体环境适应指标,分析个体环境适应状况对性别角色观念与生育意愿之间关系的影响也是合理的。

虽然幸福感是个体环境适应的有效指标，但幸福感的来源涉及个体生活的方方面面，一些方面的幸福感可能会直接对个体生育行为产生影响，而另一些方面的幸福感可能不会直接对个体生育行为产生影响。本研究发现，幸福感对城市已婚育龄女性的生育意愿具有直接的预测效应，说明城市已婚育龄女性的幸福感可能会更多地有益于生育。然而，本研究中，仅依靠单个题项的数据来考察个体的总体幸福感，并不能具体分析不同性别、不同区域的人群在幸福感来源上是否存在差异，在以后的研究中可能需要对此问题进行进一步探讨。

本研究比较有趣的发现是，在幸福感水平较低时，性别角色平等观念会降低城市已婚育龄男性的生育意愿水平，但不会对农村已婚育龄女性的生育意愿产生影响，而在幸福感水平较高时，性别角色平等观念会降低农村已婚育龄女性的生育意愿水平，却不会对城市已婚育龄男性的生育意愿产生影响。理解这一方向完全相反的调节效应，对于分析性别角色观念与生育意愿之间的关系模式有所帮助。在性别革命背景下，两性角色逐渐从传统的"男主外，女主内"的分工转变到男性不仅需要承担社会工作，也需要承担更多照顾家庭的责任，而女性在照顾家庭的同时，还需要承担起相应的社会劳动。相对于性别平等观念较低的男性，性别平等观念较高的男性更愿意承担照顾家庭的责任，但是在环境适应不良（即低幸福感）的情况下，可能会难以兼顾社会工作和家庭照顾的双重角色，由此导致生育意愿水平下降。而相对于性别平等观念低的女性，性别平等观念高的女性更乐意承担社会工作，在环境适应状况良好（即高幸福感）的情况下，可能会愈加乐意于承担更多的社会工作，从而可能会导致女性尽量避免为照顾家庭而付出更多精力，由此进一步导致生育意愿水平下降。

由此可见，个体环境适应状态对性别角色观念与生育意愿之间的关系具有调节作用，从一定程度上来说，个体环境适应状态决定了性别角色观念与生育意愿之间的关联模式。通过研究结果可进一步推知，在推进生育友好型社会建设的时代背景下，针对城市已婚育龄男性，改善其环境适应状态，提升其幸福感水平，可能对提高其生育意愿水平具有现实意义。

本研究主要关注个体环境适应状态对于探讨性别角色观念与生育意愿之间关系的重要性，虽然研究结果支持了研究假设，但是幸福感并非反映个体环境适应状态尤其是与生育相关的环境适应状态的唯一有效指标,家庭角色认同度、婚姻满意度、家庭—工作冲突等因素可能会是更为直接有效的反映环境适应状态的指标,本研究因为使用CGSS数据进行研究,无法获取更多或者更有效指标来探讨其对性别角色观念与生育意愿之间关系的影响力,这反映了本研究存在的不足。另外,本研究虽然同时使用了CGSS 2010、2012、2013、2015年的数据,以较大的样本量来进行统计分析,但这并不能掩盖使用单个题项的数据来反映个体幸福感水平而造成的可分析程度不高的问题。基于以上不足,在以后的研究中可能需要继续根据本研究所关注的具体问题,设计相应的研究方案并开展一手数据调查,以提高研究结果的信效度。

第五章　社会认同对生育意愿的影响

生育观念反映了人们对生育子女的意义和目的的综合评价,是婚姻家庭观念的重要组成部分,对人们未来的生育行为具有潜在的影响作用(朱安新,风笑天,2016)。在关于生育观念对生育行为影响的研究中,多数研究者关注的是生育观念对生育行为产生了怎样的影响,很少有研究者关心生育观念为何对生育行为产生影响,截至目前,生育观念对生育行为的影响机理仍不清晰。

第一节　社会认同对生育意愿影响概述

生育意愿是人们关于生育行为的态度和看法,从以往的研究来看,它是预测生育行为的有效指标。随着二孩生育政策的实施,生育意愿和生育行为成为国家和众多学者关注的问题。家庭作为构成社会的基本单位,从一定程度上说,生育行为应该是一种家庭行为。如果生育意愿能够有效地预测生育行为,它应该能够反映家庭特点的影响。目前,国内的生育意愿影响因素的研究主要集中在客观的人口学变量层面探讨,少有从家庭团体出发在主观层面对该问题进行分析。本节在社会心理学背景下,从身份理论视角出发,尝试在家庭团体框架下理解二孩生育意愿的问题。

一、身份相关理论背景

个人在社会中扮演不同的角色,由此个人会把不同的角色内化为各种自身具备的身份,个人扮演多少角色就会形成多少相对应的身份,所有身份的整合就构成了个人整个的自我,而个人的自我又是通过各种不同身份的作用过程得以表现出来。具有代表性的身份理论有两个:社会身份理论和角色身份理论。

20世纪50年代末,Tajfel依据社会知觉方式和对种族主义、偏见和歧视的社会认知提出了社会身份理论。Turner和Hogg等在Tajfel基础上进一步发展了社会身份理论。社会身份理论认为,社会行为不能单从个人心理因素来解释,要全面地理解社会行为,必须研究人们如何构建自己和他人的身份。其基本思想是,个体通过社会分类(social category)来构建自己和他人的身份,即人们总是自觉地对社会群体进行分类并给予评价,个体会在评价的基础上来确定自我的身份,最终把社会群体划分为内群体和外群体,个体的言行总趋于与内群体成员的特征相一致,以此来区分自己身份与外群体成员身份的不同。

20世纪60年代末,Stryker在Mead的符号交互作用理论和James的自我理论基础上提出了角色身份理论。符号交互作用理论关注个体如何与群体进行互动,以及在这种互动基础上个体如何获得自我概念(self-concept)。与符号交互理论的关注点相似,认同身份理论假设,人们在不断地与他人交往中获得角色,个体依据这些角色形成自我观念,同时,在特定的情境中,个体会按特定的角色来规定自我的言行。

身份的研究者往往把自我看作由不同身份组成的多维度的复杂系统。在这个系统中,不同身份按照重要性的差异以等级结构形式组织在一起。根据符号交互作用理论的观点,不同的身份具有不同的凸显性。特定的身份是否表现出来,取决于其在等级结构中的等级水平。因此,他们所谓的身份凸显性(identity salience)指的是不同的身份与个人相关程度的高低。社会身份理论和认同身份理论都认为个体多重的身份是按照一定等级来排列的,某个特定身份的激活取决于身份的凸显性。身份的凸显性越高,在特定情境中越容易激活。

二、身份过程与家庭

家庭是一个高度复杂的社会有机体,它不仅可以反映,也可以反作用于社会和文化环境。同时,家庭是一个独特的关系综合体,它深刻影响着个人身份的内容和过程。家庭绝对不是一种中立化的环境,从一定程度上说,家庭环境不仅影响到个人家庭成员身份的发展,而且会影响到个人其他方面身份的发展。

涉及家庭相关的身份可以从三个水平来进行区分:(1)群体水平,即作为一个家庭的成员而形成的身份;(2)夫妻水平,即由夫妻关系而形成的身份;(3)个体水平,即由特定的家庭环境而形成的个体身份。

群体水平的家庭身份可以通过情绪—情感和伦理—规则两个维度进行评价。如果这两个维度中任何一个维度缺失,都会对家庭成员造成巨大压力。家庭关系的质量取决于两个维度的共同作用。两个维度的共同作用是形成家庭成员间照顾关心氛围的必要因素。其中,情绪—情感维度植根于成员间的信任和希望,而伦理—规则维度则植根于成员间的公正和忠诚。已有研究发现,在西方文化中,更多的家庭关注情绪—情感的维度。

夫妻身份包含了将关系的本身作为一个整体。关系亲密的夫妻会将他们的关系融入各自的自我概念中去。从而形成"我们"的感受。已有研究发现,随着对关系承诺水平的提升,个体的自我认知结构会出现重构。

从个体水平来说,每一个家庭成员都在家庭中承担特定的身份,这种身份一方面源于家庭而产生,另一方面又作为家庭中的独特角色而出现。家庭环境中个体水平的身份属于群内身份。这种群内身份关系错综复杂,一个女性成员可能同时具有多种群内家庭身份,比如母亲、姐妹、妻子、女儿,这些角色身份相互之间存在交互影响。

三、家庭相关身份与生育意愿

现有的关于生育决策的理论解释主要认为生育是理智自愿的过程,关注生孩子将会对女性产生消耗。尽管这可以解释部分女性为什么不生孩子,但是很难解释为什么另一部分女性生孩子。理性选择理论很少考虑价值、态度、社会标准等因素,然而,情绪、社会或心理因素可能在一定程度上比理性或经济因素更重要,态度和信念可能会影响理性决策的实现。目前已经有一些研究开始关注价值、态度、社会心理因素在生育中的作用。比如有研究统计发现,在欧洲许多国家,文化的影响常常比经济因素更能决定生育的地区和时代变化,比如对比利时和西班牙的研究显示,生育的结构性差异与语言障碍相吻合,而并不与经济发展水平相吻合。无论是历史还是当代,在没有出现生育率下降的社会其生育差异会受到文化和经济的双重影响。

在生育行为受文化和经济双重影响的背景下,生育行为的个性化表达愈加明显,从身份的视角来认识生育意愿就有了其价值和合理性。个人扮演了许多不同的社会角色,不同的社会角色被内化为个体的各种身份,由此构建了一个独特的个体,在身份理论看来,个人属于各种身份的结合体,个人产生的社会行为都会对应于相应的身份。因此,各种可能会影响到个人生育意愿的家庭和个人特点,都会以不同身份为中介而产生相应的影响。也就是说,可能会影响到个人生育意愿的家庭和个人特点都会经由相应身份的"过滤"而产生相应的心理和行为反应。

从身份理论角度出发,生育意愿可能会受到育龄女性家庭相关身份的影响。就群际水平的家庭身份来说,家庭育龄女性的生育意愿可能会受到以群外成员出现的同辈群体生育观念的影响,也可能会受到其觉知到的自我群体即自己家庭特征的影响。比如,无论国内外的研究都发现,经济地位是影响生育意愿的重要指标,但是主要影响女性生育意愿的不是其个人的经济地位,而是家庭的经济地位,同时,直接影响到其生育意愿的不是客观的经济地位,而是主观的经济地位。

就家庭的群内身份来看,育龄女性的生育意愿会受到其自身对自己母亲角色预期的影响,有研究发现,以母亲身份的重要性作为中介变量,可以提升其他影响生育意愿因素的预测力。

而就夫妻身份来说,伴侣的支持可能会直接影响女性的生育意愿,但是这种直接影响可能取决于女性妻子身份的重要性水平。有国外研究者对女性寻求流产进行研究发现,近三分之一的女性认为伴侣对流产存在影响。三个普遍性的原因是,关系不佳、伴侣不想要孩子、伴侣的个性。8%的女性认为自己伴侣的暴力倾向是自己流产的原因。这表明,女性决定放弃流产往往源于关系的质量和来源于伴侣的潜在支持。这一研究结果在一定程度上支持了以上的观点。

四、二孩生育意愿研究

在20世纪末的20年中,人们似乎已将这种"双独夫妇"生育二孩的政策遗忘。只是到了21世纪初,当第一批独生子女逐渐进入婚育年龄后,"双独夫妇"开始出现,其二孩生育的问题才逐渐显露出来,并且很快成为学术界特别是人口学学者十分关注的重要问题。目前关于二孩生育意愿的实证研究总体数量较少,主要研究的内容集中于单独育龄人群的二孩生育意愿总体水平研究以及基于人口学变量的影响因素研究。

国内著名人口社会学专家风笑天教授2015年的研究发现,当时正在实施的三项二孩生育政策,总共覆盖一孩育龄夫妇的40%,而将来可能实施的"全面二孩"政策,则覆盖一孩育龄夫妇的60%;但在符合"全面二孩"政策的人口中,一半左右已经超过了生育高峰年龄,特别是城市中,这一比例接近70%;符合"单独二孩"条件的对象想生二孩的比例大约为25%—40%,远低于政策实施前全国调查中60%的结果。结合其他学者研究的结果看,多数研究都发现符合二孩生育条件的人群普遍表现出二孩生育意愿水平不高的情况。

在二孩生育意愿的影响因素研究上,多数学者关注各类客观的人口学变量指标。比如,风笑天教授的一项基于五大城市已婚青年的研究发现,"双独夫妇"的性别、出生年代、文化程度、有无孩子等因素均与其二孩生育意愿没有关系。而另一些学者研究发现,经济因素是影响二孩生育意愿的主要因素,区域差异、职业成本、教育水平等因素也存在一定的影响。总体来看,多数研究均以育龄人群的个体人口学特征来分析二孩生育意愿的影响因素,缺乏将育龄家庭看作一个团体的角度从主观方面来进行的相关分析。生育意愿并不仅仅受生育政策、经济、教育等客观人口学变量因素的影响,也受到家庭和个人相关的文化和心理因素影响,从家庭和个人角色身份的主观因素的角度来理解民众生育意愿可以让我们更加全面地理解人类生育行为的规律。

第二节　角色认同视角下生育观念对生育意愿的影响

根据教育部公布的数据,2018年全国高考总体录取率已达81.13%,随着高等教育的大众化,大学生群体已成为青年育龄人群的主要构成群体,这也预示着,在社会总体生育率持续走低的背景下,大学生的生育心理和行为将会对未来社会总体生育率产生重要影响。本节以大学生群体为研究对象,通过角色认同的视角来分析大学生生育观念对生育意愿的影响机制。

生育观念反映了人们对生育子女的意义和目的的综合评价,是婚姻家庭观念的重要组成部分,对人们未来的生育行为具有潜在的影响作用(朱安新,风笑天,2016)。在关于生育观念对生育行为影响的研究中,多数研究者关注的是生育观念对生育行为产生了怎样的影响,但是很少有研究者关心生育观念为何对生育行为产生影响,截至目前,生育观念对生育行为的影响机理仍不清晰。

从角色认同的观点来看,个体需要在社会中扮演不同的角色,同时会把不同的角色内化为各种自身具备的身份,个人扮演多少角色就会形成多少相对应的身份,所有身份的整合就构成了个体的整个自我(吴小勇,杨红升,程蕾,2011)。在特定的情境中,人们会按照相应的身份来展现自身的言行举止,而与身份相对应的社会角色则受到社会文化的限定和规范。由此可见,社会观念对人们心理和行为的影响力,取决于受社会观念限定和规范的社会角色被人们认同和内化的程度。这也就意味着,生育观念与生育行为之间的关系紧密程度取决于人们对生育相关的社会角色的认同和内化程度。在角色认同视角下探讨生育观念和生育行为之间的关系,对于当前构建生育友好型社会的政策制定和实施有一定的理论指导价值。

一、对象与方法

(一)对象

以贵州省全日制大学生为研究对象,在贵阳和遵义两地随机选取6所普通本科高等院校,采用随机抽样方法,随机派发问卷,共发放问卷1150份,回收问卷1124份,有效问卷1052份,回收问卷有效率为93.59%。其中,男性大学生378人,女性大学生674人,男性大学生平均年龄为21.29±1.61岁,女性大学生平均年龄为20.55±1.41岁。

(二)方法

1.一般人口学变量及生育意愿测量

结合以往生育意愿研究中选取的常见人口学变量,本研究的人口学变量主要包括性别、年龄、学习成绩、个人健康状况、家庭人口规模、家庭社会经济地位。"中国综合社会调查"是由中国人民大学开展的中国第一个全国性、综合性、连续性的大型社会调查项目(时涛,刘德鑫,2018),借鉴其生育意愿的测量方法,本研究选取的测量题项是:"在无生育政策和其他情况限制的情况下,您期望自己未来有几个孩子?"

2.生育观念问卷

根据我国传统的生育观念相关的表述,如"多子多福""子孙满堂"等,自编生育观念问卷,共7个题项,采用五点计分,总体得分越高代表越同意传统生育观念,得分越低代表越不同意传统生育观念。本研究中,问卷的内部一致性系数为0.79。

3. 生活角色凸显性量表(Life Role Salience Scale)

采用Amatea等(1986)编制的生活角色凸显性量表用以测量大学生对生活中各类角色的认同程度,该量表共40个题项,包含婚姻角色凸显性、职业角色凸显性、家庭角色凸显性及父母角色凸显性四个维度,每个维度均包含10个题项。量表采用五点计分,在各维度中,总体得分越高代表对该维度所代表的生活角色认同程度越高。本研究中,婚姻角色凸显性维度、职业角色凸显性维度、家庭角色凸显性维度、父母角色凸显性维度及总体量表的内部一致性系数分别为0.73、0.71、0.74、0.74、0.86。

(三)统计方法

筛选出有效问卷并将数据录入SPSS 21.0进行统计分析,主要利用描述性统计、方差分析、相关分析、多元线性分层回归及简单斜率检验等统计方法。

二、结果

(一)主要变量的描述性统计

结果表明,贵州大学生的生育意愿均值为1.74(见表5-1),2015年"中国社会综合调查"的数据显示,全国样本的生育意愿为1.87(时涛,刘德鑫,2018),通过单样本t检验发现,贵州大学生的生育意愿显著低于2015年全国样本水平($t=-5.52, p<0.001$);生育观念均值为2.96;通过重复测量方差分析发现,贵州大学生的不同生活角色的认同水平存在差异($F=135.15, p<0.001$),两两比较分析发现,家庭角色认同＞职业角色认同＞父母角色认同＞婚姻角色认同。

表5-1 主要变量的描述性统计

	最小值	最大值	平均值	标准差
年龄	13	26	20.81	1.53
学习成绩	1	5	2.65	0.95
健康状况	1	5	1.93	0.75

续表

	最小值	最大值	平均值	标准差
家庭规模	1	5	1.82	0.72
家庭社会经济地位(标准分)	−1.89	3.23	0.00	1.00
生育意愿	0	9	1.74	0.79
婚姻角色认同	1.00	5.00	3.23	0.65
职业角色认同	1.60	5.00	3.56	0.54
家庭角色认同	2.10	5.00	3.60	0.57
父母角色认同	1.10	5.00	3.39	0.67
生育观念	1.00	7.86	2.96	0.86

(二)各因素间的相关分析

相关分析发现，生育观念与生育意愿显著正相关，生活角色认同各维度分别与生育观念及生育意愿也显著相关(见表5-2)。

表5-2 生育观念、生活角色认同和生育意愿的相关分析

	生育意愿	婚姻角色认同	职业角色认同	家庭角色认同	父母角色认同
婚姻角色认同	0.23**	—			
职业角色认同	−0.09**	0.13**	—		
家庭角色认同	0.18**	0.53**	0.36**	—	
父母角色认同	0.31**	0.63**	0.13**	0.64**	—
生育观念	0.22**	0.46**	0.09**	0.30**	0.42**

注：*表示$p<0.05$，**表示$p<0.01$，***表示$p<0.001$。下同。

(三)各类生活角色认同在生育观念对生育意愿的影响力中的调节效应

按照调节效应的统计检验方法，首先，将生育观念和生活角色认同各维度均分进行中心化处理，然后，采用分层回归分析的方法考察生育观念与生活角色认同各维度的交互作用对生育意愿是否具有显著的预测效应。结果发现，生

育观念、职业角色认同、父母角色认同对大学生的生育意愿均具有显著预测效应($\beta=0.10$, $\beta=-0.09$, $\beta=0.18$, $ps<0.001$),但是,婚姻角色认同和家庭角色认同的预测效应均不显著($\beta=-0.01$, $\beta=0.02$, $ps>0.05$),生育观念与父母角色认同之间的交互作用对大学生生育意愿的预测效应显著($\beta=-0.08$, $p<0.001$),而生育观念与生活角色认同中其他各维度之间交互作用的预测效应均不显著($\beta=0.01$, $\beta=0.00$, $\beta=0.01$, $ps>0.05$)(见表5-3)。

表5-3　生育意愿的回归分析

变量	Model1	Model2	Model3	Model4
年龄	0.04(0.02)*	0.03(0.02)	0.03(0.02)*	0.03(0.02)
学习成绩	−0.05(0.03)	−0.04(0.03)	−0.04(0.02)	−0.04(0.02)
健康状况	−0.13(0.03)***	−0.13(0.03)***	−0.13(0.03)***	−0.12(0.03)***
家庭规模	−0.06(0.03)	−0.06(0.03)	−0.06(0.03)*	−0.08(0.03)*
家庭社会经济地位	−0.06(0.02)*	−0.05(0.02)*	−0.03(0.02)	−0.03(0.03)
生育观念		0.16(0.02)***	0.09(0.03)***	0.10(0.03)***
婚姻角色认同			−0.01(0.03)	−0.01(0.03)
职业角色认同			−0.09(0.02)***	−0.09(0.03)***
家庭角色认同			0.01(0.03)	0.02(0.03)
父母角色认同			0.19(0.03)***	0.18(0.03)***
婚姻角色认同×生育观念				0.01(0.02)
职业角色认同×生育观念				0.00(0.02)
家庭角色认同×生育观念				0.01(0.03)
父母角色认同×生育观念				−0.08(0.02)***
常量	1.39(0.35)***	1.57(0.35)***	1.57(0.39)***	1.65(0.33)***
F	7.12***	13.91***	16.05***	12.59***
Adjusted R^2	0.028	0.069	0.125	0.134

为更具体地分析父母角色认同在生育观念与生育意愿之间关系中的调节效应,采用简单斜率对数据进行进一步的统计分析。按照平均分加减一个标准差对父母角色认同进行分组,得分高于平均分加一个标准差为高父母角色认同组,得分低于平均分减一个标准差为低父母角色认同组。根据回归方程,分析在不同的父母角色认同水平下生育观念对大学生的生育意愿的影响作用。图 5-1 显示,在父母角色认同水平较高时,大学生的生育观念对生育意愿无显著的预测作用(β=0.01, t=0.14, p>0.05),但是,在父母角色认同水平较低时,大学生的生育观念对生育意愿具有显著的预测作用(β=0.37, t=3.07, p<0.01)。

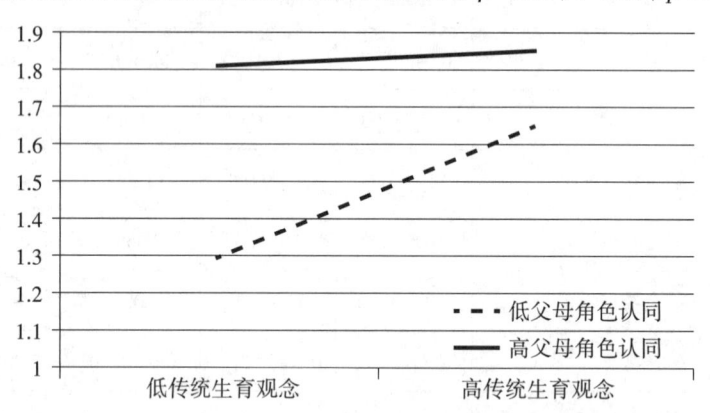

图 5-1　父母角色认同在生育观念与生育意愿关系中的调节效应

三、讨论

贵州大学生的生育意愿均值为 1.74,显著低于 2015 年"中国综合社会调查"中全国样本的生育意愿水平,这表明,作为青年育龄中高级知识分子的代表,大学生倾向于比社会一般人群具备更低的生育意愿,可以预期,未来随着高等教育入学率的进一步提高,育龄青年群体由于大学生比例的扩大,总体生育意愿会进一步降低。

通过以上结果可知,大学生的职业角色认同显著高于父母角色认同和婚姻角色认同,这说明职业生涯的追求对于大学生来说,要比结婚或成为父母更加重要。与此同时,职业角色认同对大学生生育意愿具有直接的负向预测作用,而其他各类生活角色认同均对大学生生育意愿不具有直接预测效应,可见,职业角色认同已成为导致大学生生育意愿降低的重要原因。许多研究者从工作—家庭冲突的角度来解释低生育率的问题,但是,本研究中,大学生群体尚未进入职业生涯阶段,不会面临工作与家庭之间的冲突而扰乱家庭生活的问题,显然不能从工作—家庭冲突的角度来认识职业生涯的价值追求会导致生育意愿下降的现象。

从角色认同理论来看,职业角色与家庭相关角色的社会规范是不重合的,两者对生育意愿的影响力大小差异取决于个体对这两类社会角色的内化或认同的水平,对特定角色的认同水平越高,个体越倾向于在各类生活情境中表现出相应的身份,从而心理与行为就更加容易受到此类身份的影响。由此可推,大学生更加认同职业角色,导致大学生的心理与行为更加容易受到职业角色规范的影响,较少受到家庭相关角色规范的影响,从而导致生育意愿或生育行为出现抑制。

通过以上结果可知,大学生的父母角色认同对传统生育观念与生育意愿之间的关系具有调节效应,具体表现为,一方面,当大学生的父母角色认同水平较高时,虽然传统生育观念对生育意愿没有预测作用,但是生育意愿水平均较高;另一方面,当大学生的父母角色认同水平较低时,虽然传统生育观念对生育意愿具有正向预测作用,但是生育意愿水平均较低。从角色认同理论看来,如果大学生认同自己未来将成为父母并抚育子女,自然会按照父母角色的规范来指导自身的言行举止,从而具有较高的生育意愿,其传统生育观念的高低对生育意愿不能产生实质影响;如果大学生对自己未来将成为父母并抚养子女的预期水平低,即使传统生育观念在一定程度上可以提升其生育意愿水平,但是这并不能改变较低父母角色认同情况下,大学生生育意愿水平整体较低的现状。由此看来,与生育观念相比,父母角色认同可能是大学生生育意愿更加重要的影响因素。

四、结论

总体来说,本研究主要结果是:(1)相对于社会一般育龄人群,大学生的生育意愿较低;(2)职业角色认同对大学生生育意愿具有直接负向预测作用;(3)父母角色认同对大学生的传统生育观念与生育意愿之间的关系具有调节效应,与生育观念相比,父母角色认同可能是大学生生育意愿更加重要的影响因素。针对此结果,未来面向育龄青年的生育配套政策在制定和实施过程中,可能需要更加重视引导和促进育龄青年对生育友好型家庭角色的认同和内化,而不是单纯去重视生育观念现代转变所带来的影响。

第六章　人际信任对生育意愿的影响

近年来,学界对信任这一概念保持着相当大的兴趣。社会学家首先强调了信任在我们社会中的重要作用,而现在,信任的重要性已经在社会科学中得到了更广泛的承认(e.g. Alesina, La Ferrara, 2002; Aghion, Algan, Cahuc, 2008)。信任促进合作,并起到润滑剂的作用,也可以简化交易的方式。高度信任与机构质量和政治参与呈正相关,总体上也增强了公民参与和社会凝聚力(Knack, 2002),信任与腐败、犯罪和违法行为(Buonanno, Montolio, Vanin, 2009)以及收入不平等呈负相关,但是,与金融机构的运作和经济增长(e.g. Knack, Kiefer, 1997)呈正相关。

本章关注的重点是,信任在解释工业化社会的生育动力,特别是生育率方面也起着关键作用。从20世纪六七十年代以来全球范围内发生的婴儿潮结束后,生育率的下降在各个社会都出现了分化。在人口统计学文献中出现了"最低生育率"的概念,指的是总生育率(TFR)低于1.3的国家(Kohler, Billari, Ortega, 2002)。令研究人员和决策者都感到惊讶的是,在传统上被视为以家庭为导向的国家,如意大利、西班牙和希腊,出现了最低生育率(Chesnais, 1996)。德国和奥地利的生育率长期保持在较低水平,有时甚至达到最低水平。这些国家的生育率动力与北欧和讲英语的经合组织国家形成鲜明对比。后者尽管生育率与婴儿潮时期相比下降到较低水平,但总生育率仍接近每名妇女2.1个孩子的更替率,甚至可能呈现出反弹的趋势(Myrskylä, Kohler, Billari, 2009)。

第一节 人际信任对生育意愿的影响概述

在欧美社会,相关研究中针对生育率下降的主要有三种解释(Balbo, Billari, Mills, 2013)。第一种解释认为,生育动力可能是由观念变化驱动的。Lesthaeghe和van de Kaa提出了"第二次人口转变"理论,其重点是后唯物主义价值观的兴起以及人生历程中家庭和儿童中心地位的降低,并在所有工业化社会中逐渐传播(Lesthaeghe, van de Kaa, 1986; Lesthaeghe, 2010)。第二种解释强调性别和制度之间的相互作用。尽管妇女受教育程度提高,经济独立程度提高,但传统的性别角色仍然持续存在,特别是在家庭方面。McDonald(2000)和Goldscheider(2000)认为,男性没有补偿女性无偿家务劳动的减少。因此,随着越来越多的妇女进入劳动力市场,她们面临着家务育儿和社会劳动的双重负担。只有制度变革才能适应性别角色的变化。事实上,Andersen和Pessin(2015)的研究表明,近年来的生育率增长取决于特定社会的性别平等程度。第三种解释主要集中于福利和家庭政策的作用。特别是,有人认为,北欧国家的生育率更高,因为国家提供了充足的和负担得起的儿童保育服务,促进了妇女参与劳动力市场,同时仍然使她们能够实现预期的生育率(e.g. Neyer, Andersson, 2008)。

具体而言,这三种解释都不完全令人满意。尽管第二次人口转变理论具有吸引力,但没有明显的证据表明生育偏好发生了变化(Rindfuss, Guzzoand, Morgan, 2003)。事实上,生育趋势并没有反映出婚姻等相关行为的变化,而这种变化显然会直接地受到观念的影响。

随着时间的延续和社会的发展,欧美国家的期望生育率一直保持稳定,因此,意愿与行为之间的差距,即"婴儿差距",被视为一项政策挑战。此外,就后现代家庭态度和行为而言,进展最快的国家是那些如今生育率最高的国家。关于性别问题,两性平等与生育率之间关系的实证检验仍然有限(Mills, 2010),性别角色革命对生育率的影响需要进一步的理论阐述(Esping, Andersen, Billari, 2015)。特别是,尚不清楚为什么在以家庭为导向的制度下有些国家经历了从低性别平等到高性别平等的转变,而另一些国家则没有。同样,在不同的社会背景下,这种变化是否会以同样的方式影响生育率仍然令人怀疑。

在过去40年中,女性教育的广泛发展和普遍信任的持续之间的差异共同导致了工业化社会产生了不同的生育动力。随着女性获得更高的教育水平,夫妻寻求将工作生活与家庭组建结合起来,传统的子女养育活动需要面向社会外包。社会对这种新需求的反应可能有所不同。在北欧国家,为幼儿(和老年人)提供的大量公共护理机构允许这种外包。然而,40年前,男性养家糊口的模式在北欧国家占主导地位。家庭是幼儿的主要照料机构,男性专门从事有偿工作,妇女负责照料家庭。如今,男性养家糊口的模式在北欧社会几乎见不到。相反,在同一时期,在以市场为导向的社会中,如美国和英国,主要是通过市场产生了允许妇女兼顾工作和家庭的服务。矛盾的是,如今,在那些男性养家糊口模式正在消失的国家,生育率更高,而不论积极的福利干预是否能使工作和家庭更好地结合起来。

在教育发展时期,信任是生育率下降的催化剂,因为信任关系到个人是否愿意将子女养育活动面向社会外包。在以社会民主福利制度和自由福利制度为特征的社会中,信任水平往往很高。在前者中,子女养育活动外包给在公共机构工作的个人,在后者中,子女养育活动外包给在市场上经营的个人。在社会信任度较低的南欧和东欧,子女养育活动外包仍然局限于大家族之中。只要人们不信任其他人代替自己从事子女养育活动,外包就依然会"有价无市",这一特点与既想参加社会劳动又想要孩子的妇女是不可调和的。换言之,在信任度普遍较低的国家,扩大妇女教育与实现生育意愿几乎不相容。

一、社会信任与生育

社会信任是指社会中的个体相信其他个体,而不是只相信属于自己家庭或通过过去的互动已经认识的个体。不同社会的普遍信任差异很大,但随着时间的流逝,差异相当稳定。

高度社会信任有助于为工作和家庭之间矛盾的调和创造适当的环境。普遍信任可能会通过两个主要渠道影响生育动力。第一个影响贯穿于信任与经济繁荣、低腐败和社会运作等关键参数的联系,更广泛地讲,贯穿于社会关键机构的稳定性。这种稳定性有利于生育,因此,如果我们看看最近的数据,信任与生育率之间存在很强的正相关关系就会不足为奇。此外,目前,对生育率国际差异的许多解释都涉及与信任相关的特征。例如,Myrskylä等人(2009)所记录的,近年来,经济繁荣的国家的生育率正在提高。在经济繁荣程度相对较低的发达社会,东欧国家就是一个很好的例子,生育率也很低,信任度也很低。另一种观点认为,西欧的高生育率是由高度的国家福利制度维持的,它为有幼儿的家庭提供相当长的产假以及慷慨的经济上的支持。同样,在这些福利支持很高的国家,社会信任度很高。McDonald(2000)提出的关于性别平等和生育率的想法也符合社会信任水平。平均而言,两性平等程度高的国家,社会信任度也很高,而两性平等程度低的国家,社会信任度则低得多。此外,在第二次人口转变中进展最快的国家,无论是在态度还是行为方面,也都是社会信任程度最高的国家(Aassve, et al., 2016)。

从动力的角度来看,第二个影响更为深远,它涉及各国在生育路径上实际上出现分歧的原因。关键在于,高度的社会信任意味着更倾向于将传统上仅限于家庭领域的子女养育活动外包出去。随着越来越多的妇女接受高等教育并渴望将工作和家庭结合起来,对子女养育活动外包的需求自然会增加。事实上,一些研究表明,随着妇女性别角色的变化,外包家庭活动的服务或商品已成为家庭主妇的一种替代性选择(Raz-Yurovich, 2014; De Ruijter, Treas, Cohen, 2005)。从供应方的角度来看,政策制定者或私营部门只有在预期有需求时,才会创建机构或面向家庭开展子女养育外包业务。

妇女劳动力参与率和受教育程度的提高,对妇女的自主性、经济独立性、态度和偏好产生了巨大的影响。他们对雄心勃勃的工作生涯的渴望增加,并不总是很容易与生育相适应(Brewster, Rindfuss, 2000)。关注教育与生育之间的联系当然不是什么新鲜事。我们将女性教育程度作为促进性别革命的指标(Goldin, 2006)。虽然女性接受高等教育的机会增加在工业化国家是一个共同现象,但与生育率相似,女性劳动力参与的趋势在各个国家之间差异很大。与女性劳动力参与的趋势相比,生育率具有更为外在的性质。事实上,我们认为女性的劳动力市场参与是我们试图描述的作为生育过程的结果。随着受教育程度的提高,妇女应能更好地进入劳动力市场,但她们是否也能负担得起工作,还取决于她们能在多大程度上兼顾工作和母性。教育水平的提高,特别是妇女的教育水平的提高,是生育率下降最有力的预测因素之一,因此,家庭和工作的不相容性被认为是导致国家生育率差异的一个重要因素。然而,随着女性越来越多地接受高等教育,社会信任可能会影响外包育儿服务的可能性,从而影响生育能力。如果社会信任度低,外包的扩散就会缓慢,从而阻碍高质量托育机构的发展和出现。

在拥有专门的家务劳动的社会中,社会信任并不是实现高生育率的先决条件,因为无论如何,护理活动都是在家庭或大家庭中进行的。在这些社会中,传统观念盛行,妇女对高等教育和成功工作的愿望较弱,因此只要妇女不工作,就会导致高生育率。只有在走向平等社会后,信任才变得至关重要,因为护理活动外包成为两性平等社会的重要组成部分。在普遍信任度较高的国家,个人将会赞成机构提供传统上属于家庭领域的活动。在普遍信任度较低的地方,由于个人和夫妇不信任其他提供护理的个人和机构,护理机构的发展将缓慢。在后一种情况下,生育率下降可能会变得相当严重而且持久。

外包托育服务的意愿不一定取决于广泛的社会福利。只要个人相信他人能够可靠地、高质量地开展这些护理活动,就会愿意进行外包。因此,官方或非官方所提供子女养育服务对生育率来说并不重要。在"自由"福利制度中,社会信任被投入市场。如果市场能够提供育儿服务,而这对受过高等教育的母亲(及其受过同等教育的伴侣)来说是可以接受的,那么个人将愿意将其用作家庭相关活动的潜在提供者。

这一观点的有效性取决于两个主要假设。第一,信任度越高,就越愿意将传统的家庭活动外包出去。第二,随着时间的推移,社会信任水平是高度稳定的,并且是先于社会制度而不是遵循社会制度。

二、社会信任与子女养育活动外包

将社会信任与生育联系在一起的基本机制之一是基于这样的假设：更高的信任度有助于将传统家庭养育活动外包。受交易成本方法的启发，市场管理和企业管理文献提供了强有力的发现，支持了信任对于企业和供应商之间成功外包关系的积极作用。

虽然在管理学文献中，信任和外包之间的关系已经很好地建立起来，但直到最近才扩展到家庭领域(Raz-Yurovich，2014)。De Rujter、van der Lippe 和 Raub(2003)使用交易成本框架，开发了一个理论模型来解释为什么社会信任对家族内部活动外包决策至关重要。Raz-Yurovich(2014)扩展了 De Rujter、van der Lippe 和 Raub 的理论模型(2003)，为理解外包家务和护理活动对工作—家庭平衡的重要性提供了一个全面的框架。正如 Rujter、van der Lippe 和 Raub(2003)所强调的：在外包决策方面，社会信任是家庭必不可少的促进者。

在相关证据方面，De Rujter 和 van der Lippe(2009)发现，在荷兰夫妇中，女性的社会信任水平积极地预测了托育服务外包。也有研究者利用欧洲社会调查发现，国家和个人层面的信任与选择外部托育呈正相关。同样，还有研究者发现，社会信任水平较低的母亲的孩子更可能待在家里。

总体来说，社会信任为我们解释低生育率问题提供了另一种思路，这一理论需要相关研究的进一步证实。与此同时，如果这一理论成立，也就意味着对我们经济社会发展提出了更高的要求，不仅需关注"硬实力"，还需要强化"软实力"的构建，这样才可能最大限度地解决低生育率问题。

第二节　公共服务满意度对生育意愿的影响：一个条件过程模型

全面二孩政策实施后一年多，为充分释放政策效应，解决养育成本走高、托育服务短缺、女性职业发展压力大等因素造成的限制，社会各界开始关注如何建设生育友好型社会（杨春利，陈远，2017），近两年，0—3岁婴幼儿托育服务和工作—家庭平衡问题已经成为研究热点，如何完善公共服务以带来更高的生育率是当前大家普遍关心的问题。

认识公共服务对生育的影响作用，首先需要弄清楚公共服务的基本属性。作为政府的基本职能，从功能上说，公共服务满足的是民众的基本需求；从价值上讲，公共服务是为了保障公共利益；从过程上来讲，公共服务需要动用公共权力和公共资源；从关系上来讲，公共服务反映的是政府责任和民众权利之间的一种公共关系（陈朝兵，2017）。多数研究主要从公共服务满足民众需求的角度来认识公共服务与生育之间的关系，忽视了从公共关系的角度来认识两者之间的关系。从满足民众需求的角度来说，一方面，公共服务的完善有助于降低生育成本，有利于解决"不敢生"问题，对生育产生"补贴效应"，具有促进作用；另一方面，公共服务的完善会降低生育的经济效用，促进"养儿防老"观念持续淡化，会对生育产生"替代效应"（王天宇，彭晓博，2015；张兴月，张冲，2015；陈欢，张跃华，2019），具有抑制作用。而从公共关系的角度来说，公共服务是一种社会的责任与公众的权利之间的关系，公共服务具有交互性，这决定了供给方与接受方不单纯是满足与被满足的单向关系，随着公共服务的不断完善，有利于社会形成信任合作的氛围，有利于民众对社会规范产生相应的肯定和认同，这也就意味着公共服务质量的提升有助于促进社会资本的积累。

已有研究显示，社会资本与生育行为之间存在正向关联（Arnstein，2016），在探讨公共服务与生育之间的关系研究中，多数国内研究者主要从经济学的视角来认识两者之间的关系，忽视了公共服务存在的社会效益，本节从社会资本理论出发，考虑城镇化背景下，构建一个公共服务满意度对生育意愿影响的条件过程模型，这可能会对厘清公共服务与生育之间的关系有一定启发。

一、公共服务满意度与生育意愿的关系

公共服务满意度是衡量公共服务质量的指标之一,反映了民众对公共服务的感知情况,逻辑上来说,考察公共服务对生育产生的影响时,以公共服务满意度为指标会比以公共服务本身作为指标更加准确,敏感程度更高,因为公共服务本身是存在"冗余度"的,毕竟公共服务的实施与实施后产生的结果之间是有差距的,而公共服务满意度则切实地反映了民众对公共服务的感知,这种感知会直接影响到民众的行为,虽然如此,总体来说,两者之间应该具有相对一致性。目前,关注公共服务与生育关系的研究较多,而关注公共服务满意度与生育之间关系的较少。

关于公共服务与生育关系的研究大概可划分为两个层面。(1)基于具体的公共服务类别来探讨公共服务对生育意愿产生的影响。研究发现,生育友好的税收政策(于秀伟,侯迎春,2018)、医疗补贴(黄秀女,徐鹏,2019)、基础教育供给(杨晓锋,2019)等因素都会有助于促进生育意愿的提高;也有研究发现,带有补贴的新农合(王天宇,彭晓博,2015)、养老保险(张兴月,张冲,2015;陈欢,张跃华,2019)、自我储蓄为主导的城镇职工医疗保险(黄秀女,徐鹏,2019)、地区教育质量会导致生育意愿水平的下降。可见,这些研究结果存在差异,甚至在一定程度上还存在矛盾,虽然这可能与不同研究所使用的数据、指标测量方式、数据统计方法等存在差异有关,但是无法忽视的一个事实是,不同类别的公共服务对生育意愿的影响可能存在方向上的差异。在人口老龄化不断加快、城镇化率不断提升的发展背景下,公共服务体系的完善必然是一个整体推进的过程,那么,作为一个整体的公共服务体系对生育的影响会是如何呢?(2)相关研究者也基于整体的公共服务体系,探讨了公共服务如何影响生育。研究发现,社会保障对生育率具有抑制作用(王国军,赵小静,周新发,2016a;王国军,赵小静,周新发,2016b)。

少量关于公共服务满意度对生育意愿影响的研究也发现,公共服务满意度对育龄人群的二孩生育意愿具有抑制作用(王璞,邱怡慧,郑逸芳,2019)。总体来说,多数研究主要从成本—收益角度来认识公共服务与生育意愿的关系,公

共服务的完善会降低生育的经济效用,促进"养儿防老"观念持续淡化,会对生育产生"替代效应"(王天宇,彭晓博,2015;张兴月,张冲,2015;陈欢,张跃华,2019)。未发现有研究关注公共服务的交互性,从公共服务对个人产生的社会效益角度来认识公共服务与生育之间的关系。

二、公共服务满意度、社会信任与生育意愿

单纯从成本—收益角度来认识公共服务与生育之间的关系忽视了公共服务的交互性,公共服务的供给方与接受方不单纯是满足与被满足的单向关系,公共服务的不断完善,有利于社会形成信任合作的氛围,有利于民众对社会规范产生相应的肯定和认同,这也就意味着公共服务质量的提升有助于促进社会资本的积累。已有研究发现,社会资本与生育行为之间存在正向关联(Arnstein,2016)。

社会信任作为社会资本的重要表现形式,对生育的促进作用可能主要有两个方面:一方面,较高的社会信任反映了社会发展整体向好,经济平稳发展、社会环境安定、公共服务完善,这些因素都有利于生育行为的顺利开展;另一方面,随着城镇化的推进,传统的子女养育方式即家庭养育愈发难以适应社会发展的整体趋势,较高的社会信任意味着会对子女养育的社会服务产生更高程度的认可(Raz-Yurovich,2014;De Ruijter,Treas,& Cohen,2005),从而可以更好地协调工作—家庭冲突,降低职业发展压力。鉴于此,本研究提出,社会信任在公共服务满意度对生育意愿影响中可能发挥中介效应。

三、城镇化率的调节效应

截至2019年末,我国城镇人口比重已达60.60%,随着城镇化率的不断提高,人们的生活方式和观念发生持续的改变。已有研究发现,快速城镇化与生育率下降存在一定程度的关联(戈艳霞,2015;杨华磊,吴义根,张冰鑫,2018;果臻,吴正,李树茁,2013),虽然多数研究均认可城镇化造成的生育率下降是由于

生育观念、子女养育方式、生活方式等因素的影响,但是更多的研究关注的是城镇化与生育之间的直接关系,很少有研究分析这些因素在两者关系中产生的具体影响。

城镇化作为社会发展的背景性因素,必然是通过社会结构的变化、家庭结构的变化、个人生命历程的变化等因素对生育行为产生影响,城镇化本身并不能直接影响生育行为,可见,从一定程度上来说,将城镇化直接作为预测变量是缺乏合理性的。因此,本研究将城镇化率作为调节变量,考察其在公共服务满意度、社会信任及生育意愿中产生的影响。

综上所述,本研究从经济效用和社会资本两方面来认识公共服务满意度对生育意愿的影响作用,构建了一个条件过程模型。一方面,在检验公共服务满意度对生育意愿的直接效应的同时,考察社会信任对两者之间关系的中介效应;另一方面,考察城镇化率在此之中的调节效应(见图6-1)。

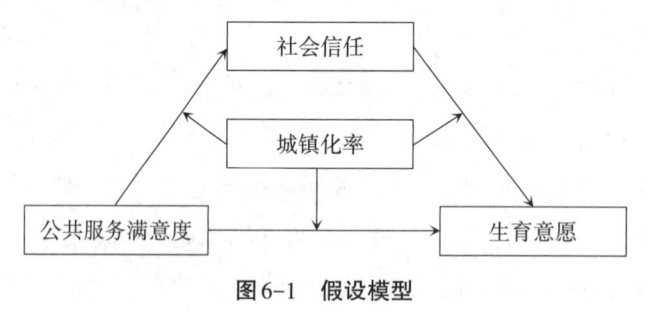

图6-1 假设模型

四、数据来源、变量定义和统计方法

(一)数据来源

本研究数据来源于2015年中国社会综合调查(CGSS),CGSS始于2003年,是国内最早的全国性、综合性、连续性的学术调查项目。选择2015年度CGSS数据的原因在于:首先,本组数据是最新面向社会公布的数据,时效性较高;其次,对于本研究所关注的公共服务满意度、社会信任、生育意愿等变量,CGSS的调查问卷中均设置了相关题项。

2015年CGSS项目调查覆盖全国28个省、自治区、直辖市,有效问卷10968份。结合本研究的实际需要,仅将18—49岁处于育龄的样本纳入统计范围,剔除了非育龄人群样本后,保留有效数据共5268个,其中,男性2414人,女性2854人,城镇居民3343人,农村居民1925人。由于不同变量存在部分个案数据缺失,因此,涉及不同变量的统计中,样本数据数量存在一定差异。

(二)变量定义

因变量生育意愿以CGSS问卷中的理想子女数量作为具体指标,通过题项A37"如果没有政策限制的话,您希望有几个孩子?"获取生育意愿的数据,有效样本中,意愿子女数量为0个的占比为1.9%,1个的占比为20.2%,2个的占比为67.4%,3个的占比为5.6%,4个及4个以上的占比为2.0%。

预测变量公共服务满意度的数据,通过题项B16"我们想了解一下您对政府所提供的下面公共服务的满意度如何?"获取,该题项按照0分代表完全不满意,100分代表完全满意进行赋值计分,包含公共教育、医疗卫生、住房保障、社会管理、劳动就业等共9个题项,内部一致性α系数为0.941,公共服务满意度得分按9个题项的均值计算。

中介变量社会信任的数据,通过题项B10"在不直接涉及金钱利益的一般社会交往/接触中,您觉得下列人士中可以信任的人多不多呢?"获取,该题项包含邻居、(城镇的)远邻/街坊和(农村的)同村居民、陌生人等共13个类别,全部类别按照五点计分,得分越高代表可信任程度越高。鉴于社会信任属于公共信任,有别于私人信任,同时,结合不同类别的人士对被调查对象的适用性程度存在差异,本研究选取邻居、(城镇的)远邻/街坊和(农村的)同村居民、陌生人、交情不深的朋友/相识4个类别来反映社会信任情况,剔除亲戚、同事、老同学等9个不合适的类别。4个类别内部一致性α系数为0.611,社会信任的得分按4个类别的均值计算。

调节变量城镇化率的数据来源于国家统计局公布的2015年全国各省城镇化率数据。2015年,全国平均城镇化率为56.1%,上海市城镇化率最高,为87.6%,西藏城镇化率最低,为27.74%。

按照CGSS所提供的相关人口学变量信息,结合以往研究中经常用于分析生育意愿的主要影响因素,本研究选取年龄、受教育程度、家庭经济地位、健康状况4个变量作为控制变量,年龄通过调查实施年度2015减去题项A3"您的出生日期是什么?"获取数据;受教育程度通过A7a"您目前的最高教育程度是?"获取数据,得分越高,说明受教育程度越高;家庭经济地位通过题项A64"您家的家庭经济状况在所在地属于哪一档?"获取数据,采用五点计分,得分越高代表家庭经济地位越高;健康状况通过题项A15"您觉得您目前的身体健康状况是?"获取数据,该题项采用五点计分,得分越高代表健康状况越好。

(三)统计方法

采用SPSS 21.0和PROCESS宏程序(3.3版本)进行数据处理。研究数据主要来自CGSS调查中被调查者的自我报告,相关条目和指标的计分方法包含计数数据、百分比数据、五点计分数据、百分制数据,从数据计分方法来看,存在共同方法偏差影响的可能性较小。在统计上,采用Harman单因素检验法,将所有条目进行探索性因素分析,结果表明KMO=0.915,Bartlett值为36271.921($p<0.001$)。因子未旋转的结果显示,特征根大于1的因子有5个,解释了61.130%的方差变异,其中第1个因子解释了31.014%的变异,低于40%的临界值,说明本研究数据不存在显著的共同方法偏差。

五、结果

(一)相关分析

对年龄、健康状况、家庭经济地位、受教育程度、公共服务满意度、社会信任、生育意愿、城镇化率进行相关分析,结果发现公共服务满意度与城镇化率、生育意愿呈显著负相关,与社会信任显著正相关,社会信任与生育意愿呈显著正相关。年龄、受教育程度、健康状况、家庭经济地位与生育意愿、公共服务满意度、社会信任、城镇化率不同程度相关(见表6-1)。

表6-1 相关分析矩阵

	M	SD	1	2	3	4	5	6	7
1.年龄	35.827	9.123	—						
2.受教育程度	10.594	4.000	−0.407**	—					
3.健康状况	3.973	0.947	−0.275**	0.233**	—				
4.家庭经济地位	2.700	0.692	−0.100**	0.234**	0.223**	—			
5.生育意愿	1.861	0.676	0.074**	−0.138**	−0.034*	0.019	—		
6.公共服务满意度	67.610	15.319	0.029*	−0.046**	0.076**	0.103**	−0.040**	—	
7.城镇化率	0.601	0.116	−0.056**	0.320**	0.044**	0.049**	−0.106**	−0.114**	—
8.社会信任	3.259	0.611	−0.006	0.054**	0.070**	0.108**	0.052**	0.160**	−0.064**

注:*$p<0.05$,**$p<0.01$。

(二)公共服务满意度对生育意愿的影响:条件过程模型

先将所有变量进行标准化处理,然后将年龄、受教育程度、健康状况、家庭经济地位作为控制变量纳入模型,通过两步进行有调节的中介效应分析。采用偏差校正的百分位Bootstrap中介方法检验,重复取样5000次,计算95%的置信区间。

第一步,先对简单中介模型进行检验。在条件过程模型中,简单中介模型是基准模型,所以先对其进行检验(Hayes,2013)。构建如下两个方程:

$M = i_1 + aX + e_M$

$Y = i_2 + c'X + bM + e_{Y1}$

其中,X、Y、M分别代表公共服务满意度、生育意愿、社会信任。结果显示方程为:

$M = 0.0123 + 0.1504\ X$

$\hat{Y} = -0.0037 - 0.0611X + 0.0753M$

两者结合,进而总的预测方程为$\hat{Y}=-0.0028-0.0497X$。并且中介路径的作用指数为0.0113,Bootstrap检验的置信区间分为(0.0062, 0.0167),区间不包含

0,中介效应显著。这表明,公共服务满意度对育龄人群生育意愿具有负向的预测作用,与此同时,社会信任不仅中介了公共服务满意度对育龄人群生育意愿的影响,而且产生正向的中介效应,从公共服务满意度的总体作用指数来看,对育龄人群生育意愿具有负向的预测作用(见表6-2)。

表6-2 简单中介模型效应表

变量		结果						
		M				Y		
		Coeff	SE	p		Coeff	SE	p
X	a	0.1504	0.0150	0.0000	c'	−0.0611	0.0152	0.0001
M		—	—	—	b	0.0753	0.0151	0.0000
常数	i_1	0.0123	0.0147	0.4008	i_2	−0.0037	0.0148	0.8009
		$R^2=0.0113$				$R^2=-0.0611$		

第二步,检验条件过程模型。按理论假设,调节变量对简单中介模型每个路径均具有调节作用,所以选择Andrew F. Hayes提出的条件过程模型(Model 59)进行检验。构建方程如下:

$M=i_3+a_1X+a_2W+a_3XW+e_{M2}$

$Y=i_4+c_1'X+c_2'W+c_3'XW+b_1M+b_2WM+e_Y$

其中,X、Y、W、M分别代表公共服务满意度、生育意愿、城镇化率、社会信任。结果显示方程为:

$M=0.0067+0.1459X-0.0752W-0.0372XW$

$\hat{Y}=-0.0078-0.0653X-0.0956W-0.0367XW+0.0654M+0.0299WM$

两者结合,进而总的预测方程为$\hat{Y}=-0.0074-0.0644X-0.1003W-0.0347XW-0.0002W^2-0.0011XW^2$。并且中介路径的作用指数为0.0095,Bootstrap检验的置信区间分为(0.0051, 0.0148),区间不包含0,中介效应显著。这表明,公共服务满意度对育龄人群生育意愿具有负向的预测作用,与此同时,社会信任不仅中介了公共服务满意度和城镇化率对育龄人群生育意愿的交互影响,而且产生正向的中介效应,从公共服务满意度的总体作用指数来看,对育龄人群生育意愿具有负向的预测作用。

表6-3 条件过程模型效应表

变量		结果						
		M				Y		
		Coeff	SE	p		Coeff	SE	p
X	a_1	0.1459	0.0150	0.0000	c'_1	−0.0653	0.0152	0.0001
W	a_2	−0.0752	0.0157	0.0000	c'_2	−0.0965	0.0158	0.0000
X × W	a_3	−0.0372	0.0144	0.0097	c'_3	−0.0367	0.0145	0.0112
M		—	—	—	b_1	0.0654	0.0151	0.0000
M × W		—	—	—	b_2	0.0299	0.0138	0.0306
常数	i_3	0.0067	0.0148	0.6488	i_4	−0.0078	0.0148	0.5982
		$R^2=0.0425$				$R^2=0.0398$		
		$F_{(7,4404)}=27.9085, p<0.01$				$F_{(9,4402)}=20.2525, p<0.01$		

根据表6-3可见,以社会信任为因变量,公共服务满意度与城镇化率的交互作用显著,也即城镇化率对公共服务满意度与社会信任的关系具有调节作用;以生育意愿作为因变量,公共服务满意度与城镇化率的交互作用显著,社会信任与城镇化率的交互作用显著,这也就意味着,城镇化率对公共服务满意度与生育意愿的关系、社会信任与生育意愿的关系具有调节作用。

为揭示城镇化率如何调节公共服务满意度与生育意愿之间的关系,进一步按照城镇化率的取值进行分组,区分了$M+SD$、M、$M-SD$高中低三种城镇化率的水平情况下公共服务满意度对生育意愿的直接影响力。当城镇化率水平较低时,公共服务满意度对生育意愿的影响作用不显著;当城镇化率水平较高时,公共服务满意度对生育意愿具有显著的负向影响作用(见表6-4)。

表6-4 不同城镇化率水平下公共服务满意度对生育意愿的影响

城镇化率 (W)	直接效应			中介效应	
	Effect	SE	p	Effect	95%Bias-Corrected Bootstrap CI
-1	-0.0281	0.0218	0.1982	0.0065	-0.0013, 0.0152
0	-0.0647	0.0153	0.0000	0.0095	0.0051, 0.0148
1	-0.1014	0.0201	0.0000	0.0104	0.0048, 0.0170

与此同时,城镇化率还调节了公共服务满意度通过社会信任中介对生育意愿的间接影响力,结果显示,在城镇化率水平较低的情况下,公共服务满意度通过社会信任对生育意愿的间接影响作用不显著;在城镇化率水平较高的情况下,公共服务满意度通过社会信任对生育意愿具有显著的正向影响作用(见表6-4)。

为更清楚地展示调节效应,将城市化率和公共服务满意度分别按照 $M\pm SD$ 区分了高低组,根据条件过程模型,计算简单效应,如图6-2所示,在城镇化率水平较低时,公共服务满意度对生育意愿的影响力较小,在城镇化率水平较高时,公共服务满意度对生育意愿具有显著的负向影响作用,这也就意味着,随着城镇化率的提高,公共服务满意度会显著降低育龄人群的生育意愿。

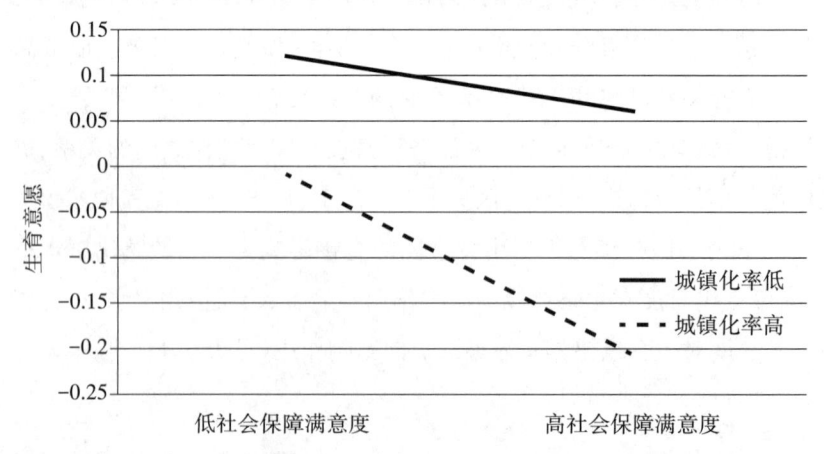

图6-2 公共服务满意度对生育意愿的影响:城镇化率的调节作用

六、讨论

本研究结果表明,公共服务满意度对育龄人群生育意愿的直接效应以及社会信任对公共服务满意度与育龄人群生育意愿之间关系的中介效应受到城镇化率的调节作用。在城镇化率水平较低的情况下,公共服务满意度对育龄人群生育意愿的直接效应以及社会信任对公共服务满意度与育龄人群生育意愿之间关系的中介效应均不显著;在城镇化率水平较高的情况下,公共服务满意度对育龄人群生育意愿具有负向的直接预测作用,社会信任对公共服务满意度与育龄人群生育意愿之间关系具有正向的中介效应,总体来看,公共服务满意度对育龄人群的生育意愿具有负向的预测作用占据主导地位。

(一)公共服务满意度对生育意愿的影响:社会信任的中介效应

本研究发现,公共服务满意度对育龄人群的生育意愿具有直接的负向影响作用,这与国内外的研究结论相一致(王天宇,彭晓博,2015),体现出了公共服务对生育的替代作用,这验证了从经济学角度认识公共服务和生育之间的关系具有合理性。同时,本研究还发现,社会信任对公共服务满意度与育龄人群生育意愿之间关系具有正向的中介效应,这意味着公共服务满意度的提升会带来利于提升生育意愿的社会心理效益,公共服务满意度的提升有助于促进社会信任,社会信任的提升可以强化人们对社会养育的依赖性进而提升生育意愿。可见,公共服务不仅仅具备提升个人经济资本的作用,而且具备提升个人社会资本的作用,前者产生的替代效应降低了生育意愿,而后者产生的积极心理效应提升了生育意愿。

在低生育率社会背景下,公共服务满意度对育龄人群生育意愿的影响方式存在异质性,如何凸显公共服务对个人社会资本的促进作用?这可能是优化公共服务与生育意愿之间关系的过程中值得探讨的问题。国内一些学者已经在社会资本的培育问题上进行了有益的探索,相关学者在食品安全、养老、社区治理等领域的研究中发现,互助、互惠、合作、共建、共享的公共服务模式对于涵养社会资本具有积极作用。由此可以推论,深度参与式的公共服务模式可能会有利于强化公共服务对生育意愿的积极影响。

(二)城镇化率的调节效应

本研究发现,城镇化率对公共服务满意度与生育意愿之间的关系具有显著的调节作用,在城镇化率水平较低的情况下,公共服务满意度对育龄人群生育意愿的直接效应以及社会信任对公共服务满意度与育龄人群生育意愿之间关系的中介效应均不显著;在城镇化率水平较高的情况下,公共服务满意度对育龄人群生育意愿的直接效应以及社会信任对公共服务满意度与育龄人群生育意愿之间关系的中介效应均显著。为进一步确认这一结果的稳定性,研究者在控制家庭经济地位、受教育程度、年龄及健康状况情况下,将样本按照户口分为城镇居民和农村居民,分别考察公共服务满意度对两类人群生育意愿的影响,回归分析结果显示,公共服务满意度对城市育龄人群的生育意愿具有显著负向影响力($F_{城市居民}=-0.087, p<0.001$),但是对农村育龄人群的生育意愿不具有显著影响力($F_{农村居民}=-0.007, p>0.05$),这进一步验证了城镇化率的调节效应可靠性。

关于农村公共服务与生育意愿关系的研究,结论并不一致,有研究发现新型农村合作医疗对农村居民的生育意愿具有显著负向影响力(王天宇,彭晓博,2015),也有研究发现养老保险对农村居民的生育意愿具有抑制作用,医疗保险则体现出促进作用(张兴月,张冲,2015),还有研究发现,养老保险对农村居民的生育意愿没有显著影响(康传坤,孙根紧,2018)。本研究中,公共服务满意度主要体现了育龄人群对公共服务的感知情况,分析公共服务满意度对生育意愿的影响力实际上也就是分析人们对公共服务的感知情况是否会对生育意愿产生影响,结果在感知层面上验证了,在城镇化率较低的地区,公共服务对育龄人群的生育意愿没有显著影响。这可能说明,在城镇化率较低的情况下,育龄人群的生育行为较少受到公共服务因素的制约。

从城镇化率的调节效应来看,随着城镇化率的不断提升,公共服务满意度愈来愈成为影响育龄人群生育意愿的重要因素,城镇化的推进让社会结构、家庭结构和个人生命历程发生持续的转变。公共服务作为城市治理水平的重要评价指标,对市民的城市归属感有着显著的影响(何艳玲,郑文强,2016)。可见,在城镇化率较高的情况下,公共服务与人们的生活更加息息相关,改善公共服务质量对于调整育龄人群生育行为有着切实意义。

(三)研究局限

本研究存在一定的局限性,在以后的研究中有待于进一步完善:首先,社会信任虽然是社会资本的重要组成部分,但是并不能代表社会资本的全部,本研究从社会资本的视角认识公共服务满意度与生育意愿之间关系,仍需要更多研究的支持和验证;其次,本研究主要从同一时间点的截面数据来认识城镇化率的调节效应,虽然验证了研究假设,但是城镇化率会随着时间不断推进,通过这一结论来预测未来育龄人群公共服务满意度与生育意愿之间的关系模式是存在一定风险的,未来研究可以通过纵向研究来进一步核实这一条件过程模型的合理性。

第七章　婴儿态度对生育意愿的影响

近年来,冻卵、代孕、婚而不育、生而不养等现象,充分暴露出育龄人群没有做好成为父母的内在准备,缺乏应有的生育素养,这会阻碍育龄人群充分释放生育潜力,顺利实现家庭生育计划,而且会威胁到子女养育的质量。婴儿态度不仅是个体生育心理动机的重要组成部分,而且也是衡量个体是否为生育做好内在准备的重要标准,是其生育素养的重要体现。随着三孩政策的正式落地,生育政策进一步宽松,关注婴儿态度研究将为提升育龄人群,尤其是女性育龄人群的生育健康和生育心理的素养,将为育龄人群如何实现优生优育提供有效的理论参考。

婴儿态度是个体生育的重要情感因素,是由某种特定心理过程产生的(Rotkirch,2007),与个体的生育动机、生育决策存在密切联系。其作为一种本能的生理和情感上想要孩子的心理特质,在女性身上体现得更为明显,这种现象也在众多研究中得到了证实(Brase,2012)。尽管婴儿态度在国内关注度较低,但已有不少国外学者从不同角度分析了婴儿态度与人们生育行为之间的关系。从社会文化观点来看,文化是人们对婴儿产生情感的来源,这些文化力量引导人们遵守性别角色观念和其他文化规范,例如,生孩子是女性的责任和义务,认可传统女性角色与育儿更积极的态度有关,同时这种文化力量也是家庭重要且持久的纽带(Gary,2016)。进化心理学一方面把积极的婴儿态度看作一种用来调节生育时间、生育行为和生命历程轨迹的进化方法,另一方面也把其看作是成功养育孩子的一种重要适应性因素,可以提高人们照料和养育儿童的技能。无论从社会文化还是从进化心理学视角来看,婴儿态度都是影响人们生育决策的重要变量。

第一节　中文版婴儿态度量表在已婚育龄女性中的信效度检验

一、研究背景

目前国内外测量婴儿态度的工具主要包括对婴儿的兴趣问卷(Interest in Infants Questionnaire)(Charles, Alexander, & Saenz, 2013; Cheng et al., 2015)和婴儿态度量表(Attitude Toward Babies Scale, ABS)(Brase & Brase, 2012)。对陌生婴儿兴趣问卷仅有10个题项的单维量表,并没有对婴儿态度的结构进行深入探讨,而且在测量中受测者面对的是一个陌生婴儿问题情境,难以有较多的情感卷入体验。为了能够更全面地测量婴儿态度,Brase和Brase(2012)编制了婴儿态度量表,该量表包含5个维度:正面接触(positive exposure)、负面接触(negative exposure)、权衡(trade-Offs)、养育(nurturance)、女性的角色信念(female role beliefs)。正面接触倾向于测量对婴儿产生的兴趣或期待,特别是与婴儿相关的积极感官刺激(视觉、听觉和嗅觉等);负面接触也与婴儿的视觉、声音和气味密切相关,但它是从消极方面测量的;权衡维度涉及认知评估,是对养育孩子如何影响个人的经济、职业、社会生活等方面的有意识且长期的考虑;养育反映了人们通过识别婴儿的情绪及意图,从而做出相应的行为反应;女性的角色信念测量了传统性别角色和文化规范是否会影响人们对婴儿的感受以及生育行为。例如,持有浓厚传统角色态度的女性可能会有强烈的生育欲望,并基于这种角色观念做出许多利于生育的决策。

为准确把握人们关于婴儿态度的维度,Brase和Brase(2012)面向不同群体开展了系列研究,第一阶段研究的群体来自英格兰东北部的一所大学的80名大学生,使用3个与婴儿态度相关的一般性指标、2个开放性问题以及Bem性别角色清单来衡量人们对婴儿的感受;第二阶段,进一步扩大研究样本,选取来自美国中西部一所大型研究型大学的257名学生,在第一阶段研究结果得出的条目基础上增添了家庭规模、对孩子和金钱的欲望的衡量、对婴儿物品的态度等条目,通过探索性因子分析得出4个因子,包括正面接触、负面接触、权衡以及传统角色信念。之后,考虑到大学生群体多数未婚,尚未完成生育经历,故而又选取了853名社会人员作为研究对象,对所有条目进行探索性因子分析,提取出10个特征值>1.0的因子,通过进一步简化,保留了5个解释力最强的因子,最终形成了34个条目共5个维度的婴儿态度量表,具有良好的信效度。

Brase(2016)采用ABS量表在美国大学生群体中进行了进一步检验,发现该量表信效度良好,一项针对芬兰育龄女性的研究也同样验证了ABS量表的有效性。相对其他测量婴儿态度的工具而言,ABS更加系统和完整,能够更全面反映涉及婴儿态度的认知、情感和行为等各方面因素。因此,选择对婴儿态度量表进行修订,并检验其在我国已婚育龄女性中的信度和效度,以便为今后开展婴儿态度研究提供一个可靠的测量工具。

二、方法

(一)研究对象

采用方便抽样方法选取贵州、山西、湖北等地的育龄已婚女性进行施测。共发放问卷700份,剔除无效问卷后剩余645份,有效率92.1%。645名被试中,城市育龄女性332名(51.5%),农村育龄女性313名(48.5%),年龄在19—49岁之间,平均年龄为(30.20±5.21)岁。被试群体学历水平中,小学及以下3名(0.5%),初中51名(7.9%),高中或中专128名(19.8%),大专156名(24.2%),本科243名(37.7%),研究生及以上64名(9.9%)。将总样本随机分为两部分。

样本1:随机抽取300名被试用于探索性因素分析。城市育龄女性167名(55.7%),农村育龄女性133名(44.3%),平均年龄(30.90±5.19)岁。

样本2:将剩余345名被试进行验证性因素分析。城市育龄女性165名(47.8%),农村育龄女性180名(52.2%),平均年龄(30.30±5.23)岁。

样本3:用于重测信度检验。采用方便抽样的方式,随机抽取100名被试于3周后进行重测,回收有效问卷82份,其中城市育龄女性48名(58.5%),农村育龄女性34名(41.5%),平均年龄为(31.47±4.32)岁。

(二)研究工具

1.婴儿态度量表(ABS)

由Brase和Brase(2012)编制,共有34个条目,5个维度,采用Likert五点计分,从1(完全不同意)到5(完全同意)。5个维度分别为:正面接触(positive exposure)包含10个条目;负面接触(negative exposure)包含8个条目;权衡(trade-Offs)包含6个条目;养育(nurturance)包含6个条目;女性的角色信念(female role beliefs)包含4个条目。

2.生育意愿与生育行为

将期望生育子女数量、期望生育男孩数量、期望生育女孩数量、初婚年龄、初育年龄五个反映生育意愿或生育行为的指标作为效标,参考中国综合社会调查(China General Social Survey, CGSS),生育意愿和生育行为是反映育龄人群生育情况的直接表现,主要包含三个指标,即生育子女数量、生育子女时间、生育子女性别(谭雪萍,2015;风笑天,2017)。鉴于部分已婚育龄女性尚未完成人生生育历程,因此,将涉及生育子女数量和生育子女性别的指标设置为:期望生育子女数量、期望生育男孩数量、期望生育女孩数量。与此同时,鉴于已有研究显示,初婚年龄、初育年龄是直接或间接反映生育行为的有效指标(吴小勇,毕重增,2018),因此,将初婚年龄、初育年龄作为从时间角度上反映生育行为的效标。

(三)研究方法

1.量表汉化

采用Brislin翻译模型进行量表的汉化。第一步,正译。在征得原量表作者同意后,由3名中西医结合心理学专业的研究生以及1位医学英语专业的老师和1位心理学专业的老师(以上人员均有研究背景且熟悉测量工具研发过程)分别对量表进行翻译,而后进行对比讨论及修订,形成初始中文版ABS。第二步,回译。请2名未接触原量表且不熟悉测量工具背景的双语医学博士进行回译。第三步,审查。对比正译和回译两个版本,研究团队进行再次修订,以确保条目意思一致且符合中国的文化背景以及言语表达逻辑,形成最终的中文版ABS。例如,条目15直译为"我自己生孩子要花太多钱",经过讨论修改为"要孩子会产生巨大经济负担"。整个汉化过程,保留了英文版量表的所有条目以及沿用原量表计分方法。

2.预调查

采用方便抽样的分析选取20名育龄女性进行预调查,评估育龄女性对量表条目、说明、回答的理解以及难易程度,确保被试对所有条目均无异议。

3.资料收集

在正式施测前,对调查员进行统一培训。在填写问卷前,由调查员讲解指导语和测试目的,被试自愿填写,平均测试时间为10分钟,填写后当场收回。发放问卷700份,回收问卷682份,剔除无效问卷后剩余645份,有效率92.1%。3周后,随机抽取100名被试进行重测,回收有效问卷82份,有效率为82%。

4.统计学方法

采用SPSS 22.0对数据进行项目分析、探索性因素分析、效标效度检验、内部一致性系数检验以及重测信度检验;采用Mplus 8.3进行验证性因素分析。采用极端组检验方法和题总相关系数法进行项目分析;采用条目水平的内容效度指数(I-CVI)和量表水平的内容效度指数(S-CVI)进行内容效度分析;采用主成分分析法,抽取因子做最大方差法旋转做探索性因素分析;采用最大似然法(ML)、CFI、TLI、RMSEA和SRMR进行验证性因素分析;采用Pearson相关分析进行效标关联效度检验;采用Cronbachα系数、分半信度、重测信度进行内部一致性系数检验。$p<0.05$有统计学差异。

三、结果

(一)项目分析

采用极端组检验方法和题总相关系数法进行项目分析。计算总样本各维度的总分并按高低进行排序,取前后27%划分为高分组和低分组。之后进行独立样本t检验,结果表明,所有条目在两组间均有显著差异($p<0.01$)。随后再对各条目得分与其所属维度总分进行相关分析,所有条目的决断值(CR)在13.123—36.688之间($p<0.01$),条目和所属维度的相关系数在0.543—0.862之间($p<0.01$),均符合CR值>3,题总相关系数$r>0.30$的筛选标准,因此所有条目均被保留(见表7-1)。

(二)效度分析

表7-1 中文版ABS各条目项目分析

正面接触			负面接触			权衡			养育			女性的角色信念		
条目	CR	r	条目	CR	r	条目	CR	r	条目	CR	r	条目	CR	r
A1	20.288	0.68**	A2	20.980	0.68**	A4	16.866	0.60**	A3	22.241	0.70**	A9	16.803	0.56**
A7	24.453	0.74**	A8	18.361	0.65**	A6	28.560	0.76**	A5	22.215	0.72**	A20	32.272	0.79**
A11	29.675	0.80**	A13	22.628	0.72**	A12	18.284	0.64**	A10	15.148	0.59**	A29	25.880	0.76**
A21	28.333	0.78**	A17	13.123	0.54**	A15	18.144	0.64**	A14	19.139	0.66**	A30	27.191	0.68**
A22	31.457	0.80**	A18	22.143	0.73**	A23	19.908	0.68**	A16	14.333	0.56**			
A24	36.698	0.86**	A27	19.434	0.71**	A26	23.789	0.73**	A19	20.893	0.67**			
A25	31.905	0.82**	A28	18.771	0.69**									
A31	25.452	0.78**	A33	13.406	0.54**									
A32	35.372	0.81**												
A34	17.243	0.60**												

注:*代表$p<0.05$,**代表$p<0.01$。

1.内容效度分析

采用条目水平的内容效度指数(I-CVI)和量表水平的内容效度指数(S-CVI)进行内容效度分析。邀请6名医学心理学领域、生育领域的专家对该量表的内容效度进行评价,采用4级评分制,1或2分表示条目与所属维度不相关,条目不具有代表性;3或4分表示条目与所属维度相关,条目代表性好。在计算CVI之前先算出专家间一致性水平(IR)。判断标准:IR不低于0.7或0.8;专家人数≤5,I-CVI应为1;专家人数≥6人时,I-CVI不低于0.78,全体一致S-CVI(S-CVI/UA)不低于0.80,平均S-CVI(S-CVI/Ave)大于0.90。结果显示,专家间一致性水平(IR)为1,I-CVI在0.83—1之间,均大于0.78,S-CVI/UA为0.82,S-CVI/Ave为0.97,符合心理测量学标准。

2.探索性因素分析

对样本1进行探索性因素分析,KOM值为0.939,Bartlett球形检验卡方值为9393.53($p<0.001$),因此,数据可以进行因素分析。考虑到原量表的5因子结构,因而在限定因子个数的情况下,采用主成分法进行分析,抽取因子做最大方差法旋转。结果发现,5个因子的特征根均大于1,累计方差贡献率为54.399%,各因子载荷在0.394—0.847之间。但是发现,条目A30所属因子发生了改变,条目A8和A12在两个因子上的载荷均大于0.4且差值小于0.2,与原量表不一致,因而将A8、A12、A30删除,保留31个条目(见表7-2)。

3.验证性因素分析

应用Mplus8.3软件对样本2数据进行验证性因素分析,采用最大似然法(ML)、CFI、TLI、RMSEA和SRMR来检验模型拟合程度。筛选标准:$\chi^2/df<3$,CFI>0.9,TLI>0.9,SRMR<0.08,RMSEA<0.08。根据原量表的五因子模型和探索性因素分析结果构建模型:模型M1,原量表五因子模型;模型M2,五因子模型,删除A8,A12,A30。结果见表7-3。对比2个模型,发现模型M2的各项拟合指标更优,相较于模型M1的各项系数均达到较好的测量标准,且在因子载荷上均大于0.3,符合心理学测量要求,说明修订后的量表具有良好的结构效度。

表7-2 中文版ABS探索性因子分析

正面接触		负面接触		权衡		养育		女性的角色信念	
条目	因子载荷	条目	因子载荷	条目	因子载荷	条目	因子载荷	条目	因子载荷
A24	0.847	A18	0.681	A4	0.765	A16	0.669	A9	0.694
A25	0.822	A28	0.662	A6	0.685	A14	0.588	A29	0.669
A32	0.782	A27	0.649	A26	0.648	A10	0.588	A20	0.566
A11	0.779	A17	0.647	A23	0.495	A19	0.483		
A22	0.776	A13	0.596	A15	0.436	A5	0.426		
A21	0.768	A2	0.542			A3	0.394		
A31	0.745	A33	0.502						
A7	0.659								
A1	0.592								
A34	0.529								
解释方差	20.911		11.975		7.871		7.277		6.365
特征值	9.317		3.162		1.951		1.352		1.082
累积方差	20.911		32.886		40.757		48.034		54.399

表7-3 中文版ABS验证性因素分析拟合指标

Model	χ^2/df	CFI	TLI	RMSEA(90% CI)	SRMR
M1	2.591	0.910	0.901	0.050(0.046 0.053)	0.056
M2	2.500	0.922	0.914	0.048(0.045 0.052)	0.050

4.效标关联效度

对ABS中文修订版与各效标之间进行关联效度检验。结果如表7-4所示，ABS各维度与期望子女数量、初育年龄呈显著相关（$r=-0.421—0.550, p<0.01$），

正面接触、负面接触、权衡3个维度与初婚年龄没有显著相关（$p>0.05$）。

表7-4 中文版ABS各维度的效标关联效度分析

	期望子女数量	期望男孩数量	期望女孩数量	初婚年龄	初育年龄
正面接触	0.550**	0.431**	0.351**	0.064	0.216**
负面接触	−0.421**	−0.338**	−0.262**	−0.071	−0.245**
权衡	−0.207**	−0.174**	−0.126**	−0.019	−0.125**
养育	0.351**	0.261**	0.239**	0.104**	0.258**
女性的角色信念	0.242**	0.228**	0.107**	0.094*	0.205**

注：*代表$p<0.05$，**代表$p<0.01$。

（三）信度分析

对婴儿态度量表进行内部一致性信度检验，结果显示，ABS的Cronbach α系数为0.748，正面接触为0.925，负面接触为0.799，权衡为0.743，养育为0.736，女性角色信念为0.626。

婴儿态度量表的分半信度为0.661，各维度的分半信度分别为0.925，0.742，0.734，0.776，3周后婴儿态度量表的重测信度为0.639，各维度的重测信度分别为0.749，0.756，0.707，0.647，0.689。这说明婴儿态度量表具有较高的信度。

四、讨论

（一）婴儿态度量表修订的必要性

社会经济的飞速发展、社交媒体的普及等诸多外部环境因素对当代育龄人群的生育观念产生了巨大的冲击，初婚初育年龄推迟，离婚率增高，同居率攀升，不婚不育现象增多，生育行为变得更加多元和复杂。因此，在国家不断放宽生育政策的背景下，育龄人群的生育自主选择权持续放大，剖析影响育龄人群的生育心理显得尤为重要。研究发现男女社会角色、父母对子女投资偏好与婴儿态度存在一定的关系（Ding, et al., 2020）。当下人们普遍重视优生优育，更加注重子女的综合素质,以及子女给家庭带来的满足感和幸福感。"好父亲""好母亲"的身份角色认同感不同,也必然会呈现出不同的婴儿态度。因而,婴儿态度能在一定程度上预测人们的生育行为。众多研究探讨了婴儿态度与生育之间的关系(Ajzen & Klobas, 2013; Clutterbuck, Adams, & Nettle, 2014),例如,婴儿态度(尤其是积极的婴儿态度)与家庭模式和性别(Matysiak & Nitsche, 2016)、父母身份(Tate & Patterson, 2019)均有密切联系,以及在社交媒体中同样发现婴儿态度会影响生育意愿(Adair, Brase, Akao, & Jantsch, 2014),对婴儿的积极态度可能会激发生育潜能,维持适当的生育水平。由此可见,Brase 和 Brase(2012)编制的涉及婴儿的积极态度、消极态度、权衡考虑、养育态度和角色信念 5 个方面的婴儿态度量表,为研究提供了一个良好的测量工具。由于中西方文化差异,直接引用国外量表可能并不适用于我国。因而,严格遵循量表汉化标准对婴儿态度量表进行了修订,并检验了中文版 ABS 在中国已婚育龄女性群体中的信效度。

(二)中文版 ABS 的信效度

该量表项目分析表明,所有条目均与所属维度在高分组、低分组呈现显著相关,说明各条目均有较高的区分度。内容效度分析显示,中文版 ABS 的内容效度指数(I-CVI)和量表水平的内容效度指数(S-CVI)均符合统计学标准,说明该量表的条目设置合理,具有良好的代表性。探索性因素分析发现,条目 A30 由原量表中的女性角色态度维度转向正面接触维度,与原量表维度不一致,这可能是由于调查文化背景差异或不同种族人群对条目内容理解偏差引起的或是存在语句歧义问题;条目 A8 和 A12 均在负面接触和权衡两个维度上因子载荷大于 0.4 且差值小于 0.2,按传统标准应将其删除,但是基于理论角度和评估其效用方面需要继续探索,故暂时保留。因此,可以考虑进一步采用验证性分析建立多个模型比较,发现删除条目 A8、A12、A30 后模型拟合度更高,具有更可靠的稳定性(χ^2/df=2.500, CFI=0.922, TLI=0.914, RMSEA=0.048, SRMR=0.050),所以最终量表保留 31 个条目,5 个维度。总而言之,删除条目的原因可能是由于条目内涵翻译存在一定误差,或是不同文化背景下人群对条目的理解不同,以及人们在填写过程中本就处于一个权衡的过程。效标关联效度分析结果表明,婴儿态度量表的正面接触、养育、女性的角色信念维度与生育子女数量、初育年龄等指标存在较为普遍的显著正相关,负面接触和权衡与其存在较为普遍的显著负相关。信度结果表明,婴儿态度量表 Cronbach α 系数为0.748,各维度的内部一致性系数在0.626—0.925之间,分半信度在0.629—0.925之间,3周后的重测信度在0.639—0.756之间,这说明ABS在我国文化背景下具有较好的信度和效度。

(三)研究局限性

基于女性作为生育主体,且已婚女性正处于生育历程或是一段稳定亲密关系中,她们的生育心理可能更有典型性或代表性。故在初次修订量表时,将已婚育龄女性作为研究样本,但这恰恰也是局限所在,样本人群单一。此外,由于条件有限,仅对几个地区进行了调查,今后可扩大样本人群、取样范围以及采用更合理的抽样方法,进一步验证该量表在全国范围内的普适性。同时也发现有部分不可或缺的条目影响了量表信度,女性的角色信念维度Cronbach α 系数较低,但是考虑到中国传统生育文化的影响,该维度具有重要的理论价值,因而,保留了该维度的条目,在未来的研究中可进行进一步的探索。

综上所述,婴儿态度量表中文版各项指标均达到心理测量学标准,在我国文化背景下可作为测量已婚育龄女性婴儿态度的有效工具。

第二节 婴儿态度对育龄女性生育意愿的影响

众多国外学者探讨了不同性别社会角色、父母对子女投资偏好与婴儿态度之间的关系(Ding et.al., 2020),婴儿态度与生育行为之间的关系(Ajzen & Klobas, 2013),婴儿态度(尤其是积极的婴儿态度)与家庭模式和性别、父母身份之间的联系,以及在社交媒体中婴儿态度对生育意愿的影响(Tate & Charlotte, 2019)。对婴儿的积极兴趣可能会促进生育意愿,激发育儿技能,反之则可能抑制生育行为。Rotkirch(2007)认为在低生育率社会中,对婴儿的强烈期待是一种日益重要的情感激励,会促进女性的生育行为。而且这种心理状态在男性和女性中都存在,且在女性中展现得更为明显。目前,国内对婴儿态度与生育意愿之间的关系关注度不够。

一、研究对象与方法

(一)研究对象

本研究采用方便抽样方法选取贵州、山西、湖北的育龄女性进行施测。纳入标准:(1)15—49周岁的育龄女性(联合国人口统计标准);(2)知情同意,自愿参加调查者。排除标准:资料不完整者。样本量计算:按照 Kendall 提出的样本含量估计方法,样本量是条目维度数目的5—10倍,进行样本量的计算。同时还考虑了可能存在的无效问卷或样本流失,通常按照10%计算。本研究共发放问卷700份,回收有效问卷645份,有效率为92.1%。

(二)研究工具

本研究主要采取问卷调查的方法,包含以下三方面。

1.一般人口学资料。根据已有相关研究人口学变量常规设置,本研究人口学变量主要包括年龄、户籍、婚姻状况、近期情绪状况、身体健康水平、文化程度、家庭收入、家庭规模。

2.生育意愿调查指标。参照由中国人民大学组织的中国社会综合调查项目问卷中生育意愿和生育行为的题项设置方式,分别设置了期望生育子女数量、期望生育男孩数量、期望生育女孩数量以及初婚年龄、初育年龄等题项。

3.中文版婴儿态度量表。采用郄亚男和吴小勇修订的《中文版婴儿态度量表》(2022),此量表共有31个条目,5个维度,分别为:正面接触包含10个条目,负面接触包含7个条目,权衡包含5个条目,养育包含6个条目,女性的角色信念包含3个条目。采用 Likert 五点计分,从1分到5分(完全不同意——完全同意)。量表的 Cronbach α 系数为0.788,各维度的 Cronbach α 系数在0.646—0.925之间,该量表具有良好的信效度。

(三)统计方法

本研究使用SPSS 26.0对数据进行处理和分析。对数据进行描述性统计分析、方差分析、相关分析、回归分析以及调节效应分析,$p<0.05$具有统计学差异。

二、研究结果

(一)一般人口学资料描述性统计

研究对象的年龄在19—49岁之间,平均年龄为(30.20±5.21)岁,多数集中在21—34岁(79.5%)(见表7-5)。

表7-5 研究对象一般人口学特征

人口学特征		人数	构成比	人口学特征		人数	构成比
年龄	<21	10	1.6%	教育水平	小学及以下	3	0.5%
	21—27	200	31.0%				
	28—34	313	48.5%		初中	51	7.9%
	≥35	122	18.7%		高中或中专	128	19.8%
户籍	城市	332	51.5%		大专	156	24.2%
	农村	313	48.5%		本科	243	37.7%
婚姻状况	已婚	596	92.4%		研究生及以上	64	9.9%
	未婚	49	92.4%	家庭年收入	<5万	138	21.4%
身体健康水平	良好	444	68.8%		5万—10万	246	38.1%
	较好	118	18.3%		11万—15万	123	19.1%
	一般	71	11.0%		16万—20万	90	14.0%
	较差	12	1.9%		>20万	48	7.4%
	很差	0	0	家庭规模	1人	11	1.7%

续表

人口学特征		人数	构成比	人口学特征		人数	构成比
近期情绪水平	良好	370	57.4%	家庭规模	2人	106	16.4%
	较好	146	22.6%		3人	190	29.5%
	一般	105	16.3%		4人	145	22.5%
	较差	17	2.6%		5人	121	18.8%
	很差	7	1.1%		>5人	72	11.2%

(二)育龄女性的生育意愿特征

在本研究中,研究对象期望生育孩子数在0—4个之间,平均孩子数为(1.61±0.69)个,期望男孩数为(0.76±0.50)个,期望女孩数为(0.85±0.46)个,多数育龄女性期望生育2个孩子,占比为62.6%;初婚年龄为(25.47±2.86)岁(排除未婚);初育年龄为(26.83±3.01)岁(排除未育)(见表7-6)。

表7-6 育龄女性生育意愿现状特征

变量	选项	$M \pm SD$	人数	占比
期望子女数量	0	1.61 ± 0.69	52	8.1%
	1		170	26.4%
	2		404	62.6%
	3		17	2.6%
	4		2	0.3%
期望男孩数量	0	0.76 ± 0.50	177	27.4%
	1		448	69.5%
	2		20	3.1%
期望女孩数量	0	0.85 ± 0.46	123	19.1%
	1		495	76.7%
	2		27	4.2%

续表

变量	选项	$M \pm SD$	人数	占比
初婚年龄	0	25.47 ± 2.86	40	6.2%
	<21		23	3.6%
	21—27		442	68.3%
	28—34		140	21.7%
	≥35		1	0.2%
初育年龄	0	26.83 ± 3.01	118	18.3%
	<21		10	1.5%
	21—27		308	47.8%
	28—34		203	31.5%
	≥35		6	0.9%

(三)育龄女性的婴儿态度现状

在本次研究中,育龄女性的婴儿态度总体均分为(89.80±13.13)分,各维度得分具体见表7-7。

表7-7 育龄女性婴儿态度得分情况

条目	最小值	最大值	维度均分 ± 标准差	条目数	条目均分 ± 标准差
正面接触	10	50	29.57 ± 9.82	10	2.96 ± 0.98
负面接触	7	35	17.59 ± 6.08	7	2.51 ± 0.87
权衡	5	25	15.20 ± 4.59	5	3.04 ± 0.92
养育	6	30	21.02 ± 4.88	6	3.50 ± 0.81
女性的角色信念	3	15	6.42 ± 2.99	3	2.14 ± 1.00
婴儿态度总分	41	131	89.80 ± 13.13	31	2.90 ± 0.42

(四)育龄女性婴儿态度及生育意愿相关指标的相关分析

相关分析结果显示,婴儿态度各维度与生育意愿相关指标普遍呈显著相关关系,其中,正面接触与期望子女数量呈显著正相关,与初婚年龄、初育年龄呈显著负相关;负面接触与期望子女数量呈显著负相关,与初育年龄呈显著正相关;权衡与期望子女数量呈显著负相关,与初婚年龄、初育年龄呈显著正相关;养育与期望子女数量呈显著正相关,与初婚年龄、初育年龄呈显著负相关;女性的角色信念与期望子女数量呈显著正相关,与初育年龄呈显著负相关。结果表明,育龄女性的婴儿态度越积极,其期望子女数量越高,而初婚年龄及初育年龄越小(见表7-8)。

表7-8　育龄女性婴儿态度与生育意愿相关指标的相关分析结果

	1	2	3	4	5	6	7
正面接触	1						
负面接触	−0.40**	1					
权衡	−0.29**	0.44**	1				
养育	0.49**	−0.44**	−0.28**	1			
女性的角色信念	0.37**	0.02	−0.12**	0.25**	1		
期望子女数量	0.49**	−0.42**	−0.11**	0.29**	0.10*	1	
初育年龄	−0.19**	0.13**	0.20**	−0.15**	−0.11**	−0.16**	1
初婚年龄	−0.18**	0.09	0.15**	−0.10*	−0.05	−0.16**	0.88**

(五)育龄女性婴儿态度对生育意愿的影响

回归分析结果显示,育龄女性婴儿态度对期望子女数量及初育年龄存在显著影响,但是对初婚年龄未呈现出显著影响,其中,正面接触、负面接触以及权衡维度对育龄女性的期望子女数量具有显著的预测作用(见表7-9),而正面接触对育龄女性的初育年龄具有显著的预测作用(见表7-10)。

表7-9 育龄女性婴儿态度对期望子女数量的回归分析

变量	Model 1	Model 2	Model 3
年龄	−0.01(0.02)*	0.01(0.01)	0.01(0.00)
文化水平	−0.03(0.03)	−0.02(0.03)	−0.01(0.02)
婚姻状况	0.21(0.03)*	−0.17(0.03)	−0.12(0.03)
健康状况	0.03(0.04)	0.03(0.04)	0.01(0.03)
情绪状态	−0.12(0.03)***	−0.12(0.03)***	−0.07(0.02)*
户籍		0.10(0.06)	0.03(0.06)
家庭收入		0.03(0.02)	0.02(0.02)
家庭规模		0.08(0.02)***	0.06(0.02)***
正面接触			0.03(0.00)***
负面接触			−0.04(0.01)***
权衡			−0.03(0.01)***
养育			−0.00(0.01)
女性的角色信念			−0.00(0.01)
常量	1.92(0.28)***	1.26(0.33)***	1.14(0.32)***
F	4.60***	5.61***	25.46***
Adjusted R^2	0.035	0.066	0.344

表7-10 育龄女性婴儿态度对初育年龄的回归分析

变量	Model 1	Model 2	Model 3
年龄	−0.22(0.02)***	0.22(0.02)***	0.22(0.02)***
文化水平	−1.11(0.09)***	−1.09(0.09)***	−1.06(0.09)***
婚姻状况	−3.78(1.02)***	−3.71(1.02)***	−3.63(1.01)***
健康状况	−0.14(0.15)	−0.14(0.15)	−0.13(0.15)
情绪状态	−0.00(0.12)	−0.00(0.12)	−0.04(0.12)
户籍		−0.03(0.24)	0.04(0.24)
家庭收入		0.03(0.09)	0.02(0.09)
家庭规模		−0.08(0.08)	−0.04(0.08)
正面接触			−0.04(0.01)*
负面接触			0.01(0.02)
权衡			0.03(0.03)
养育			−0.00(0.02)
女性的角色信念			−0.02(0.04)
常量	23.14(2.23)***	23.44(2.36)***	23.86(2.52)***
F	52.52***	32.87***	21.86***
Adjusted R^2	0.335	0.337	0.357

三、讨论

(一)育龄女性的生育意愿相关特征

本研究结果显示,645名育龄女性期望生育孩子数量为(1.61±0.69)个,404名女性期望生育2个孩子,占比为62.60%,其中期望生育一男一女的女性为378

名,这说明大部分调查对象还是希望儿女双全,这与以往研究结果相似。在排除未婚未育的情况下,结果显示平均初婚年龄为(25.47±2.86)岁,且主要集中在24—28岁之间;平均初育年龄为(26.83±3.01)岁,多数选择在25—30岁之间生育,这表明我国的初婚初育年龄均呈现推迟现象。中国婚姻报告2021年调查结果显示,我国25—29岁人群接替20—24岁人群已成为新的结婚"主力军",且女性的平均初婚年龄从1990年的22.0岁上升到2016年的25.4岁。在晚婚的同时,晚育现象也日益突出,1990—2015年女性平均初育年龄从24.1岁推迟至26.3岁,1990年主要生育年龄为20—27岁,而到2015年,主要生育年龄推迟至23—30岁,这与本研究的结果基本一致。晚婚晚育、生育率降低等现象日益严重,必将影响中国未来的人口结构走向。

(二)婴儿态度与生育意愿的关系探讨

结果表明,正面接触和负面接触维度对期望子女数量、初育年龄具有显著的预测作用,权衡维度对期望子女数量具有显著的负向预测作用。正面接触和负面接触两个维度代表着女性面对婴儿时的一些视、听、触觉等方面积极或消极的感受,如果女性对婴儿保持积极的态度,则期望的子女数量更多,更早选择生育,若保持消极态度则相反,也就是说女性的生育数量和生育时间会随着女性个体积极或消极的态度而不同。权衡维度对生育意愿的影响说明权衡得分越高,女性期望生育的子女数量越少,也就是说女性在自身家庭经济条件、工作及提升学历等方面与生育冲突时,权衡越多,则越不容易产生生育行为,生育的子女数量越少。正面接触和负面接触两个维度反映了对婴儿的情感因素,而权衡维度反映了对婴儿的理性因素,通过结果分析可以发现,婴儿的情感因素似乎比理性因素对育龄女性生育意愿的影响更有力,因此,在构建为提振育龄人群生育意愿的积极生育配套措施时,不仅仅需要考虑生育方面涉及生育险、产假、生育补贴等福利政策措施,以减少育龄人群对生育环境利弊的权衡和缓解传统女性角色带来的压力,同时,更应该考虑如何创建育龄人群亲近婴儿的社会和家庭环境,聚焦提升育龄人群对婴儿的积极情感。

四、结论

育龄女性的婴儿态度对其生育意愿具有显著影响作用,具体来说,正面接触维度对期望子女数量具有显著的正向预测作用,负面接触和权衡维度对期望子女数量具有显著的负向预测作用,正面接触维度对初育年龄具有显著的负向预测作用。

第三节 大学生婴儿态度对生育意愿的影响机制

在低生育率的时代背景下,许多研究关注生育意愿与生育行为之间的关系,却很少有研究探讨生育意愿是如何出现的。近年,一些研究者将对婴儿的兴趣(interests in infants)看作与婴儿态度相关的特质,这是一种发自内心的表现在情绪和身体上的对拥有婴儿的期待(Rotkirch,2007),是个体在成年早期就形成的一种影响生育行为的情感(Rotkirch,2007;Brase,Brase,2012)。已有研究发现,对婴儿的兴趣可以预测人们的生育意愿(Brase,2016)。

关于婴儿态度如何能够预测生育意愿,主要有两种理论解释。从社会文化观念角度来说,人们产生对婴儿的兴趣起源于社会化过程。社会文化限定了性别角色和其他角色规范,人们对婴儿的兴趣产生于人们对性别角色规范的内化。对传统性别角色认同度高的女性可能会对婴儿有强烈的期待,而对传统性别角色认同度低的女性可能不会怎么对婴儿产生兴趣。社会文化的观点可以解释在生育意愿上普遍存在的个体差异,文化适应的可变性可以用来解释为什么有些人选择完全不要孩子,而另一些人选择要很多孩子(Brase,Brase 2012)。从进化的角度来说,人类对婴儿的兴趣是客观存在的,这一现象反映了复杂的进化适应机制,可能属于一种择偶策略,在择偶过程中,个体表现出对婴儿的偏好会让异性认为其具备成为父母的潜质,从而提升自身对异性的吸引力(Rotkirch,2007)。从这一角度来看,对婴儿的兴趣主要作用可能在于寻找配偶而非促进生育,也就是说,对婴儿的兴趣与生育意愿之间产生关联仅仅是择偶策略的"副产品"。

无论是从社会文化观念角度解释还是从进化策略角度的解释,都具有一定的合理性,但是,我们无法忽视当前社会环境的潜在影响,当前社会的性别平等化已是不可逆转的发展趋势,在教育和就业领域性别平等化的趋势尤为明显,这让女性的人生历程不再以家庭为中心,与此同时,男性也逐渐需要开始承担起家庭的责任(徐安琪,2010),无论是男性还是女性均面临着家庭与工作冲突的问题。在此背景下,对婴儿态度与生育意愿之间的关系模式势必会受到这一社会环境转变所带来的影响。在以往的研究中,单纯考察婴儿态度与生育意愿之间的关系,较少关注社会环境对两者之间关系的影响。本节结合本章前两节中阐述的关于婴儿态度与生育意愿关系的研究,结合当前性别平等化的社会发展趋势,以职业生涯追求作为具体指标,考察社会环境是否影响婴儿态度与生育意愿之间的关系。

一、资料来源与方法

(一)研究对象

以贵州省全日制大学生为研究对象,在贵阳和遵义两地随机选取6所普通本科高等院校,采用随机抽样方法,随机派发问卷,共发放问卷1150份,回收问卷1124份,有效问卷1052份,回收问卷有效率为93.59%。其中,男性大学生378人,女性大学生674人,男性大学生平均年龄为21.29±1.61岁,女大学生平均年龄为20.55±1.41岁。

(二)研究方法

1.婴儿态度问卷。采用程刚等(2015)修订的"对婴儿的兴趣问卷"作为考察婴儿态度的测量工具,问卷的问题是:"如果你去参加一个聚会,在聚会的房间里发现有一个婴儿,之前你从未见过这个婴儿,那么接下来下列哪些行为最有可能发生在你身上?"对于此问题,共有10种行为反应,被试大学生需要根据自己的实际想法对10种行为反应做出符合自身的判断,10种行为反应按照6点计分，1代表"一点也不合适"，6代表"完全合适"，在数据录入时，对婴儿回避的行为反应按照反向计分。最终得分越高代表对婴儿的兴趣越高，最终得分越低代表对婴儿的兴趣越低。本研究中，该问卷的内部一致性系数为0.86。

2.职业生涯追求问卷。选取Amatea等(1986)编制的"生活角色凸显性问卷"中关于职业角色价值和职业角色认同两个维度，共10个题项，作为职业生涯追求的指标，问卷采用5点计分，得分越高代表越同意。本研究中，职业生涯追求问卷的内部一致性系数为0.78。

3.一般人口学变量及生育意愿测量问卷。借鉴以往生育意愿研究中主要的控制变量，研究中人口学变量主要包括性别、年龄、学习成绩、个人健康状况、家庭人口规模、家庭社会经济地位。借鉴以往测量生育意愿的方法，本研究设置了两个题项来测量生育意愿：①"在无生育政策和其他情况限制的情况下，您期望自己未来有几个孩子？"用于测量预期子女数量；②"如果必须要孩子的话，您预计可能会在多少岁要孩子？"用于测量预期生育时间。

(三)统计学方法

筛选出有效问卷并将数据录入SPSS 21.0进行统计分析，主要通过描述性统计、多元线性分层回归及简单斜率检验等统计方法。

二、结果

(一)描述性统计结果

通过表7-11可知，女大学生对婴儿的兴趣和职业生涯追求的得分显著高于男大学生；男大学生的预期子女数量显著高于女大学生，而男大学生的预期生育时间显著晚于女大学生。

表7-11 主要变量的描述性统计

	总体		男性	女性	
	最小值—最大值	M(SD)	M(SD)	M(SD)	t
年龄	13—26	20.81(1.53)	21.29(1.61)	20.55(1.41)	7.76***
学习成绩	1—5	2.65(0.95)	2.75(1.01)	2.59(0.91)	2.72**
健康状况	1—5	1.93(0.75)	1.76(0.72)	2.03(0.75)	-5.85***
家庭规模	1—5	1.82(0.72)	1.74(0.63)	1.86(0.76)	-2.59*
家庭社会经济地位	-1.89—3.23(标准分)	0.00(1.00)	-0.01(1.07)	0.01(1.08)	-0.29
对婴儿的兴趣	1.00—6.00	3.79(1.02)	3.66(0.91)	3.87(1.07)	-3.15**
职业生涯追求	1.60—5.00	3.56(0.54)	3.46(0.54)	3.61(0.53)	-4.39***
预期子女数量	0—9	1.74(0.78)	1.88(0.72)	1.65(0.80)	4.59***
预期生育时间	1—5	2.55(0.66)	2.60(0.65)	2.53(0.66)	1.72

注：*表示$p<0.05$，**表示$p<0.01$，***表示$p<0.001$。

（二）职业生涯追求在大学生对婴儿的兴趣对生育意愿预测作用中的调节效应

依据调节效应的检验方法，首先将对婴儿的兴趣和职业生涯追求得分均分进行中心化，然后采用分层回归分析的方法考察对婴儿的兴趣与职业生涯追求的交互作用对预期生育数量是否具有显著的预测效应。结果发现，对婴儿的兴趣和职业生涯追求对男大学生的预期生育数量均无显著预测效应（$β=-0.06$，$β=0.05$，$ps>0.05$），对婴儿的兴趣与职业生涯追求的交互作用的预测效应也不显著（$β=0.04$，$p>0.05$）；但是，对婴儿的兴趣和职业生涯追求对女大学生的预期生育数量均有显著预测效应（$β=-0.15$，$β=0.09$，$ps<0.01$），同时，对婴儿的兴趣与职业生涯追求交互作用的预测效应也显著（$β=0.07$，$p<0.05$）。这说明，对婴儿的兴趣和职业生涯追求在不同大学生性别群体中发挥的作用不一致，仅对女大学生群体具有显著预测效应（见表7-12）。

表7-12 预期生育数量的回归分析

样本	变量	Model 1	Model 2	Model 3	Model 4
	男性				
	年龄	0.02(0.02)	0.02(0.02)	0.01(0.02)	0.01(0.02)
	学习成绩	−0.07(0.04)	−0.07(0.04)	−0.08(0.04)*	−0.08(0.04)*
	健康状况	−0.12(0.05)*	−0.12(0.05)*	−0.12(0.05)*	−0.11(0.05)*
	家庭规模	−0.03(0.06)	−0.03(0.06)	−0.03(0.06)	−0.03(0.06)
	家庭社会经济地位	−0.07(0.04)*	−0.07(0.04)	−0.07(0.04)	−0.06(0.04)
	对婴儿的兴趣		0.05(0.04)	0.05(0.04)	0.03(0.04)
	职业生涯追求			−0.06(0.04)	−0.06(0.04)
	对婴儿的兴趣×职业生涯追求				0.04(0.03)
	常量	2.01(0.54)***	1.80(0.57)**	2.08(0.64)***	2.09(0.55)***
	F	2.56*	2.41*	2.37*	2.29*
	Adjusted R^2	0.02	0.02	0.03	0.03
	样本量	378	378	378	378
	女性				
	年龄	0.04(0.02)	0.03(0.02)	0.04(0.02)	0.03(0.02)
	学习成绩	−0.07(0.03)	−0.04(0.03)	−0.05(0.03)	−0.06(0.03)
	健康状况	−0.11(0.04)*	−0.11(0.04)**	−0.11(0.04)**	−0.11(0.04)**
	家庭规模	−0.06(0.04)	−0.06(0.04)	−0.06(0.04)	−0.06(0.04)
	家庭社会经济地位	−0.05(0.03)	−0.05(0.03)	−0.05(0.03)	−0.04(0.03)
	对婴儿的兴趣		0.09(0.03)***	0.09(0.03)***	0.09(0.03)***
	职业生涯追求			−0.15(0.06)**	−0.08(0.03)**
	对婴儿的兴趣×职业生涯追求				0.07(0.03)*
	常量	1.38(0.47)**	1.09(0.48)*	1.62(0.52)**	1.46(0.46)***
	F	3.04*	4.18***	4.50***	4.56***
	Adjusted R^2	0.02	0.03	0.04	0.04
	样本量	674	674	674	674

采用同样的方法考察对婴儿的兴趣与职业生涯追求的交互作用对预期生育时间是否具有显著的预测效应。结果发现，就女大学生群体来说，仅职业生涯追求对预期生育时间有显著预测效应（$\beta=0.07$，$p<0.01$），对婴儿的兴趣以及对婴儿的兴趣与职业生涯追求的交互作用的预测效应均不显著（$\beta=-0.01$，$\beta=-0.02$，$ps>0.05$）。但是，就男大学生群体来说，对婴儿的兴趣和职业生涯追求对预期生育时间均有显著预测效应（$\beta=-0.07$，$\beta=0.18$，$ps<0.05$），同时，对婴儿的兴趣与职业生涯追求交互作用的预测效应也显著（$\beta=-0.07$，$p<0.05$）（见表7-13）。

表7-13 预期生育时间的回归分析

样本	变量	Model 1	Model 2	Model 3	Model 4
男性					
	年龄	0.05(0.02)	0.05(0.02)*	0.06(0.02)**	0.06(0.02)
	学习成绩	−0.02(0.03)	−0.02(0.04)	0.01(0.03)	0.01(0.03)
	健康状况	0.00(0.05)	−0.01(0.05)	−0.00(0.05)	−0.01(0.05)
	家庭规模	−0.13(0.06)*	−0.13(0.05)*	−0.12(0.05)*	−0.12(0.05)*
	家庭社会经济地位	0.02(0.03)	0.01(0.03)	0.00(0.03)	−0.00(0.03)
	对婴儿的兴趣		−0.07(0.03)*	−0.07(0.04)*	−0.04(0.03)
	职业生涯追求			0.18(0.03)***	0.18(0.03)***
	对婴儿兴趣×职业生涯追求				−0.07(0.03)*
	常量	1.88(0.49)***	1.91(0.48)***	1.62(0.47)***	1.60(0.47)***
	F	2.47*	2.87*	7.07***	6.95***
	Adjusted R^2	0.02	0.03	0.10	0.11
	样本量	378	378	378	378

续表

样本	变量	Model 1	Model 2	Model 3	Model 4
	女性				
	年龄	0.01(0.02)	0.01(0.02)	0.01(0.02)	0.01(0.02)
	学习成绩	−0.03(0.03)	−0.03(0.03)	−0.02(0.03)	−0.02(0.03)
	健康状况	0.03(0.03)	0.03(0.03)	0.03(0.03)	0.03(0.03)
	家庭规模	−0.01(0.03)	−0.01(0.03)	−0.01(0.03)	−0.01(0.03)
	家庭社会经济地位	0.08(0.03)**	0.08(0.03)**	0.05(0.03)**	0.08(0.03)**
	对婴儿的兴趣		−0.01(0.03)	−0.02(0.03)	−0.02(0.03)
	职业生涯追求			0.07(0.03)**	0.07(0.03)**
	对婴儿兴趣×职业生涯追求				−0.01(0.03)
	常量	2.35(0.39)***	2.34(0.39)***	2.34(0.39)***	2.33(0.39)***
	F	2.40*	2.15*	2.91**	2.55*
	Adjusted R^2	0.01	0.01	0.02	0.02
	样本量	674	674	674	674

为具体分析职业生涯追求在对婴儿的兴趣与生育意愿之间关系的调节效应，本研究采用简单斜率对数据进行了进一步统计分析。按照平均分加减一个标准差对职业生涯追求进行分组，得分高于平均分加一个标准差为高职业生涯追求组，得分低于平均分减一个标准差为低职业生涯追求组。根据回归方程，分析在不同职业生涯追求水平下大学生的婴儿兴趣对预期生育数量和预期生育时间的影响作用。图7-1显示，在职业生涯追求水平较高时，男大学生对婴儿的兴趣对预期生育时间具有显著的影响作用（β=−0.19, t=−2.22, p<0.05），但是，在职业生涯追求水平较低时，男大学生对婴儿的兴趣对预期生育时间却不

具有显著影响力（$\beta=0.04$，$t=0.49$，$p>0.05$）。图7-2显示，在职业生涯追求水平较高时，女大学生对婴儿的兴趣对预期子女数量具有显著的影响作用（$\beta=0.13$，$t=2.02$，$p<0.05$），但是，在职业生涯追求水平较低时，女大学生对婴儿的兴趣对预期子女数量却不具有显著影响力（$\beta=0.05$，$t=0.42$，$p>0.05$）。

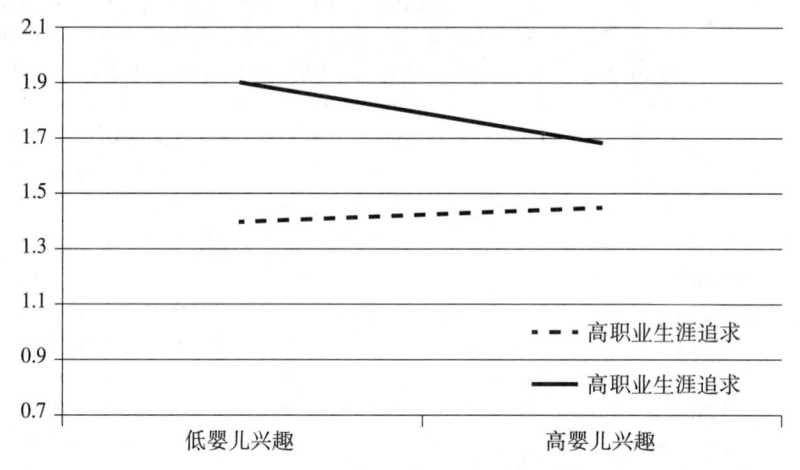

图7-1 男大学生职业生涯追求对预期生育时间的调节效应

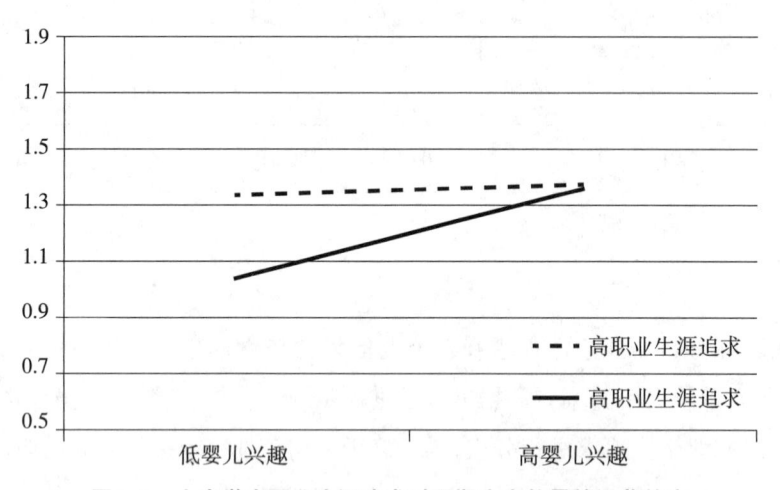

图7-2 女大学生职业生涯追求对预期生育数量的调节效应

三、讨论

(一)女大学生对婴儿的兴趣显著高于男大学生

研究结果显示,女大学生对婴儿的兴趣显著高于男大学生,这与Rotkirch等(2011)和Brase(2016)的研究结果相一致,从进化的角度看,生物学上的性别差异决定了两性在亲代投资上的差异,对于男性而言,一次性行为只需要极少的付出和投资,但女性却可能为此付出十月怀胎和漫长子女抚育期的代价(Buss,2011)。两性在亲代投资上的差异也一定程度上决定了传统家庭"男主外,女主内"的性别角色分工。当前"男主外,女主内"的思想仍然代表了社会的主流社会观点(徐安琪,2010;吴小勇,2018),相对于男性,女性的社会角色承担了更多地照顾家庭和抚育后代的任务,由此导致女性对婴儿的兴趣高于男性。

(二)职业生涯追求在大学生对婴儿的兴趣对生育意愿预测作用中的调节效应

本研究发现,对男大学生来说,在高职业生涯追求的情况下,对婴儿的兴趣越高,预期生育时间越近,但是在低职业生涯追求的情况下,对婴儿的兴趣与预期生育时间无显著关联,这表明,职业生涯追求改变了对婴儿的兴趣与预期生育时间之间的关联程度,低职业生涯追求降低了对婴儿的兴趣与预期生育时间之间的关联水平。对于女大学生来说,在高职业生涯追求的情况下,对婴儿的兴趣越高,预期子女数量越高,但是在低职业生涯追求的情况下,对婴儿的兴趣与预期子女数量之间无显著关联,这表明,职业生涯追求改变了对婴儿的兴趣与预期子女数量之间关联程度,低职业生涯追求降低了对婴儿的兴趣与预期子女数量之间的关联水平。

总体来说,职业生涯追求对大学生对婴儿的兴趣与生育意愿之间关系具有调节作用,低职业生涯追求降低了大学生对婴儿的兴趣与生育意愿之间的关联程度,只有在高职业生涯追求的情况下,大学生对婴儿的兴趣才能显著预测生育意愿。从角色认同的观点来看,个体在社会中扮演不同的角色,个体会把不同的角色内化为各种自身具备的身份,个人扮演多少角色就会形成多少相对应的身份，所有身份的整合就构成了个人整个的自我(吴小勇，2011)。当前社会鼓励个体层面的性别角色平等(如就业、教育方面)，与此同时，社会对家庭层面的支持和定位却延续着"男主外，女主内"的性别角色分工(McDonald, 2000)，由此工作角色和家庭角色之间产生矛盾与冲突，进而导致生育率降低的现象，本研究的发现与此相一致，对婴儿的兴趣水平低，同时对职业生涯的追求高，进而导致生育意愿的下降。

  本研究结果表明，对婴儿的兴趣并不能独立预测生育意愿，两者之间的关联程度取决于对婴儿的兴趣与职业生涯追求之间的交互作用，也可以说，两者之间的关联程度取决于家庭角色与工作角色之间的交互影响。在性别角色平等化的社会发展趋势下，探索如何调和家庭相关角色与工作相关角色之间的矛盾与冲突将是提升人们生育意愿、构建生育友好型社会的必要途径。

第八章 育龄人群生育决策机制的理论探索

目前,一些国内研究者寻求相关社会学或人口学理论来解释当前的低生育率现象,其中影响力较大的理论包括制度冲突理论和性别公平理论,两个理论均关注工作—家庭冲突所带来的生育抑制效应(McDonald, 2000; Cooke, 2004; Lappegård et al., 2015;计迎春,郑真真,2018),然而,这些理论主要基于社会整体层面来解释低生育率现象,我国少有研究者关注基于个体层面的不生或少生的现象。作为具体生育主体的个人,不仅具有社会属性,也具有自然属性,不仅富有理性,也充满着非理性。弄清楚具体个人的生育意愿和生育行为,首先需要回答的问题就是个体的生育决策(decision-making)机制问题,厘清生育的决策机制有利于我们更加全面完整地认识当前的低生育率现象。

第一节 基于计划行为理论的生育决策阐释

计划行为理论(theory of planned behavior, TPB)在生育决策的研究领域中有一定影响力。本节回顾了TPB的基本结构、原理以及应用于生育决策的假设。这一理论将态度、主观规范和控制感视为生育决定的先行因素;这些先行因素会形成相应的期望值;背景因素同样也会产生相应作用,如制度政策、社会价值观和个人特征。TPB可以有效地用于加深我们对生育决策的理解。通过检验有关生育的行为、规范和控制信念，我们可以确定影响生育决策的重要因素，从中获得启发可以指导实际工作中旨在鼓励夫妇生育更多子女的政策或干预措施。

一、计划行为理论概述

TPB理论主要试图回答的问题是，如何有助于我们理解和建模形成想要（或不想要）孩子的意愿所涉及的社会心理过程。根据TPB的说法，生孩子或不生孩子的意愿是由三种考虑因素决定的（Ajzen & Klobas, 2013）。第一种被称为行为信念，它指的是生孩子的积极或消极后果，以及对这些后果的主观价值或评价。总体而言，行为信念导致了对生孩子的积极或消极态度的形成。第二种考虑重要他人或群体的预期和行为，并与重要他人或群体遵守推荐对象的动机有关。这些因素被称为规范性信念，它们结合在一起会产生一种感知到的社会压力或与生孩子有关的主观规范。第三种是对控制感的信念与可能影响一个人生育能力的因素有关。控制信念加上这些因素会产生促进或干扰生孩子的感知，在生孩子方面产生了一定程度的感知控制（或自我效能感）。

具体从这三个生育意愿预测因素的性质来看，一般来说，人们对生孩子的态度和主观规范越积极，感知到的内在动力越强，就越有可能形成生孩子的意愿。预期生育意愿会影响人们实际上有能力实现其目标的程度，即达到人们实际控制生育的程度。因此，实际的行为控制预期会缓和意愿对行为的影响。然而，在TPB的许多应用中，很难确定影响实际控制对特定行为的所有因素。因此，研究者通常在假定感知控制能合理地反映实际控制的前提下，将感知到的控制力用作实际控制指标的代替。TPB应用于生育力的示意图，如图8-1所示。

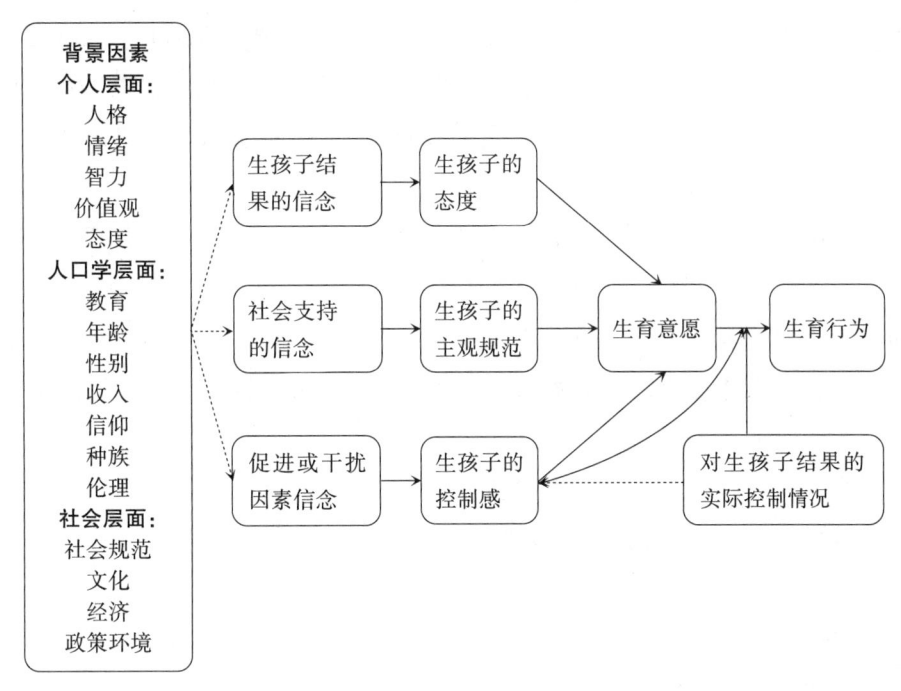

图8-1 计划行为理论的生育决策模型

(来源：Ajzen, I., & Klobas, J. (2013). Fertility intentions: An approach based on the theory of planned behaviour. *Demographic Research*, 29, 203–232.)

二、计划行为理论解释生育现象的困境

(一)生育计划行为的模糊性

TPB在生育领域应用的一个困难是确定一个适当的行为标准。尽管生育通常被描述为生育行为,但与其说是一种行为,不如说是导致怀孕的一种或多种先前行为的结果。这些行为中的任何一种都可以用TPB来研究,事实上TPB早就被用来模拟各种性行为,比如避孕套的使用。然而,生育行为一词通常指的是结果或行为目标,而不是可能导致目标实现的行为本身。

人们对行为表现的控制力通常大于对达到行为预期目标的控制力。这源于这样一个事实:为了达到一个目标,个人不仅必须控制所需的一系列行为表现,而且这些行为还必须有效地实现所需的目标。实际控制的程度受个人因素和背景因素的影响。例如,健康和伴侣关系状况可以定义实际控制权,如果情况有利,将使人们能够按照他们想要孩子的意图行事,或者如果情况不利,尽管他们有这样的意图,他们也很难怀上孩子。

实际控制力的问题与应用TPB预测行为目标的意图没有多大关系。从态度、主观规范和对目标的控制力感知来看,实现生育意愿应该是可预测的。例如,TPB被用来预测减肥的意图和提高课程成绩。类似地,在生育领域的研究表明,生孩子的意愿可以从态度、主观规范和对生孩子的感知控制来预测(Dommermuth、Klobas、Lappegård,2011)。

虽然态度、主观规范和感知控制可以用来预测生育意愿,但重要的是要定义准确的行为目标,并对其进行评估。例如,在接下来的三年里有一个或另一个孩子,在我30岁之前要第一个孩子。在实际生活中,育龄人群的生育意愿很难有如此清晰的生育结果导向,这从一定程度上限制了计划行为理论对生育意愿或生育行为的解释力。

(二)生育信念影响因素的复杂性

行为信念构成了态度形成的基础。每个行为信念都把生孩子和一个特定的结果联系在一起,每个结果都有一定的主观价值。信念的力量和结果评估结合起来,会产生对行为的总体的积极或消极态度。更准确地说,对每个结果的主观价值或评价,都与个人的主观概率成正比,即生孩子会产生相关的结果。

弄清楚影响人们对生孩子态度的因素,取决于能否获得关于行为信念的准确信息,而这些信息对做出这个决定非常重要。Langdridge、Sheeran和Connolly(2005)提出的关于生孩子的信念是基于先前研究中获得的信息,它们可以用来说明这一领域中行为信念的性质。在对英国874位没有孩子的已婚的白人夫妇的调查中,调查人员找出了35个生孩子或者不生孩子的理由,发现6个生孩子的原因和5个不生孩子的原因在想要生孩子的被调查者和不生孩子的被调查者之间存在明显的差别。生孩子的理由:会让人满足,会让我的伴侣高兴,会让我们成为一个家庭,会成为夫妻两人的一部分,会给孩子一个美好的家,这是一种生物动力。反对生孩子的理由:生活中还有更重要的事情,会限制我做自己喜欢做的事情的自由,我的伴侣不想要孩子,会干扰我的事业,担心人口过剩。

这些原因中的每一个都可能代表一种行为信念,研究结果显示,关于没有孩子的信念并不是与关于有孩子的信念一一对应的。一般来说,关于替代目标的信念提供了不同类型的信息,每种信念都可能独立地影响生孩子的态度,并最终影响到生孩子的意愿。这一假设的间接证据来自另一个领域的研究,即对汽车使用与替代交通(Gardner, Abraham, 2010)的态度、主观规范和对使用汽车的控制感与使用汽车的意愿产生了0.53水平的多重相关性。在不使用汽车的情况下,增加了平行测量,使相关性增加到0.66,解释方差显著增加了16%。因此,生育信念形成的复杂性决定了导致研究者难以厘清其影响因素进而明晰生育信念对生育意愿的影响力。

(三)理性逻辑难以整合非理性因素

从以往研究者对计划行为理论的阐释来看,计划行为理论经常认为是理性行为的模型,即人们仔细地计划自己的行为。TPB确实专注于人类判断和决策的受控方面。根据该理论,行为、规范和控制信念形式的主观信息为态度、主观规范和控制感提供了基础。这些变量导致意图的形成,最终导致行为。在这种意义上,并且只有在这种意义上,决定生或不生孩子的内在一致性被认为是合理的。对理性行为的关注可能导致TPB被误解为假定一个理性的参与者以客观、公正的方式审查所有可用的信息,并仔细计划每一个行为。

有研究者提出,人类的行为通常是非理性的或自发的,主要基于判断的启发和直觉。出于类似的原因,也有研究者认为TPB不是一个合适的生育模型(Morgan, Bachrach, 2011),因为在实际生活中,许多怀孕都是计划外的,这是生育行为既非有意也非计划的有力证据。事实上,计划行为理论试图将非理性因素的影响融入理性行为模型之中,但是TPB本身对非理性因素阐释的模糊性导致其兼容性较差,这正是导致不少研究者产生误解的原因。

三、计划行为理论解释生育意愿的间接证据支持

对TPB的证据支持来自模型在许多不同行为领域的测试。研究结果的元分析证实,行为、规范和控制信念与态度、主观规范和控制感知的直接测量结果如预期一样相关,这些变量解释了意愿的差异(Fishbein, Ajzen, 2010)。通过不同的元分析,意愿预测的平均相关性水平在0.59到0.66之间。此外,人们普遍认为意愿是行为的良好预测因素(Sheeran, 2002)。在各种行为领域研究的元分析综合中,平均意愿与行为相关性水平在0.44到0.62不等。此外,在确认意愿的因果关系后,相关研究也发现实验诱导的意愿变化会伴随相应的行为变化。在对47项此类研究的元分析中,Webb和Sheeran(2006)报告表明,平均而言,干预措施导致意向变化的平均影响大小为0.66,随后是行为变化,平均影响大小为0.36。同样值得关注的是,在最近对基于互联网的干预进行的元分析中,基于理论的干预被发现优于不基于任何理论框架的干预,与此同时,在所有基于理论的干预中,那些依赖于计划行为理论的干预影响最大。

第二节 生育意愿的社会认知决策模型

为有效解决理性与非理性在决策层面存在的逻辑困境,Bachrach和Morgan(2013)在认知科学和社会科学理论的视角下,探索了生育意愿的相关心理机制。首先,他们利用最近的大脑和认知研究,将生育意愿按照更广泛的有意识和无意识的有助于心理功能的机制中来进行理解。然后,他们将其与社会理论相结合进行研究。他们认为,人们的生育意愿不会无故产生,它们只有在特定情况下才会形成。意愿的形成是根据当前的情况以及过往的经验所习得的、受情感影响的、由自我表现所组织的关于生育和为人父母的认知模式。基于这一思路,本节回顾了关于生育意愿在预测生育方面价值的明显不一致的相关研究结果。尝试通过分析,扩展并深化现有的解释,即生育意愿在个人层面上的预测效度较低,结合Bachrach和Morgan的观点,提供了一个对生育行为的社会认知角度解释,用以阐释生育意愿的预测作用如何形成。

一、认知科学和社会理论的阐释

心理学文献中对意愿的定义是：意愿是一种复杂的心理状态，在这种状态下，人们渴望某种结果，相信采取特定行动将导致这种结果，并对执行该行动做出某种程度的承诺。Fishbein和Ajzen(2010)开发了一个意愿模型——理性行为理论(Theory of Reasoned Action, TRA)，这个理论一度成为心理学和人口学研究追捧的热点。在这个模型中，"意愿"是有意识地发展起来的，并借鉴了其他的心理结构，如态度、欲望和信仰。Fishbein和Ajzen承认意愿是受社会影响的，意愿不仅是个人态度和信仰的功能，而且也是他人主观感知的态度和信仰的功能。TRA将所有行为视为某种意义上的意愿，并将意愿视为其他心理构造和行为之间的必要中介。意愿最接近行为背景并指向特定行动时，它最能预测行为。

（一）认知科学的启示

TRA已被广泛应用于生育研究模型(Morgan, Sobotka, Testa, 2011)，许多领域的研究证明这个模型是有效的(Ishbein, Ajzen, 2010)。然而，有研究者发现(Morgan, Bachrach, 2011)，认知科学的最新研究挑战了它的关键假设：有意识的行动意愿形成先于所有的行为(Fishbein, Ajzen, 2010)。有研究发现，在意图被反复激活以产生行为之后，它们可以在意识之外被激活，因此，一些习惯性的行为并不是在意识层面上的意愿形成之后发生的。在这里，从当代认知科学和神经科学中获得的启发，并将它们融入大脑中认知过程的简化模型。

1.认知依赖于大脑的两种过程

这些过程可以被称为分析过程和自动过程。分析过程包括我们最熟悉的大脑功能——推理、决策、模拟未来的行动过程和控制冲动。这些基本上是有意识的，与我们所认为的理性思维和自由意志相对应。大脑中的自动化过程发生在意识之外。它们具有广泛的功能，感知传入的刺激，直接关注重要的事物，解释环境线索，学习新信息并将其存储在记忆中，检索信息，产生适当的行动，甚至追求目标(Bargh, Morsella, 2008; Gazzaniga, 2011)。即使是复杂的文化衍生的行为,比如开车,一旦学会了,也可以很大程度上委托给自动过程(Evans, 2008)。无意识大脑机制完成了大脑的大部分工作,并为有意识的决策提供了原动力,但分析思维可以覆盖和重新引导自动过程。因此,这两个大脑系统是深深地交织在一起并相互依赖的;如果不参考两者,就几乎无法理解大脑的任何动作(包括意愿的形成)(Lieberman, 2007)。

2.大脑自动创建心理表征

自动化认知的主要功能之一是发展身体及其与环境相互作用的心理表征。这是在持续的基础上完成的,主要是通过自动过程来表示大脑中的感觉输入,将其整合生成完整的图像,并将图像与含义相关联。这些过程产生了神经结构之间的连接模式以存储有关自我以及与生活相关世界的各个方面的知识。有学者使用"模式"一词来指代构成这一知识体系的意义要素(Johnson-Hanks, et al., 2011)。在认知科学中,模式被定义为一个对象或事件意义的相对稳定和抽象的表征。模式可以表示概念或适合特定背景的行为。模式在神经网络中以互连性模式链接,反映了我们经验中的相互依赖性,比如,传统上,照顾小孩的认知模式与"母亲"的联系比与"父亲"的联系更为密切。

一旦在神经网络中建立起来,来自环境或我们自己的分析线索可以触发模式的激活。在一种极端情况下,成功地重复一个模式可以使其得到加强,并看起来无意识形态和无争议性。这种无争议的模式,甚至可以说是霸权的模式,被视为正常和透明的存在或行为模式(Johnson-Hanks, et al., 2011)。

3.图式——一种非理性认知模式

模式不只是表示客观事实或定义。具身认知的研究表明,模式是建立在学习和再现大脑所记录的感觉、躯体和情感状态的表征上的。因此,"婴儿"的模式可能会涉及一个新出生生物的抽象概念以及婴儿一词的声音和图像,但它肯定会涉及圆脸和小脚趾的视觉图像、柔软皮肤的感觉,也许还会涉及婴儿特有的气味。它也会激发我们在遇到婴儿时的感觉,高兴还是因害怕而丢下婴儿?在我们与婴儿的接触中经历的这些感觉和感情,有助于定位与大脑中代表自我的神经网络相关的模式。如果一个人对婴儿的描述是积极的、温暖的、令人爱抚的,那么他更有可能把自己想象成未来的母亲。自我可以被认为是一组模式(自我表征),表示了我们与世界的关系。这些神经结构被深深地体现出来,与连续性、个体性和我们自身经验和行为等基本躯体感觉相联系并以之为基础。

与自我意识紧密相关的图像反过来又具有动力（Hitlin，2003）。

来自认知神经科学的研究已经证实，人类社会认知存在两类认知加工系统。Lieberman等（2007）认为在社会认知加工过程中，存在两类加工系统，一类是需要认知努力的而且是有意识的加工系统（C系统），另一类是自动化的加工系统（X系统）。两类加工系统在大脑中的认知神经回路存在差异，前者可以理解为"深思熟虑"的、需要消耗认知资源的加工，后者可以理解为无须意识参与、无须消耗认知资源就可以产生相应结果的加工。图8-2总结了自动化认知的主要特点。大脑中的自动过程可以代表个人对环境的体验。这些表示形成了一个模式网络，每个模式都捕捉到一个共同的对象、行为或概念的语义含义，与之相关的感觉或影响，以及它对自我的显著性。通过这个映射过程，大脑准备好自己来解释即将传入的环境线索的意义、情感价值和个人意义。分析过程是对自动过程的补充和互动。分析过程从自动认知提供的关于意义、情感和自我关联的信息中提取信息，但也可以重塑认知映射。例如，第一次怀孕的母亲可能对分娩有真正和合理的恐惧。但当恐惧出现时，她会用她从分娩班上学到的关于分娩的新知识来代替。在反复替换之后，最初的恐惧反应在不知不觉中被反映正常生育及其安全性的模式所取代。

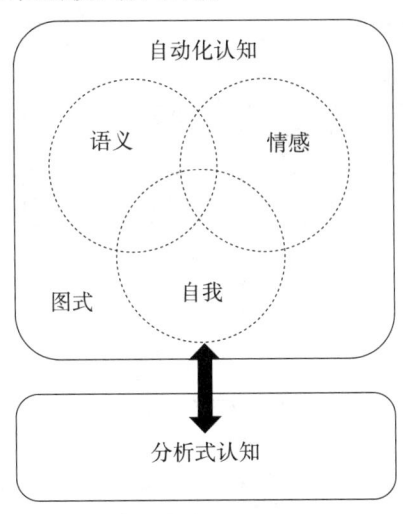

图8-2 人脑认知的双加工模型

（来源：Bachrach, C. A., Morgan, S. P. A. cognitive-social model of fertility intentions. *Population and Development Review*, 2013, *39*(3): 459-485）

(二)社会理论与认知双加工模型的关联

认知功能不是凭空运作的。虽然一些基本模式是天生的(Gazzaniga, 2011),但多数模式是通过与环境的交互而习得的。因为人首先是社会性动物,所以环境主要是社会和社会结构。社会结构是持久的组织形式、行为模式或社会关系系统(Johnson-Hanks, et al., 2011)。社会结构具有双重性质,如图8-3中左边的方框所示,社会结构一方面来自可观察的物质结构(例如,物体、言语、可观察的行为等),另一方面来自从物质形式实例化的示意意义体现出来的图式结构(例如,价值观、信念、规范、脚本、分类方式等)。图式结构和物质结构在社会生活的建构和重构中是相互依存的,但二者都不是完全相互依存的,都可以相互独立地变化。

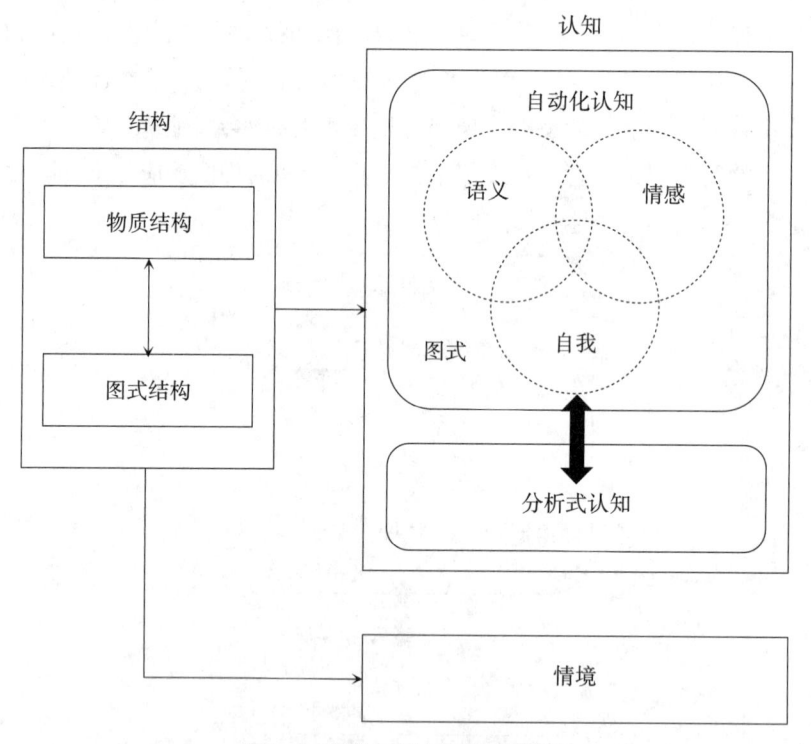

图8-3 结构对认知的影响模型

(来源:Bachrach, C. A., Morgan, S. P. A. cognitive-social model of fertility intentions. *Population and Development Review*, 2013, 39(3): 459-485)

社会结构以两种重要方式影响认知和行为。第一，随着时间的推移，神经网络是由重复的、类似模式的经验构成的。这种经验的规律性是由结构产生的，通过与人、事物和事件的互动，为塑造社会生活的结构提供了物质证据，在我们的神经网络中形成了表示与特定结构相关联的思想、脚本和价值观的模式。第二，当特定的结构与环境相关时，这种相关对行动和决策非常重要（Johnson-Hanks, et al., 2011）。结构组织了情境的物质特征：在特定情境中塑造行动的机会和约束模式。它们还影响个人对特定情况的理解。通过构建特定情境的物质环境，结构会影响唤起参与者大脑中特定模式的线索。因此，结构塑造了"决策环境"，个体将意义附加到某个情境中的参考框架或模式中（正在发生什么？），确定潜在的行动方案（我能做什么？），并在其中进行选择（我将做什么？）。

人们对社会结构的体验可能有很大的不同。个体对结构的体验取决于他或她在社会中的位置，遇到不同的结构会在心理地图和他们所经历的情景线索中产生跨个体的差异。具体地说，个人在社会结构中所处的位置是有社会意义的，如年龄、性别、收入和教育。在这个多维的社会空间中，许多结构的分布是不同的，在受过大学教育的人中，双亲完整的家庭更为普遍，社会福利主要面向贫困人口。因此，接触和识别特定结构及其成分和模式组成部分取决于一个人在社会空间中的位置以及在地理空间中的位置（Johnson-Hanks, et al., 2011）。

二、意愿的社会认知模型

基于认知科学和社会理论的这些观点，Bachrach和Morgan（2013）提出了意愿的形成模型（见图8-4）。他们认为，第一，意愿意味着对结果的渴望和对某一行动将带来结果的信念，意愿的形成不仅需要有意识的思考，还需要一定程度的行动承诺（Fishbein & Ajzen, 2010）。当大脑有意识地将结果的模式和实现结果的模式与自我联系起来而激发行动时，就会形成一种意愿（LeDoux, 2002）。第二，与结果相关的行动不需要依赖于个体形成先发意愿，认知科学已经表明，当我们普遍意识到自己的行为时，行动可能不仅先于有意识的思考，而且先于意识（Gazzaniga, 2011）。第三，如果一个意愿形成，它不仅可能影响针对其目标的具体结果的行动,而且还可能影响与意愿直接或间接相关模式的组织和情感内容。由于神经网络将模式连接在一起,与特定行为或结果相关的模式变化可能会产生连锁反应,从而调整相关模式。第四,意图由结构构成。这一命题基于这样一个事实,即我们学习和使用的最可靠的模式是那些我们从社会生活中反复观察而学到的模式(即模式在世界上的物质表现),这正是结构的本质。因为我们反复接触这些模式,并且对它们的学习非常透彻,所以它们成为意愿形成的理所当然的基线假设。这并不意味着意愿总是反映主导的结构模式,但它确实意味着意愿是相对于一个结构化的世界形成的。第五,只有当情况需要或激励时,我们才会形成意愿。意愿的形成需要深思熟虑的过程,而这一过程对大脑来说代价高昂。它们只有在必要时才会参与,通常是在自动过程不能产生连贯的故事逻辑或行动方向时。比如,意外怀孕通常会引发生育意愿形成。

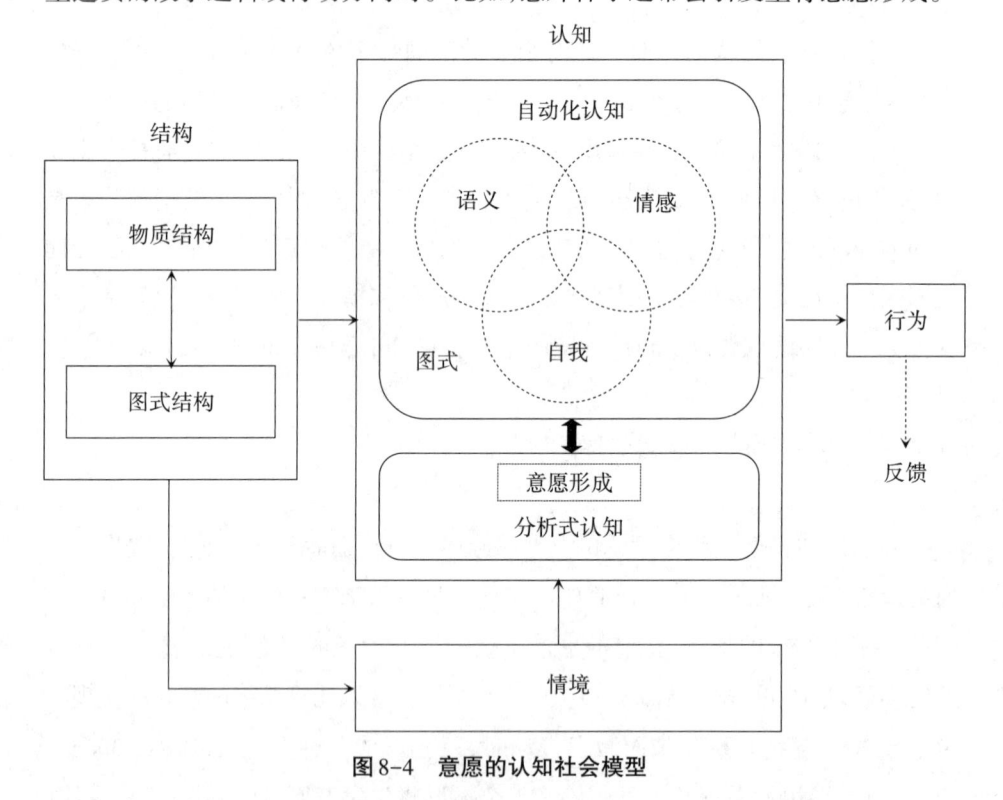

图 8-4 意愿的认知社会模型

(来源:Bachrach, C. A., Morgan, S. P. A. cognitive-social model of fertility intentions. *Population and Development Review*, 2013, 39(3): 459-485)

意愿的认知社会模型在很多方面与TRA模型高度兼容。这两种模型都考虑了社会结构和经验对认知过程和行为的影响。TRA的信念、态度和规范可以被概念化为模式,二者之间的主要冲突在于有意识的意愿形成是否必须先于行为,TRA假设它必须先于行为,而认知社会模型假设行为可以在没有相关意愿的情况下发生。TRA中,意愿和行为之间的因果关系可以被反映个人"控制"的变量所改变,即他们使行为符合意愿的能力。由于认知社会模型是建立在认知科学的基础上的大脑是如何产生行为的,所以这些修饰性的是不必要的。

三、育龄人群的生育决策机制的整合理论构想

结合前文中关于计划行为理论、理性行为理论以及Bachrach和Morgan提出的社会认知模型的相关论述,同时,基于本书中关于人格特征、角色认同、主观幸福感、婴儿态度、社会信任等心理因素对生育意愿及生育行为的影响研究结果,笔者构建了育龄人群的生育决策机制理论构想(见图8-5)。首先,背景因素是形成个体理性与非理性心理特征的基础,生育相关的背景因素包括个体自身的特征与社会环境的相关特征,这些特征共同作用于个体,进而塑造出具有独特性的心理特点。其次,借鉴Bachrach和Morgan提出的社会认知模型,生育意愿是个体理性因素和非理性因素共同作用的结果,理性因素主要包括子女价值、工作压力、心理支持等因素,这些因素往往在生育决策中依赖于有意识加工;非理性因素主要包括人格特征、依恋方式、角色认同、婴儿期待等因素,这些因素往往在生育决策中依赖于自动化加工。最后,生育意愿与生育行为之间关系的紧密程度取决于背景因素对两者间关系的支撑情况,在现实生活中,如果出现特定背景因素明显不利于个体将生育意愿转化为生育行为时,那么生育意愿与生育行为之间的关联程度将会减弱。

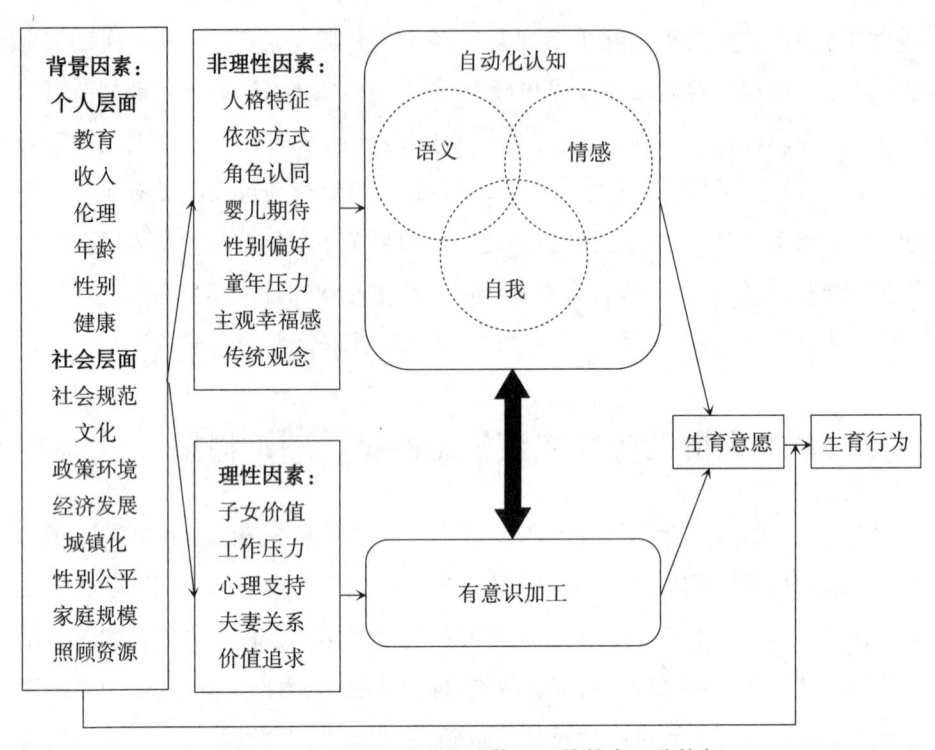

图 8-5　育龄人群的生育决策机制的整合理论构想

第九章　进化心理：阐释生育意愿的一种整合视角

几十年来,对人类生育率的研究清楚地揭示了生育率的变化特征,包括过去两个世纪内世界大部分地区生育率都在持续下降。为什么不同人群之间和同一人群内部的生育率都不尽相同?这一点还没有得到很好的解释。生育是一个复杂的现象,但是总体来说,一部分由生理决定,另一部分由行为决定,因此,一直以来,研究者们都在用跨学科的方法来理解它,然而,不同的学科阐释均存在自身的盲点,自始至终,研究者们都难以找到一个能将各个学科的研究进行整合的理论。从20世纪80年代以来,进化人口学家开始关注人类的生育能力,第一阶段的进化人口学研究取得了重大的理论和实证进展,主要从进化适宜度最大化的角度来研究生育率的变化。研究重点是高生育率人群和小规模生存社会中发生的生育行为规律,同时也提出了一些假设观点,解释了为什么在人口转型期间,随着生育率的下降,进化适宜度最大化似乎会不起作用。第二阶段的关于生育的进化人口学研究目前正在开展,更多关注的是促进生育的文化和心理机制,同时还涉及生育率变化的复杂、多因果特性,以及在复杂的现代社会及转型社会中对生育率变化的理解。在本章,我们认为从进化视角来看待生育问题,是整合多学科关于生育研究成果的有效途径,可以从一定程度上解决各学科间研究结果相互之间兼容的问题,甚至可以从一定程度上解决不同学科研究结果之间相互矛盾的问题,最主要的价值还在于,从进化角度认识生育问题可以最大限度地弥补单个学科开展生育研究过程中出现的盲点。

第一节　进化人口学发展概述

人类历史上记录的最高生育率是北美 Ana-Baptist 教派的赫特人,在 20 世纪初,已婚妇女平均每人生育 11 个孩子。这与最近在一些亚洲人口中每名妇女仅生育一个孩子的生育率形成鲜明对比:我国台湾目前的生育率最低,每名妇女生育 1.1 个孩子。与生育率的个体水平变化相比,这些人口水平的平均值虽然不同,但与赫特人生育率仍然相去甚远。一些西欧国家,四分之一的妇女仍然没有孩子,这一现象至少可以追溯到几个世纪前。然而,1998 年的吉尼斯世界纪录声称,一位 18 世纪的俄罗斯妇女生下了 69 个孩子,并且,有历史记载,有权势的男人生下了近 1000 个孩子。生育的时间也大不相同。纵观人类历史的大部分时期,女性的平均初生年龄可能在十几岁,而且目前在一些社会中仍然如此。但是,目前欧洲的妇女平均初育年龄是 29 岁,这意味着欧洲女性在生第一个孩子之前,其一半的潜在生育寿命已过去。

现代人类从前工业化社会发展到工业化社会的生育率变化大概可以划分为四个阶段。在第一阶段,由于高出生率和高死亡率,总人口低而稳定。在第二阶段,随着医疗和卫生条件的改善,死亡率下降,总人口增加,出生率仍然很高。在第三阶段,总人口仍在迅速增长,但生育率下降,缩小了出生率和死亡率之间的差距。在第四阶段,人口增长稳定,出生率和死亡率均较低。

我们如何解释这种变化?无论是生理上还是行为上来说,生育行为显然是一个非常复杂的特征。女人最终拥有的孩子总数取决于一些关键的"决策":是否生孩子;如果生的话,什么时候生第一个孩子,什么时候生下第二个孩子;什么时候不生孩子。这样的决策可能是由女性的生理决定的,因为成功的生育需要足够的能量储备,伴侣也是如此。因此,直接的生育决策也与更多远端决策交织在一起,这些决策包括是否以及何时结成伴侣;与谁结伴;是否解除伴侣关系以及在解除后是否以及何时重新寻找伴侣。因此,生育决策将受到该伴侣的生理状况和行为策略的影响。更为复杂的是,在我们的社会物种中,生育率受到其他个体的影响,包括我们的家人和朋友、围绕生育的各类社会规范以及家庭、工作生活多方面的因素,从本质上讲是为社会背景下的个人提供一套可行的策略,会有这么多的"变动部分",生育理论的多样性就不足为奇了。

与其他物种不同,人类的生殖决策存在一个优势,那就是可以询问我们的受试者为什么要做这种决策。然而,这一优势往往也提供了一个错误的开端:个体的行为方式可能会增加或减少生育率,而无须有意识地制定策略。关于生育决策在多大程度上是有意识地决定的,证据不一。在整个记录的历史中,避孕和堕胎的存在就是控制生育率的明确证据。在冈比亚的布莱索人种学研究中也表明,小规模社会中的夫妻为了避免生育间隔太近,会对生育时间采取非常积极的有意识的策略。另一方面,Fisher的质性研究重建了20世纪初英国夫妇对生育限制的态度,这显然缺乏这种综合考虑(Fisher, 2000)。此外,在低生育率国家中,有很好机会避孕和堕胎的妇女在控制生育率方面似乎出奇地不准确,这些人中计划外怀孕的比例很高,比如,欧洲和美国所有怀孕的一半都来自于意外。但是,除了这种计划外生育之外,低生育率人群中的妇女往往会对更多的孩子表示出偏好,而这一现象通常被称为"对孩子的需求得不到满足",这表明她们的生育意愿未能实现。因此,有意识的策略可能在生殖决策过程中发挥有限的作用,即使在它存在的地方,也需要注意它的解释,因为实际上意识可能是个人已经做过的事后标准化。

人口社会学几十年来一直致力于研究生育率为什么会出现变化的问题,最初关注的是人口水平的趋势。生育转变理论可以追溯到20世纪20年代。最近,人口统计学家试图通过理解个体行为来解释人口水平现象。现在大量关于生育率的研究,记录、描述和部分解释了为什么不同人群之间和个人之间的生育率差异如此之大。然而,对于生育率为何会发生变化,还没有达成全面的、综合的理解。因此,生育率仍然难以预测。自第二次世界大战以来,高收入人群的生育率出现了一些意想不到的波动:从战后几十年生育率的持续飙升或"婴儿潮",到整个20世纪70年代生育率急剧下降到低于更替水平,再到最近一些高收入人群的生育率有所上升(Myrskyla, Kohler, Billari, 2009)。低收入和中等收入人群的生育率变化同样不可预测:亚洲和拉丁美洲一些地区的生育率下降速度比预期的要快,撒哈拉以南非洲一些人口的生育率下降出现了出乎意料的停滞。

正如人口统计学研究中所提及的那样,需要一种跨学科的方法来帮助我们理解生育率变化中所有的复杂性。人口统计学与理论有着不同寻常的关系,因为它是由研究中的现象定义的,而不是人口学家使用的任何特定解释框架。例如,最著名的人口学理论"人口转变理论"根本不是一个因果关系理论,而是一个描述生育率和死亡率变化的理论,这些变化通常伴随着经济发展。至少在二战后,这种理论上的不可知论实际上在许多方面都是有益的,因为它解放了学科,利用多种不同的学科和理论框架来帮助解释人口现象,通常会涉及其他社会科学,特别是社会学和经济学;二战前的人口统计学多与生物学密切相关(Sear, 2015)。这种跨学科性引发了有益而多样的研究,探索了生育率为什么不同,而且有助于产生可相互对照或相互检验的替代假设。例如,欧洲生育计划旨在检验人口转变的经济模型与社会模型之间的关系。

如今,自然科学和社会科学领域的研究人员承认,在自然现象和社会现象相互联系的基础上,进化人口学正在逐渐发展壮大,因此,将这些方法结合起来对全面解释人口统计学模式至关重要。

一、第一阶段的进化人口学

进化人口学是用进化生物学理论来解释人口学现象的理论。在生育的背景下,生命史理论和亲代投资理论是最常用的进化理论(Sear, 2015)。在某些方面,进化人口学被认为是一门介于自然科学和社会科学之间的混合学科。它有时采用进化生物学等自然科学的"自上而下"的方法,通过检验进化理论产生的特定假设。但是,与进化生物学不同的是,进化人口学还经常采用人口学等社会科学的"自下而上"或"目标科学"的方法来解释特定的现象。迄今为止,进化人口学可能因其在死亡率方面的研究而更为人所知。这表明,进化人口学是一门对所有物种都感兴趣的学科,并且就物种之间死亡率和生育率如何变化方面进行了一系列的研究。在本节中,我们只关注人类生育能力的种内差异。

(一)研究起源

最早的进化人口学研究之一，Blurton和Jones的"反负荷模型"(1986)，验证了生育间隔的长度。在一个妇女必须带着小孩长距离觅食的社会里，觅食者要求妇女在生育和觅食的精力需求之间达到最佳平衡。这个反负荷模型的基本假设是生育间隔的最终目的是最大限度地延长儿童的生存期，从而提高进化适宜度（后代的遗传表现）。这一终极解释曾将进化模型与社会科学模型区分开来，后者通常侧重于"近因解释"，即导致行为的机制。在整个过程中，本节使用的是进化意义上的"近因"，而不是人口意义上的"近因"。在人口统计学中，生育率的近因决定因素是直接影响生育率的生物学和行为学因素，社会、经济和文化因素的"远因"决定因素通过这些因素起作用，例如，教育的最终决定因素可能通过延迟结婚和更好的避孕措施来影响生育率。在进化术语中，人口统计学上的近因和远因决定因素都被认为是近因，因为两者都是生育率产生的原因。这两种解释都不能解释为什么这些决定因素会影响生育率，因为在进化生物学中，需要一种"终极"（有时也称为"功能性"）解释，即进化适宜度的最大化。

在第一阶段的研究中，进化人口统计学研究背后的推动力往往是人们对生育率变化的最终解释的关注，通常是从生育率广泛发挥作用以最大限度地适应特定生态环境的预测开始的。这意味着，虽然近因解释没有被忽略，但它们已经不是第一阶段研究的重点了。例如，大量的研究（至少在高生育率社会中）表明了男女财富和生育率之间明确的正相关关系，这源于生命史的预测，即个体应利用其资源来提高生育成功率。在这类研究中，确定经济上的成功如何导致生殖上的成功往往是次要的问题，这就意味着进化和非进化的人口统计学对生育的解释通常是完全一致的，进化人口统计学在社会科学方法中增加了一个补充解释层（在进化适宜度最大化方面），重点是理解生育的最接近解释。这种最终解释与直接解释的焦点上的差异无疑是早期进化人口学没有对传统人口学的意识产生重大影响的原因之一，但这两种人口学的目标还有一些其他差异，这可能限制了相互之间的交流和合作。

由于起源于人类学，第一阶段进化人口学研究的一个重点是解释社会内部的变化，并注意实现生育结果的人种学背景。因此，许多关于生育率的第一阶段研究集中在了解小规模、高生育率社会(有时被人口统计学家称为"自然生育率"人群)中生育率的个体水平变化。这种关注在一定程度上受到进化研究者了解人类进化史的愿望影响。这种强调小规模社会,特别是狩猎采集者,以及自给自足的农业、园艺和畜牧人口的做法,是这一学科的真正力量,为了解人类生育经验的广泛多样性提供了一个具体的窗口。第一阶段研究主要解释了妇女在这样的社会中生育子女的数量,这是根据当地特定的社会生态调整生育率的结果,同时考虑到妇女的个人"状态"或状况。因此,生育率的变化是社会生态差异和个体条件差异的作用。社会生态学指的是物质和社会环境,包括文化机制(如婚姻或继承制度),这些至少有时被认为是生育适宜度的生态学的一部分。因此,第一阶段研究的重点与传统的人口统计学方法有所不同,后者对调查各类人群的生育率表示出兴趣。

(二)生育的生理调节

尽管进化人口学研究背后的驱动力是对最终解释的兴趣,但进化人口学对一个特定领域的直接解释研究也作出了相当大的贡献,即能量状态在生理上决定生育能力。许多进化人口学家认为,在人类历史的大部分时间里,生理机制在决定生育率方面可能是至关重要的(而不是对生育率的任何行为进行操纵)。事实上,生殖生态学的新分支学科出现于20世纪90年代,这是一门探索能量状态和生殖生理之间关系的进化学科,特别是通过激素机制。生殖生态学家已证明,生殖生理学对能量流动的反应不仅是能量的可利用性,还包括能量的消耗,并提出这些都是根据当地环境调整生殖的适应性反应。在能量紧张的情况下,生殖应该下调,以避免可能导致的代价高昂的失败的生殖。相比之下,传统的人口统计学较少关注生殖力对能量状态的纯生理调节,少数人口学家甚至对能量状态对生育率有重大影响的说法持怀疑态度。这些人口统计学家认为,尽管有证据表明生殖生理可能对能量状态做出反应,但很少有证据表明,除了在极端情况下,生育本身受到能量平衡的强烈限制。这一观点可能部分来源于以下的观察:生育率的人口间差异很少归因于能量状态,至少在当代社会,最受能量限制的人口显然拥有最高的生育率。

(三)生育的行为调节

传统的人口统计学文献主要关注影响生育的行为机制。用于指导这项研究的启发式方法也与进化人口学中的有些不同：传统人口学不是从预测自然选择而将生育率与自然生育社会中的当地生态最佳匹配开始，而是提出了这个问题，"为什么出生率这么低？"这个问题来自于"生育率的近因决定因素"框架，该框架表明自然生育率人口中的生育率极低，因为它低于可以达到的生理最大值。这一生理上的最大值被认为是15个孩子，如果妇女在生理上有能力的时候就开始生孩子，持续生育直到更年期，并且在没有任何母乳喂养的情况下间隔分娩，就可以达到这个最大值。这不是进化论者可想到的一个启发，因为它假定没有产后亲代投资，而所有哺乳动物都致力于通过哺乳期进行这种母性投资。然而，这在人口统计学中被证明是一个非常有用的启发式方法，可以作为将生育率分解为不同组成部分的一个框架。这使得人口统计学家通过确定哪些最接近的决定因素在不同人群之间发生变化，来了解为什么生育率在不同人群之间会发生变化。虽然近因决定因素包括生理和行为因素，但事实上，被认为最能解释人口间生育率差异的近因决定因素都是行为因素：延迟结婚、使用避孕药和人工流产，以及哺乳期闭经。人口统计学家也注意到，这种行为机制往往是文化规范的重点，他们对特别是在自然生育的社会中文化规范的变化如何影响生育率非常感兴趣。例如，推迟结婚的文化规范被认为是历史上欧洲实现生育率远低于生理最高值的途径，而促进长时间哺乳和产后性节制的规范则使撒哈拉以南非洲的生育率相对较低。这些规范被认为有助于维护儿童、母亲和广大家庭的身体健康和经济水平，尽管这种人口统计工作只是偶尔考虑为什么不同的人口会产生不同的文化规范，或将这些文化规范与当地的生态特征联系起来。

第一阶段研究在阐明生育的行为调节方面也取得了进展，20世纪80年代末至20世纪90年代中期出版的两本书中，明确强调了人类的生殖行为(Dunbar, 1993)。这项研究的重点是父母的投资决定如何决定个体生育水平的变化。这项研究与传统的人口统计学有着明显的相似之处。例如，历史人口统计学已经证明，在假设婚姻和生育决定将起到维持家庭健康和经济水平的作用的情况下,生育率如何在个体水平上对经济状况做出反应(Galloway,2010)。亲代投资理论是进化生物学中已经发展起来的一个有影响力的理论体系,是进化人口学中许多研究的关键理论框架。社会生态和个人条件决定了父母的投资模式,而父母的投资最终决定了所生孩子的总数。父母的投资决定可能包括是否投资或继续投资于某一特定的孩子(如,从历史和跨文化的角度来看,杀害婴儿和遗弃婴儿都是常见的减少投资的形式),以及给孩子投资多少(如,母乳喂养决定和旨在延长生育间隔的限制性行为)。这一时期的许多研究是由人类行为生态学家完成的,他们的目标是解释作为社会生态环境的一个部分的人类行为的变化,包括生育行为。例如,Mace(1996)模拟了父母的投资,特别是使孩子顺利结婚的成本,是如何影响肯尼亚北部加布拉牧民的生育能力(一个需要彩礼的社会,或在结婚时将财富从新郎转移到新娘的家庭)。模型表明,在像加布拉这样的群体中,遗传财富在决定子代减少方面起着重要作用,最大化生育能力并不一定会使适应能力长期最大化(即父母不仅需要依靠生理机制来调节生育率,也要运用生育的行为控制来避免生太多的孩子)。这种理论研究也得到了历史上人口统计学家的经验证据的支持,这些证据表明,婚姻生育率低于所预期的纯生理上对生育率的调节水平,这意味着婚姻中的生育控制,也可能是亲代投资的一种形式。此外,人类学人口学家最近提供了定性证据,证明高生育率人群中的夫妇有意识地制定有关母乳喂养决定和性行为的策略,以控制生育间隔的时间,并灵活地运用当地文化规范。他们对这种行为的描述完全符合生命史理论所预测的:最大限度地提高每个孩子和母亲的健康水平,以便她能够保存足够的精力和健康,以最佳方式来管理她的整个生育期。

(四)人口转变

亲代投资理论是基于个人或夫妻级别的成本效益分析。进化人口统计学和传统人口统计学的相似之处在于,这两种模型都认为这种成本效益分析是人口转变过程中生育率下降的一个关键因素。经济因素一直是解释人口转变的重要因素,个人成本效益模型成为解释20世纪中后期人口统计学中生育率下降的主要范式。这些微观经济模型假设,随着工业化和死亡率的下降,孩子的成本和收益发生变化,生育率开始下降。这种模型基于一种直观的概念,即在子女数量和质量之间进行权衡,并假设随着死亡率的下降和人口的经济发展,父母通过投资于子女质量而非数量获得更多的收益。进化人口学家还提出,在经济发展过程中,投资孩子质量而不是数量的优势会增加。传统的人口统计学家通常认为,人口转变前的生育率一直很高,因为实际上父母从生育孩子中获得利益,孩子为父母提供了宝贵的劳动力,同时也是一种有保障的养老保险形式。相比之下,进化人口统计学家认为,尽管孩子可能提供劳动力并在某种程度上抵消了自己的成本,但他们始终是父母的净经济消耗,因为进化理论预测,资源应始终用于生殖服务,反之亦然。在第一阶段研究中,直接检验了关于转变前社会中孩子经济价值的进化与人口"财富流"预测,并得出结论,孩子从未完全偿还父母的投资(Lee, Kramer, 2002)。

从进化论上讲,工业化与生育率的下降是一个未知的谜,因为生命史理论的一个简单预测表明,资源可利用性显著增加应转化为更多的后代。为了解决这一难题,产生了一系列关于生育率下降的少量而稳定的第一阶段研究。工业化增加了抚养孩子的成本,这不仅是因为在这种经济背景下抚养孩子需要额外的开支,而且还因为工业化改变了抚养孩子的性质。纵观人类历史的大部分时期,育儿是合作的,母亲、父亲、祖父母和其他家庭成员共同喂养和照顾孩子。随着工业化将主要的谋生手段从农业转移到市场就业,个人变得更加流动,传统的家庭谱系崩溃。这使得将抚养孩子的成本分散到大家庭中变得更加困难,从而将生育成本集中在父母身上,这可能促使人们向小家庭转移。这种认为人类是"合作育种家"的观点部分是由进化研究者提出的,他们问为什么人类的生育率如此之高(与人口统计学的观点相比,自然生育率低得惊人)。我们比近亲类人猿的繁殖速度更快,黑猩猩和大猩猩的生育间隔约为4—5年,猩猩为8年,而我们的生育间隔一般为2—4年。这可以用我们的合作生育系统来解释,在其他类人猿身上基本没有这种系统。

这种合作的生育策略可能部分解释了为什么文化规范和社会学习在决定生育行为方面显得如此重要(正如传统的人口统计学所清楚表明的那样)。人们可能对他人的行为特别敏感,因为在人类的整个历史中,获得帮助我们繁育的支持对成功繁育至关重要。生育行为建立在观察他人行为的基础上,而不是采用试错法，因为生育是相对罕见且代价高昂的事情，几乎没有机会学习反复试验。文化机制（如婚姻和继承习俗）不仅作为社会生态的一部分影响我们的生育能力，而且文化规范（如母乳喂养做法、性行为和避孕措施的可接受性）可能在解释为什么生育能力在个人和人群之间如此多变的方面发挥积极的作用，因为他们有可能随着时间的推移而迅速变化。然而，第一阶段研究中只有小部分表现出对文化影响的兴趣。文化进化领域作为进化行为科学的子领域出现于20世纪80年代，它明确承认文化在决定人类行为方面的重要性，但也承认文化进化遵循的轨迹可能不受生物进化的严格约束。这项研究解决了人口转变的难题，表明我们在模仿我们当地社交网络中的富人、名人或至少地位高的成员方面的认知偏见，这可能会推动向低生育率的转变。根据这一说法，一旦出现了与生育孩子竞争的新的获得地位的手段，则高地位的人开始与低于平均水平的生育率相关，然后低地位的人可能通过一个称为"声望偏见"的文化传播过程来仿效这一点。尽管这项研究为生育率下降提供了新的理论解释，但在第一阶段的研究中很少有实证研究支持或反驳这种文化进化的解释。

总之，20世纪80年代和90年代的第一次浪潮出现了大量关于生育的进化研究，这些研究主要集中在对生育率的最终解释以及解释小规模自然生育社会中人口内部的变化。除了这项研究之外，还有一些论文旨在解释生育率的转变，既提出了这一难题的进化解释，又测试了其中的一些模型。

首先，1995年人类学家Hill和Hurtado出版了具有里程碑意义的著作《疼痛生命史：觅食者的生态学和人口学》(Hill, Hurtado, 1996)。总结了多年来在南美觅食者群体中进行的实地研究结果，是有史以来对自然生育力群体的生命史决策进行的最深入的研究之一。他们紧随以往人类学家的脚步，对小规模社会进行了详细的人口统计分析，但是到了20世纪90年代中期，无论是进化论还是人口统计学方法都已经非常先进，Hill和Hurtado都可以对特定人群的生命史进行全面而复杂的分析。他们的研究包括试图分析生育率变化的潜在机制（例如营养状况和生育率之间的关系），并评估关键生命史权衡的最佳证据，例如生长和生育之间以及生育率和儿童生存之间的权衡。疼痛生命史具有巨大的影响力，尤其是随着Hill和Hurtado对人口统计学和其他社会科学中正在开发的新统计方法的应用,因为它标志着向方法论的成熟又迈进了一步。它有效地展示了一种进化和人种学方法的潜力,该方法可以产生关于人类生育行为多种问题的见解。

其次,1996年Hillard和Kaplan发展了一个综合的生育变异进化模型,融合了进化亲代投资理论、生育率框架的近因决定因素和受Gary和Becker研究启发的人力资本微观经济模型,用于解释传统自然生育人群和现代低生育人群的生育率差异(Kaplan,1996)。根据他们的说法,在类似于我们祖先发展的小规模社会中,亲代投资于后代成年生产力的回报会很快达到递减的程度,而在现代雇佣劳动经济中,对后代的投资回报直到更高的水平才会减少,特别是对于那些在现代教育形式中具有更高体现资本水平的人。因此,收益递减而形成的心理活动促使现代父母对较少的孩子进行更多的投资,并决定对每个孩子进行更多的投资,从而导致了只愿意生育一定数量的孩子。在伴随着新条件的现代化中,后代的生存实际上得到了保证,很少有人在没有条件的情况下会生育后代,这对孩子高额投资的动机几乎没有制约。因此,虽然现代生育率下降到低于适应度最大化水平,但仍然可以理解为是以前适应机制的产物。Kaplan用数据支持这种"不适应"假设,表明现代人口的生育限制提高了后代的受教育程度和成年后的收入,但不会增加后代的生存率或生育率。与此相反,同期的其他进化人口学家认为,现代低生育率事实上是可以适应的,只要有足够的社会经济优势延续下去,保护后代免受贫穷或疾病的影响,就可以限制他们的生育率(Boone,Kessler,1999)。

最后,在1998年,莫妮克·博格霍夫·穆尔德发表了一篇简短但极具影响力的评论,对人口转变后期令人费解的生育率下降进行了进化论解释,对当前的思想提供了有益的总结,既涵盖了Kaplan的模型,也在文化进化领域提出了新兴见解。Borgerhoff和Mulder(1998)针对文献中存在的这一现象提出了三个主要的进化假设,低生育率可以通过以下几种方法加以解释:(1)生命史模型可以预测,在竞争环境中,对少数优质后代的投资可以在长期内最大限度地提高适应性;(2)作为文化进化过程的结果,这种可能使生育率偏离适应度最大化;(3)通过"适应滞后"论点,认为现代低生育率是认知机制与现代环境不协调的结果。

Borgerhoff和Mulder的评论为随后在第二阶段研究中进行的未来研究设定了一个明确的方向,随后将着重于测试这些替代假设的互斥预测和努力整合它们的互补方面。

二、第二阶段的进化人口学

本部分重点介绍了第二阶段生育人口进化研究中的新兴研究,反映了20世纪90年代后期以来的进展。如果第一阶段研究的重点是从适应度最大化角度来解释生育率,那么第二阶段研究旨在更广泛地理解生育率的变化(同时又不忽略人类生理和行为的进化性),包括:(1)更加注重生育率变化背后的心理和文化机制;(2)更加明确地认识到生育率变化的复杂性和多重因果关系;(3)更加重视发达国家和低生育率人群的生育决策(Nettle, Gibson, Lawson, Sear, 2013);(4)更加复杂的方法,包括多代、跨文化和比较研究。这些趋势涉及并要求进化人口学积极地参考更广泛的人口学文献。例如,对低生育率社会的研究,基本上没有出现在第一阶段研究中,可以建立关于这个主题的大量人口研究(Balbo, Billari, Mills, 2013)。下面将重点介绍第二阶段研究出现的主要趋势。

(一)优化后代

如上所述,第一阶段研究在确定和解决人口转变的进化难题方面迈出了重要的一步。第二阶段研究的一个显著特点是进一步阐述了这些解释,增加了对现有假设的复杂性和新的、更复杂的经验检验,并在某些情况下,挑战并重新审视某些在第一阶段研究中或多或少地被接受的关于人口转变性质的程式化事实。例如,由于缺乏能够追踪生育限制的长期影响的多代分析,关于现代低生育率是否可以被视为长期的健康最大化的争论一直受阻。Goodman等人(2012)通过收集在人口转型期中瑞典出生的四代人的数据,解决了这一争论,这些数据不仅包括后代死亡率、生育率和婚姻成功率,还包括学校考试成绩、教育进步和成年收入。他们证实了Kaplan的研究(Kaplan, 1996),即生育率限制与社会经济地位显赫的后代拥有的资本显著相关,特别是在最初富有的血统中,但对后代生育成功影响不大。这些结果表明,数学模型展现出在现代环境下,低生育率可以假设长期使个体适应性最大化是不现实的(Boone, Kessler, 1999)。

Kaplan的生育率变化模型关注的是人类产生财富的方式变化如何导致生育率下降。Shenk等人(2016)进一步发展这些思想,特别是在地位方面增加一层,定义为社会中的相对社会地位。在第一阶段研究中,地位并没有被忽视,因为它与资源可用性密切相关(Boone, Kessler, 1999),但较新的模型重点借鉴了较大的进化人口学中经验文献的见解,包括对小规模社会地位的新研究,并且还能广泛地利用现代计算能力探索模型的参数空间。Shenk等人的模型允许父母对具体资本(在绝对规模上定义)和子女地位/等级(相对于其他人定义)的投资进行优化。该模型发现,在人口转型社会普遍存在的情况下,预计父母会增加对具体资本和社会地位的投资,每种投资都会导致生育率的显著下降,特别是在高度不平等和地位竞争激烈的条件下。这些模型可能有助于解释为什么生育率下降是随着向现代市场经济的转型而开始的,为什么生育率下降是在这样的生态条件下维持的,以及如果经济发展导致更大的不平等或地位竞争,为什么生育率下降可能会加剧。

Stulp和Barrett(2016)还考虑了现代人口中财富与生育率之间的关系,长期以来这被认为是"社会生物学的中心问题"。虽然第一阶段研究清楚地表明,自然生育人口中的财富与生育率之间存在着正相关关系,但20世纪80年代末和90年代初有影响力的论文表明,财富与生育率之间的关系在生育率过渡期间转变为负相关关系(Pe'russe, 2010)。从进化的角度来说,这很难解释,因为人们预测个体会利用他们的资源来提高他们的生育成功率。在这里,Stulp和Barrett质疑用于评估财富和生育率之间关系的横截面样本的有效性。研究发现,即使在转型后的社会,当对纵向数据集进行适当的分析时,生育率仍然与财富呈显著的正相关。然而,他们注意到,这里和其他地方,这些关系是复杂的。它们对于男性可能比女性更强,并且在复杂社会(例如不同种族)的群体之间可能有所不同,这表明在检验进化假设时,重要的是不要将现代复杂社会视为一个统一的整体,而是处理和利用社会内部的差异。他们进一步质疑这样的假设,即工业人口中人类的财富追求行为反映了普遍发展倾向的扭曲,并建议从风险管理和降低的角度可以更好地解释许多经济行为。认为财富和生育率之间存在显著正相关关系并不意味着转型后社会正在最大限度地提高其生育率,并在试图解释生育率转型时,必须认真考虑社会制度的起源和历史轨迹(即其文化演变)。

Lawson 和 Mulder(2016)重新审视了进化和经济人口学共同的观点,即生育率的变化可以理解为后代数量和质量之间的权衡的优化。他们强调了在这个基础上建立的简单适应性最大化模型的方法,虽然是有益的,但不能很好地反映生育决策的复杂现实。他们回顾了进化史上有关传统种群数量—质量权衡效应的文献,然后提出了这样一种观点:虽然数量和质量的最佳权衡可能是确定人类生育率上限和人类生殖生理共同特征的基础,但生育力和体力以及生育和交配力之间的权衡可能在解释进化史背景下的生育率变化方面起着更为关键的作用。他们认为,在现代低生育率人群中,在感知到的后代质量和数量之间的权衡很明显与个人降低生育率的决策相关。然而,就像这种权衡取舍有关一样,生育行为显然变得不适应,在长期的生育成功方面没有明显的好处。在人口结构转型前的环境中,数量与质量的权衡几乎没有体现出来,Lawson 和 Mulder 认为,人口转变会在生殖决策性质上带来潜在的根本性转变。这一结论提出了关于在迅速变化的环境中人类的行为灵活性的问题,并强调需要更深入地了解人类生殖的潜在机制。

Lawson 和 Mulder(2016)的一个结论是,在人口统计学变化之前和之后的生育率模型都需要更好地结合连续生殖周期和有性生殖的复杂性。一个经常被忽略的复杂性是,必须将生殖双方都纳入生育决策。尽管传统人口统计学研究主要集中在女性身上,但男性有时确实出现在生育率的人口统计学研究范围之中。如有研究者提出:"人口统计学认为男性在经济上很重要,但除了让女性怀孕和阻碍她们使用避孕药具外,通常与生育无关"。这句话也说明了许多人口统计学家的一个长期假设,即在某些情况下,男性可能导致高生育率,因为他们通过坚持大家庭理论来实现生育决策和剥削女性劳动力。一些进化研究者也同样认为,基于对男女性冲突的理论预期,男性可能比女性有更高的生育欲望,因此,男性可能从促使女性快速生育中获益,而这可能危及女性自身的健康。

有研究仔细考察了这些进化论的主张,并对理论模型进行了验证,通过进化的性冲突不可能解释男性普遍高于女性的生育偏好。只有在特定的情况下,男性才能快速而轻松地再婚,而且不必付出巨大的成本,如果男性对生育力的偏爱足够高的话,有可能生育过多的分娩会使自己的第一任妻子丧命。这种情况相对少见,尽管在婚姻上很有吸引力的"高质量"男人也可能很快就可以重新结识新伴侣。

(二)行为机制

第二阶段研究已经显示出了对生育行为决定因素的更多关注,而不仅仅是与亲代投资决策有关的决定因素。Hruschka和Burger(2016)清楚地证明了理解低生育率社会中解释生育率行为机制的重要性。他们使用一种简单的统计方法来探讨生育率的差异是如何随着人口转变而变化的,以便阐明生育率的个体和人口差异的关键决定因素。他们对人口和健康调查项目数据的分析表明,高生育率社会中的绝大多数生育率变化仅仅是随机的事件,或者至少他们的结果表明这是最简单的解释。这意味着,在大多数人群中,无论是生理条件还是生育行为调节方面的个体差异,对妇女生育的子女数量的影响与人们通常认为的一样大。这在高生育率社会以及许多处于生育过渡期的社会中最为显著。相反,他们的分析表明,在分析少数低生育率社会中,妇女旨在控制有限家庭规模,这与这种人群对生育力的行为控制更加严格的观点一致。

在任何学科中,生育决策的心理机制都没有得到充分的研究。McAllister等人提供了关于这个主题的跨学科文献的第一次全面回顾。这些作者汇集了开始出现的解释生育决策的理论。它们多种多样,包括来自进化生物学的生命史理论、依恋理论、恐怖管理理论以及计划行为理论,这些理论越来越多地被用于人口学,这是建立在该学科早期工作中对生育心理学有限兴趣基础上的。然后,研究回顾了将这些理论作为指导实证研究框架的实证文献。社会心理学方法的好处,特别是在实验室里对生育偏好的实验性操作,与诸如大学生等特殊样本的使用形成对比方面可以体现出来。但是,这类研究确实表明,心理机制可能影响了个体和群体之间生育率的变化。例如,实验研究表明,童年压力、父亲缺席和死亡都可以预测生育偏好,同时,人格也可能影响生育行为:人格与生育的关系在男女之间是不同的(Jokela, Alvergne, Pollet, Lummaa, 2011),而且在跨文化方面也是不同的(Alvergne, Jokela, Lummaa, 2010)。到目前为止,这项心理工作还相当零碎。它分散在多个领域,使用不同的理论模型,迄今尚未很好地相互整合。因此,该领域有待进一步研究。

随着人们对心理机制产生浓厚的兴趣,生育文化进化领域也有了更为实质性的发展。2016年,Coleran首次撰写了生育的文化进化假说的综述。传统的人口统计学文献相当重视文化规范的重要性,包括考虑社会影响是如何通过社交网络影响生育决策的。但是到目前为止,生育文化文献和进化论的文化方法之间几乎没有交叉。这种交叉可能会很有价值,因为在人口学工作中很少有关于文化对生育率影响的正式理论;因此,文化进化方法可以提供一套正式模型,从中可以得出新的预测。Coleran的研究与第二阶段研究中出现的主题相呼应,即生育率的多重因果关系解释是必不可少的。她认为,文化进化方法需要与其他方法相结合,以充分了解生育率的变化;在进化和传统人口统计学中有一种趋势,即研究个人成本效益分析的经济模型和文化模型,要并行发展而不是交叉发展。然而,成本效益分析和文化影响都无法独立发挥作用,正如Coleran通过强调文化进化模型和人类行为生态学之间的概念重叠而强调的那样:文化进化模型确实包括成本效益分析,并将其作为学习环境和其他线索的一套心理适应方法之一。文化进化研究强调经济和文化系统的共同进化,并采用多层次方法,该方法认识到群体内的个体适应策略和群体间的竞争常常是同时发生的(Borenstein, Kendal, Feldman, 2006)。

迄今为止,关于心理机制和文化进化的进化研究在某种程度上是截然不同的,但是这两个领域显然密切相关。尽管生育决策涉及个人成本效益分析,但文化因素将以多种方式影响这些计算。可以说,传统的人口统计学在这方面领先于进化的人口统计学,被纳入生殖决策的人口统计学模型的理论,包括计划行为理论和行为理论(Johnson-Hanks, Bachrach, Morgan, Kohler, 2011),都考虑了个人特征和社会影响。Bentley等人(Bentley, Brock, Caiado, O'Brien, 2016)在生育决策的理论模型中将个人决策和社会影响结合起来,推动进化科学向前迈进了一步。他们的模型既包含了个人决策所依据的信息,也包含了对个人决策在多大程度上取决于社会影响。然后研究者确定了透明度和社会影响这两个维度相互作用的方式,从而产生与不同类型生殖决策相关的不同决策领域。

(三)发育与生育时机

传统人口统计学中一个相对被忽视的方面是早期生活环境对生育率的影响。人类是一个长寿的物种,有着漫长的童年,影响我们以后行为的许多社会学习都是在童年时期发展起来的。在第一阶段人口统计学研究中,发育对生育率的影响不容忽视。在生命史理论的推动下,这些文献中有许多研究了童年时代的环境是否使我们的生殖轨迹成为"快"或"慢"的生命史。假设在恶劣的环境中成长会启动一项生育策略,该策略涉及首次性行为和初次生育以及随后的快速生育,从而导致高生育率。相反,一个良好的环境预计会导致生育延后(这样在生育之前就可以积累个人资本),生育较慢(因为自己和孩子的生存机会更好),总体上出生的孩子数量较少,但存活的孩子不一定更多。在传统的人口统计方法中,早期生活环境并没有被完全忽略。这项生命史研究与人口学文献中的"风化假说"类似,后者认为,在恶劣环境中成长意味着第一次生育应该提前,以便女性能够顺利生育,而她们(以及她们依靠的母亲)能够保持健康状态。然而,风化假说往往仅限于解释美国生育中的种族差异,并没有在这一背景之外得到广泛应用。相反,生命史理论可以在不同的背景下进行应用,以解释不同社会经济阶层的生育率差异。

Coall等人(2016)对有关儿童时期影响随后生育结果的证据进行了分析。有证据表明,压力大的童年环境会导致较早的发育和生殖(Nettle,2011)。然而,关于早期生活环境是否会影响后期的生殖力和生育力,尚缺乏证据(Sheppard, Pearce, Sear, 2014)。因此,关于早期压力是否会导致妇女生育更多子女的证据尚无定论。此外,早期环境对生育率的影响几乎只在高收入、低生育率人群中进行过研究(Sheppard, Snopkowski, Sear, 2014)。在资源紧张的人群中,由于对资源的获取极少而造成的限制,他们在恶劣的环境中成长可能会延迟而不是加速首次生育。早期应激导致较早生殖的机制也没有得到详细的研究。Coall等人重点关注可能影响这些关系的生理机制,并提出出生体重、儿童期身体组成、危险健康行为和兴趣的发展影响的潜在作用。同样,这是一个处于起步阶段的领域,有着良好的后续调查前景。

进化人口学中有大量关于初生年龄的研究。这是进化生物学中的关键生殖决策,因为它标志着生命史从生长到生育的转变。然而,如 Towner 等人所述那样(Towner, Nenko, Walton, 2016),最后一胎的年龄受到的关注相对较少。尽管人口统计学文献中进行了一些相关的研究,但在生育的所有组成部分(第一胎年龄、出生间隔的长度、最后一胎的年龄和无子女)研究中,这类研究最少。在进化人口学中,对更年期的发展感兴趣的文献占主导地位(Hawkes, O'Connell, Blurton Jones, Alvarez, Charnov, 1998)。尽管将注意力集中在生育率的个体差异上,但是第一阶段进化人口统计学的成功之一就是考虑进化如何塑造了人类的典型的生命史。主要研究结果表明,更年期是人类特有的生命史特征,可能由于我们的生殖系统发生了演变,祖母假说表明,老年妇女从投资现有的子女和孙子女中受益更多,而不是自己继续生育孩子(Hawkes, O'Connell, Blurton Jones, et al., 1998)。Towner 等人将进化注意力重新集中在最后一胎出生时年龄的个体差异上。他们在文献回顾的孟加拉国的案例研究中提供了明确的证据,即最后一胎出生时的年龄通常比更年期提前十年或更长时间。这就引出了一个问题:为什么要早早停止生育? 早停是否代表生育决策中的重要战略行为? Towner 等人还回顾了最后一胎出生时年龄变化的近因解释和最终解释,并指出这是进化人口学研究的另一个成熟领域。

(四)未来研究趋势

如前文所述,第二阶段研究一直对了解高生育率人群的变化感兴趣,但也对人口转变和低生育率环境越来越感兴趣。作为这个趋势的一部分,一个特别研究热点即关于对正在经历经济发展和生育率下降的"过渡"人口的实证研究越来越多。这包括对现代避孕技术的研究,有研究者就其对儿童健康的影响和与文化传播的关系进行了分析(Colleran, Mace, 2015)。也有一些研究探讨了父母在面对新情况时如何调整父母的投资策略,例如儿童死亡率突然下降或正规教育投资机会迅速增加。这类研究使许多传统人口研究人员能够关注政策导向,更好地了解如何鼓励人口改变生殖行为以利于母婴健康。

最后，Burger和De Long(2016)通过预测未来生育率的变化，为未来的研究提供了许多潜在的途径。他们认为，高收入人群的极低和低于替代水平的生育率特征可能不是永久性的。与人口转变理论认为生育率只有在开始下降时才会下降的假设相反，生育率下降在20世纪60年代婴儿潮期间已经逆转，一些超高收入的人群的生育率最近有所上升(Myrskyla, Kohler, Billari, 2009)。Burger和De Long对于那些预测未来生育趋势的研究给出几点建议：模型应考虑到自然选择增加与高生育率相关性状发生的可能性；自然选择毕竟是以健康为基础的，孩子很少或没有孩子的个体对后代的遗传贡献更少。文化规范也有可能随着生育率的提高而传播，而不是降低。社会内部和社会之间的高度财富不平等，可能导致资源不足的人群和亚人群的生育率仍然很高(Shenk, Kaplan, Hooper, 2016)。另外，Burger和De Long认为，文化体制的变革，能使妇女在现代市场经济中承担较高的再生育成本(如带薪产假和负担得起的育儿费)，也可能有助于提高生育率。

综上所述，进化人口学认为，了解我们的生理、心理和行为是如何随着时间的推移以及在自然选择的过程中变化的，可以洞察生育率的变化规律，以及生育率变化是如何从当地的社会和环境背景中产生的。第一阶段进化人口学的重点是检验源自进化框架核心原理的假设，特别是生育率的变化可以解释进化适宜度的变化，其作用是在各种社会生态环境中促进生殖成功。虽然这在理解生育力的某些方面，例如初生年龄和出生间隔的长度方面被证明是一种有用的启发式方法，但尚无确凿的证据表明自然生育率社会中总和生育率的适应度最大化。第一阶段研究还表明，尽管生育率下降可能受到先前环境中适应性的心理和文化机制的影响，但它可能无法解释为适应性下降。相比之下，第二阶段研究的重点是充实进化人口学模型，以应对生育行为复杂的现实，以及更有意义地整合我们在种群、进化子领域和邻近学科之间的研究。许多论文目前都着眼于分析生育率所涉及的复杂性，特别是从高生育率到低生育率的转变，这种转变似乎普遍伴随着或偶尔伴随着死亡率下降和经济发展。因此，第二阶段研究正在积极探索第一阶段中未解决的问题，并试图应对其中的挑战。未来的几年里，进化人口学会越来越多地融入传统人口学和其他社会科学的对话中，因为从目前来看，人口学方法论和进化生物学理论是可以有机融合的。

第二节　生育意愿的进化心理学阐释

通过前面一节我们可以了解到,从进化角度来认识生育问题是一个更加系统、更具有整合性的视角,从一定程度上来说可以解决目前关于生育研究结果的各自为政的局面。与此同时,正如前面一节所述,文化、生态、家庭和生理因素始终影响生育行为,然而,目前人们对生育决策的直接心理机制知之甚少。了解人类生育力背后的心理机制可能会阐明这些已知预测因素中某些因素对其产生影响的关键过程。迄今为止,关于生育的心理机制的研究还比较零散。研究人员在多个领域开展了一些生育心理学的各个方面研究,本节主要分析有关生育心理机制的当前相关理论和研究。

一、生命史理论

生命史理论认为,在有限的时间、有限的预算以及用于某一目的资源不能用于另一个目的的基本原则下,个人必须在对自身成长和维持、他们当前的再生育以及任何未来的再生育的投资之间进行权衡。这种权衡会因个体特征(如基因质量和内含资本)和环境条件(如严酷性、不可预测性和资源稀缺性)的不同而不同。例如,较高的死亡风险与早期生育有关。这被认为可以抵消生育之前的死亡风险,并增加了将儿童抚养到可以生育的年龄的可能性(Nettle, Coall, Dickins, 2011; Clutterbuck, Adams, Nettle, 2014; Sheppard, Pearce, Sear, 2014)。

个体管理分配能量和决定发展时间的权衡方式构成了他们的生命史策略。慢生命史策略的特点是身体投入较大、性发育和生育延迟、生育率较低、对每个后代的投入较大。快速生命史的特点是较少的身体投资、性发育和生育加速、较高的生育率和每个后代投资较少。进化环境决定了物种在生命史连续系统中的特定位置。然后,产前、童年、即时和预测环境,调整个体相对于同龄人在连续系统中的位置(Coall, Tickner, McAllister, et al., 2016)。换句话说,生命历史策略是一种兼收并蓄的方法,由童年环境决定了相对快慢的轨迹,在面对新的环境信息时也可能保持其影响力。

(一)遗传力

Miller(2011)提出了对生育和高生育率的积极态度可能是一个可遗传的遗传因素。在兄弟姐妹和堂兄弟姐妹中,Miller发现70%的遗传成分用于生育期待,40%用于生育意愿。尽管如此,这可能是由于文化和基因传播。Miller发现了三种与生育动机、期待和意愿密切相关的人格特征的遗传多态性。养育倾向的人格特质与积极的生育动机和生育愿望直接相关,与子女数量期望和生育意愿间接相关。这项研究是基于特征—期待—意愿—行为框架。

Basten(2009)还讨论了养育需要是否是生物学上的过程,并认为人类的孩子需要被养育才能成功成为成年人,成年人需要被养育才能成长并完成完整的生命周期。女性对养育的需求最强烈,并且在一生中各不相同。它可能部分是通过配偶选择演变而来,养育行为向潜在配偶宣传育儿质量。养育的需要可能受到荷尔蒙的控制,并受到建立一种忠诚的关系、家庭结构和老龄化的影响。Basten(2009)认为,养育的需要最初是在儿童时期触发的,通过养育诸如照顾弟弟妹妹之类的线索,而在成年后接触儿童的机会增加了这种需要。Adair(2014)还发现,成年后更频繁地接触儿童会增加生育期望和对婴儿的积极态度。因此,随着亲属网的减小和家庭规模的缩小,养育本能可能会变小。

Rotkirch(2007)发现,接触儿童会导致女性对婴儿的热情。然而,Basten(2009)和Rotkirch(2007)注意到,对婴儿的热情与养育倾向人格特征是分开的,它影响到一直想要孩子的妇女和以前不想要孩子的妇女。对婴儿的热情也发生在男性身上(Rotkirch, et al., 2011)。然而,当男人想要孩子的时候,这种情况可能更容易发生,从而延长他们的性行为。

Chasiotis等人(2007)发现在三个具有文化差异的人群中,弟弟妹妹的出现增加了哥哥姐姐的生育意愿,降低了他们的初生偏好年龄。他们认为照顾年幼的兄弟姐妹会产生产前效应,这可能解释了世代间家庭规模的相关性,以及为什么生育率下降至少需要一代人的时间。他们还指出,生育率不是遗传的,而是暴露于较年轻的兄弟姐妹会引发产前效应,从而导致更高的生育率。

(二)幼年压力

Clutterbuck 等人(2014)研究了 9—14 岁英国女孩对婴儿的兴趣作为联系童年逆境和生育时机的假定机制。他们发现,经历过较大童年逆境的受试者报告的理想生育年龄较早,而经历较少童年逆境的受试者对婴儿更感兴趣。研究者们认为,对婴儿的兴趣可能并不意味着初生婴儿的预期年龄更早,而是一种未来质量导向的父母投资策略。童年时期的低水平逆境可能会使个体倾向于一种缓慢的、以质量为导向的生育策略。一些研究者均从生命史理论的角度研究了童年经历是如何影响参与者对成年期恶劣环境的实验线索的反应(Griskevicius, et al., 2011; Hill, et al., 2013)。

(三)择偶中的性别比例

有男性偏见的社会倾向于女性主动择偶占据主导地位,社会经济地位较低的男性找配偶的可能性较小(Chipman & Morrison, 2013)。相反,有女性偏见的社会倾向于男性主动择偶占据主导地位,容易产生不太稳定的结合、较高的离婚率、女性生育较早、在较贫困地区女性非婚姻生育增多。英国妇女对有女性偏见的工作性别比例的反应会因妇女目前和童年的社会经济地位和生育策略而异:社会经济地位高、生命史策略缓慢的妇女朝着生命史连续体的缓慢发展并延迟生育,而有着快速生命史策略的社会经济地位低的妇女倾向于较早的生育(Chipman & Morrison, 2013)。生活在有着男性偏见的地区的芬兰妇女生育早且生育率高,但与生活在女性偏见地区的妇女相比,她们不太可能与伴侣同居。在日本,女性偏见与较低的结婚稳定性、较短的预期寿命、较低的总和生育率以及较高的自然流产和人工流产率相关。综上所述,这些研究表明,性别比例失调会影响人际关系中的权力,在女性偏见社会中,女性的权力较小。

(四)资源的紧张与限制

一些研究利用实验方法从生命史的角度探讨了资源紧张与限制对生育的影响。Van der Wal 等人(2013)研究发现,当用自然环境的照片提示时,受试者认为资源丰富,竞争较低。当用城市环境的照片提示时,参与者认为资源稀缺,竞争较高。自然环境提示可能会引导采取较慢的生活史策略,例如生育率较低,但父母对每个孩子的投资较大;城市环境则鼓励采取较快的生活史策略,例如生育率较高且父母对每个孩子的投资较低。Liet等人(2015)研究发现,在新加坡,更加理性的大学生对孩子持较消极的态度,并且想要孩子的意愿比更加感性的学生更少。

Griskevicius等人(2011)发现当前社会经济状况对生育态度没有影响,但是对儿童资源压力的影响却很大。Hill等人(2013)发现儿童的社会经济地位会影响人们成年后在资源紧张环境中的行为。在优越的条件下,被试的生活史策略相似。然而,当环境恶劣(资源匮乏或高死亡率)的情况下,采用快速生活史策略的男性更倾向于选择年龄更大的伴侣,即那些更能在有限的资源获取条件下维持妊娠和养育投资的女性,而不是那些采用慢速生活史策略的女性。当受到苛刻的提示时,快生活史的女性对食物和体重增加的兴趣增加了,对节食的兴趣降低了,而慢生活史女性对食物的兴趣降低,对减肥和节食的兴趣增加,这与慢生活史策略的偶然表达一致,并通过亚健康来促进延迟的生育目标。

资源不稳定或缺乏的妇女的生育是不被支持的或被认为是不正常的行为(Kushnick,2013)。资源压力也与交配偏好和选择有关,Cohen和Belsky(2008)为被试提供了环境可预测性的基础,女性希望在安全和资源丰富的环境中建立长期的关系。他们重视性忠诚,即对长期关系和父母投资感兴趣的伴侣,而那些被提示所处环境在安全/资源丰富和风险/资源贫乏环境之间波动的妇女,或者被提示所处环境在可预见的风险和资源贫乏环境中波动的妇女并没有表现出这些倾向。Little等人(2006)发现,在生态条件较差的情况下,男女更喜欢低质量/高投资的长期伴侣关系。在投资不重要的短期关系中,无论生态环境如何,高质量的伴侣都受到青睐。

二、传播竞争假说

传播竞争假说的提出是为了更好地理解高收入国家低于更替生育率的情况。这一理论认为人类有一种遗传驱动力——渴望永生,并为未来留下自己的一些东西。最初,这是通过基因遗传实现的;然而,附属作用主要体现在对任何提供长久遗传的活动进行投资的动力,因此在高收入国家的基因遗传(例如职业发展和财富积累)可以降低这种动力。

(一)子女成本

生儿育女的成本,无论是预知的还是真实的,都与初育年龄呈正相关,与生育率呈负相关(Kaplan, Lancaster, Tucker, et al., 2002)。研究发现,女性赞成富裕家庭多生孩子,不赞成贫困家庭继续生育。随着生育率的提高,富裕家庭对生育的态度变得不那么乐观,这表明孩子的直接成本是生育决策的一个重要衡量因素。Kariman等人(2014)还发现,在伊朗妇女中,经济安全、保障自己和子女的未来是生育的首要问题。在葡萄牙男性和女性中,经济问题也是一个突出的问题(Guedes, Pereira, Pires, et al., 2015)。

相关研究还考虑了儿童的间接成本(如,职业与生育的冲突),发现这些成本不如直接成本显著,大多数妇女更喜欢做母亲而不是职业晋升。这些影响会随着父母的文化支持而削弱。与此观点相同的是,有研究发现在女教职员工和学生中,期望生育率和对目标的兴趣(包括拥有有价值的职业)之间存在一个小的反向相关关系。

在瑞典的一个样本中,对职业与生育冲突的担忧解释了20岁到30岁男性和女性的无子女现象。这种情况在年长的无子女瑞典人中不太普遍,因为失独是一个主要的问题。在美国女性中,那些避免怀孕的女性比那些试图怀孕的女性更关心经济困难和事业成功。在英国没有孩子的已婚夫妇中,没有孩子的原因包括担心对事业的干扰,以及对关系和自我的压力(Langdridge, Sheeran, Connolly, 2005)。生育确实具有可能超过成本的积极含义,例如社会经济支持、加强关系和持续性(Guedes, et al., 2015; Langdridge, Sheeran, Connolly, 2005)。

(二)宗教信仰

关于避孕药使用、堕胎、性别角色和家庭重要性的宗教信仰与生育率有关(Kariman, et al., 2014; Langdridge, et al., 2005)。更虔诚的宗教信仰和更多的宗教活动与更高的生育率相关,同时,还发现女性的期望生育率与用自己的宗教信仰激励他人的目标之间存在正相关关系。Gray等人(2013)发现宗教信仰虔诚度较低的男性生育意愿较低。Philipov等人(2009)认为宗教是影响人们对生育的态度、主观规范和预知的行为控制的一个重要背景因素,例如,宗教信仰可能鼓励那些认为更高的权力将在必要时为他们提供更高的生育率的人。

相关研究者认为宗教信仰在性方面受到更多的限制,更重视养育子女。因此,激发受试者的宗教信仰应该能减少滥交,提高对儿童的评价。宗教在男性身上的启动效应比女性预期的更为显著,因为女性通常比男性更少地寻求短期伴侣,因此表现出比男性的空间变化更小。宗教信仰的道德约束减少了风险性行为的可能性,但不影响对伴侣的偏好和育儿的动机,也不存在性别差异。

第三节 当代育龄人群生育意愿的进化心理学阐释

进化心理学对生育的解释主要是从个体生存和繁衍角度出发的,包括个体生长、生育生殖以及与环境之间互相作用的动态过程。基于进化心理学的角度对当代我国育龄群体的生育心理机制和相关因素进行探析,有助于更好地深入了解低生育率社会的深层原因以及未来发展趋势。

一、进化视角下当代育龄人群的生育行为特征

(一)婚育年龄推迟

近年来,婚育观发生了重要变化,初婚初孕年龄推迟、结婚率降低、离婚率攀升。根据民政部数据显示,2018年中国单身成年人口已经超过2亿,如今越来越多年轻人不愿意恋爱、结婚,2018年,我国的结婚率为7.2‰。一项调查结果表明,从2006年—2016年,初婚、初育年龄分别上升了2.7、2.6岁,婚后选择丁克的家庭也在增多。生命史理论认为个体处于安全、稳定的环境中,会制定慢生活史策略,延长成长期、推迟婚育时间。事实上,青年群体正面临着越来越严峻的生育压力,推迟生育时间已成为多数研究结果的共识。

(二)性别偏好

目前育龄人群的子女性别偏好已经逐渐发生转变,"重男轻女""男孩偏好"等传统生育观念已逐渐淡化。根据第七次人口普查结果显示,出生性别比稳步下降,性别结构得到改善。当前总人口性别比为105.1,较2010年降低了6.8,渐趋于正常水平。当女性的教育、职业、社会经济地位等提高时,她们传统的性别观就会发生转变,弱化对儿子的偏好。有研究发现,高校大部分女职工对二孩生育性别没有明显偏好,选择顺其自然,说明高校女职工受教育程度较高,不存在男女倾向,而且她们更看重生育质量,和性别没有太大关系。一项对大学生群体的调查发现,该群体对于理想生育孩子的性别没有明显偏好,认为生男生女都可以。

(三)"量"到"质"的转变

在现代社会的压力下,父母更倾向于对少数子女进行更多的投资以增强他们的生存能力和竞争能力,而不是单纯追求子女数量。从本质上看,父母投资理论是自然选择进化而来的一种心理机制,通过投资子女使父母基因得以保存和遗传。有研究发现,"90后"育龄群体更加注重孩子数量与质量的平衡,更关注孩子未来的受教育情况和早期的家庭教育。时涛等(2018)对东部高校大学生的调查表明,参与者更注重家庭生活水平和孩子的质量,会把更多的时间、资源放在一个孩子身上,而不是生育更多的孩子。现代育龄人群生育行为受多元因素影响,生育行为已逐渐从被动型转向主动型,生育选择更加理性。

(四)注重"情感效益"

现阶段青年生育特点呈现出生育的不确定性、多层次性,更加注重生育质量、精神追求和情感体验。生儿育女是绝大部分人认可的生活目标。为人父母本身就会带来社会认同感、自尊感以及生活满足感。一项研究表明,生育行为会提升女教师的幸福感,她们认为生育孩子后,自身的幸福指数明显上升,孩子性别对幸福感也存在影响,儿女双全的女教师幸福感更高。有研究还发现,增加家庭乐趣、喜欢小孩子两个情感因素在生育目的中分别排名第一和第三,说明个人情感需求是影响育龄人群生育意愿的重要因素。

二、影响当代育龄青年生育行为的进化心理分析

(一)性别角色态度

性别角色意识是理解当代社会低生育率现象的关键环节。传统文化、家庭观念、婚姻经历、子女状况以及工作经历都不同程度上塑造着青年性别角色意识。本书前文的研究结果也验证了性别角色平等观念会降低已婚育龄人群的生育意愿水平。近年来,随着重男轻女的传统角色态度减弱,以及一系列促进社会性别平等的做法,人们的性别角色态度已经发生了改变。从进化的角度来看,性别角色观念与生育行为之间的关系模式是当前社会变迁带来的进化适宜性变化的具体体现。

(二)对婴儿的态度

成年后频繁接触儿童会增加生育意愿和对婴儿的积极态度。Rotkirch分析了当代芬兰女性对婴儿的积极态度,从进化论的角度出发解释了对婴儿的积极渴望可能不仅是获得养育需要的副产品,而且也是配偶选择的一部分,同时也是伴侣关系形成以及荷尔蒙变化的结果(2007)。Clutterbuck等(2014)探讨了婴儿态度与初次生育年龄之间的关系,他认为对婴儿的积极态度可能倾向于是一种未来以质量为导向的父母投资策略。

(三)性态度

"性选择"是物种间行为的相互作用,男性、女性为了获取资源或配偶而赢得最终的生育成功,他们各自在解决不同问题的过程中,进化出了不同的"性策略"。其中性态度和性行为作为繁衍过程中的重要环节,尤其是近年来,青少年首次性行为年龄的不断提前,更使得年轻一代的性态度问题引人关注。现今社会风气日益开放,未婚先孕、人工流产、性犯罪等频频发生,性成熟年龄提前与婚育年龄推迟、性等待期延长相关,在此社会环境下,随意性行为概率可能会提高。了解育龄人群性态度对解释其未来的生育策略也是十分重要的。

(四)人格特征

人格与生育之间存在密切而复杂的联系。人格的个体差异可能代表了在相同生育和生存目标下有不同的适应策略。例如,外向性与成为父母、更高的交配动机、更早的初育、子女数量等呈正相关,而开放性正好与此相反。人格与生育的关系在男女之间是不同的,而且在跨文化方面也是不同的(Lundberg,2012)。本书前文章节中的研究报告中也发现人格特征可以独立地预测生育行为,外向性和宜人性人格对生育行为有正向预测作用,而开放性、尽责性和神经质人格则相反。人格对生育的作用是环境与个体掌握的资源进行平衡选择的结果。

(五)童年经历

童年经历与个体成年之后的性行为、择偶行为、婚恋行为等繁衍策略之间存在着密切联系。进化心理学的生命史理论认为早期成长环境的资源差异,会影响个体成年后的生命史策略。当处于安全、可测的环境中,个体会制定慢生活史策略:延长生长期、延迟生育和对后代投资更多;然而当处于恶劣环境中,会产生快生活史策略:加速生长、更早发生性行为、更早的生育和生育更多的后代,拥有更多性伴侣,但在子代教养上却投入较少,同时也会表现出更高水平的冒险和攻击行为。恶劣的童年环境可以预测个体的不良发展,如早熟、更早的性行为、更早生育以及不稳定的婚姻状态等。笔者通过前期研究也发现,当前的家庭收入高低对育龄人群的生育意愿没有显著影响,但是育龄人群是否曾经接受过扶贫补贴却可以显著预测其生育意愿,这表明早期较为恶劣的生存环境让其更倾向于快生命史策略。

三、当代育龄人群生育意愿研究的发展趋势

针对我国生育意愿研究发展的时间脉络,可以划分为生育政策松动之前和生育政策松动之后两个阶段。在生育政策松动之前,主要聚焦四个方向:传统生育观特点及成因、生育意愿的地区差异及成因、流动人口生育意愿、中外生育

意愿的比较,这一阶段研究的总体导向为如何实现育龄人口从多生到少生,从早生到晚生,从有性别偏好到无性别偏好的"生育转变"。2011年以来,随着双独二孩政策开始实施,生育政策持续松动。近年,生育意愿再次成为人口学者的关注主题,但是研究总体导向更加关注如何提升育龄人群的生育意愿。总体来看,前后两个阶段的研究出发点主要为降低或提升育龄人群的意愿子女数量。

然而,从进化的角度来说,短期的生活环境改变难以有效逆转育龄人群持续走弱的生育意愿和生育行为。未来生育意愿的研究,一方面,需要更加关注如何长效构建生育友好型社会,相关政策出台不仅仅停留在提升生育经济补助等短期经济手段,更应该聚焦到如何改善育龄人群对养儿育女的积极情感,能体验为人父母带来的社会认同感、自尊感以及生活满足感,构建新型的生育文化。另一方面,需要认识到不同地区不同省份人口与环境之间关系紧张程度存在不平衡性,在脱贫地区的人口与发展矛盾仍然比较突出,相关研究需要关注如何引导人口区域合理分布,促进人口与经济、社会、资源、环境协调可持续发展。此外,当前我国处于"人口数量红利"向"人口质量红利"转变阶段,生育意愿不仅仅是育龄人群对生育数量的期望,还包括对子女素质的期望,未来关于生育意愿的研究需要适度转变到如何提升育龄人群的生育素养问题上去。

总的来说,本书中所涉及的生育相关的经济因素、社会因素以及心理因素,均可以在进化理论的框架之中,进化理论体现出的包容性并不是来源于刻意营造一个"大理论",关键在于它跨越学科的界限,将人类作为一个整体的物种来看待。与此同时,当前进化视角下研究生育问题尤其注重生育的心理机制探讨,这非常有利于基于生理、生态的生育行为研究与基于社会、文化、家庭的生育行为研究的融合,从一定程度上可以说进化心理视域下的生育意愿和生育行为研究是构建人类整体进化的理论框架的桥梁。未来研究从进化心理的视域下认识生育意愿将是一个极具研究价值和潜力的方向。

主要参考文献

一、著作类

1. [美]贝克尔:《家庭论》,王献生等译,商务印书馆1998年版。

2. 顾宝昌、李建新:《21世纪中国生育政策论争》,社会科学文献出版社2010年版。

3. 黄希庭:《探究人格奥秘》,商务印书馆2014年版。

4. Buss, D. M., Hawley, P. (2011). *The evolution of personality and individual differences*. New York: Oxford University Press.

5. Dunbar, R. I. M. (1993). *Human reproductive decisions*. Basingstoke: Macmillan Press.

6. Fishbein, M., & Azjen, I. (2010). *Predicting and changing behavior*. New York: Taylor & Francis.

7. Gazzaniga, M. S. (2011). *Who's in charge: Free will and the science of the brain*. New York: Harper Collins Publishers.

8. Hill, K., & Hurtado, A.M. (1996). *Ache life history: The ecology and demography of a foraging people*. New York: Aldine de Gruyter.

9. Johnson-Hanks, J. A., Bachrach, C. A., Morgan, S. P., & Kohler, H-P. (2011). *Understanding family change and variation: Toward a theory of conjunctural action*. New York: Springer Science & Business Media.

10. Larsen, R. J., & Buss, D. M. (2015). *Personality psychology: Domains of

knowledge about human nature（4th Edition）. Beijing: People's Posts and Telecommunications Press.

二、期刊论文及其他

1. 曹艳春：《全面二孩政策背景下从生育意愿到生育行为：基于SSM的影响因素及激励机制分析》，载《兰州学刊》2017年第2期。

2. 陈朝兵：《公共服务质量的概念界定》，载《长白学刊》2017年第1期。

3. 陈欢、张跃华：《养老保险对生育意愿的影响研究——基于中国综合社会调查数据（CGSS）的实证分析》，载《保险研究》2019年第11期。

4. 陈永平：《西方生育率经济分析——一种微观人口经济学理论》，载《经济评论》1992年第2期。

5. 陈煜婷：《城镇就业人群生育意愿及其影响因素的性别差异研究——职业结构、时间分配和性别观念的效应》，载《南方人口》2019年第1期。

6. 戴金妹、方立滢、江剑平：《大学生生育意愿调查分析》，载《福建师范大学学报（自然科学版）》2018年第6期。

7. 方长春、陈有华：《生育率的阶层差异将形塑M型社会》，载《探索与争鸣》2016年第1期。

8. 风笑天：《城市两类育龄人群二孩生育意愿的影响因素研究》，载《东南大学学报（哲学社会科学版）》2017年第3期。

9. 风笑天：《当代中国人的生育意愿：我们实际上知道多少？》，载《社会科学》2017年第8期。

10. 戈艳霞：《中国的城镇化如何影响生育率？——基于空间面板数据模型的研究》，载《人口学刊》2015年第3期。

11. 果臻、吴正、李树茁：《中国城镇化发展对生育水平的影响研究》，载《人口与经济》2013年第4期。

12. 何艳玲、郑文强：《"留在我的城市"——公共服务体验对城市归属感的影响》，载《同济大学学报（社会科学版）》2016年第1期。

13. 侯佳伟、顾宝昌、张银锋:《子女偏好与出生性别比的动态关系:1979—2017》,载《中国社会科学》2018年第10期。

14. 侯佳伟、黄四林、辛自强等:《中国人口生育意愿变迁:1980—2011》,载《中国社会科学》2014年第4期。

15. 黄桂霞:《中国生育保障水平的现状及影响因素分析——基于第三期中国妇女社会地位调查的实证研究》,载《妇女研究论丛》2015年第5期。

16. 黄秀女、徐鹏:《社会保障与流动人口二孩生育意愿——来自基本医疗保险的经验证据》,载《中央财经大学学报》2019年第4期。

17. 计迎春、郑真真:《社会性别和发展视角下的中国低生育率》,载《中国社会科学》2018年第8期。

18. 贾志科、风笑天:《城市"单独夫妇"的二胎生育意愿——基于南京、保定五类行业558名青年的调查分析》,载《人口学刊》2015年第3期。

19. 康传坤、孙根紧:《基本养老保险制度对生育意愿的影响》,载《财经科学》2018年第3期。

20. 李爱芹:《中国丁克家庭的社会学透视》,载《西北人口》2006年第6期。

21. 李江一:《"房奴效应"导致居民消费低迷了吗?》,载《经济学(季刊)》2018年第1期。

22. 李庭:《全面两孩背景下就业性别歧视的状况与对策分析》,载《法制与社会》2019年第35期。

23. 罗天莹:《改革开放30年与青年生育观念的变迁》,载《中国青年研究》2008年第1期。

24. 郯亚男、吴小勇:《中文版婴儿态度量表在已婚育龄女性中的信效度检验》,载《心理学探新》2022年第5期。

25. 郯亚男、吴小勇:《当代育龄青年的生育行为——基于进化心理学的阐述》,载《心理月刊》2022年第10期。

26. 石峰、王忏:《耐用品、投资专有冲击与货币政策福利》,载《金融研究》2019年第5期。

27. 石人炳:《人口转变:一个可以无限拓展的概念?》,载《人口研究》2012年第2期。

28. 石智雷、杨云彦:《符合"单独二孩"政策家庭的生育意愿与生育行为》,载《人口研究》2014年第5期。

29. 时涛、刘德:《"全面两孩"政策下东部高校大学生生育意愿及影响因素分析》,载《西北人口》2018年第1期。

30. 孙奎立:《农村妇女生育意愿影响因素分析》,载《人口学刊》2010年第3期。

31. 谭雪萍:《成本—效用视角下的单独二孩生育意愿影响因素研究——基于徐州市单独家庭的调查》,载《南方人口》,2015年第2期。

32. 王国军、赵小静、周新发:《计划生育政策、社会保障与人口出生率的区域差异研究——基于省级面板数据的分析》,载《经济科学》2016年第5期。

33. 王军、王广州:《中国育龄人群的生育意愿及其影响估计》,载《中国人口科学》2013年第4期。

34. 王孟成、戴晓阳、姚树桥:《中国大五人格问卷的初步编制Ⅲ:简式版的制定及信效度检验》,载《中国临床心理学杂志》2011年第4期。

35. 王璞、邱怡慧、郑逸芳:《公共服务感知、家庭禀赋与女性二孩生育意愿》,载《福建农林大学学报(哲学社会科学版)》2019年第3期。

36. 王钦池:《生育行为如何影响幸福感》,载《人口学刊》2015年第4期。

37. 王天宇、彭晓博:《社会保障对生育意愿的影响:来自新型农村合作医疗的证据》,载《经济研究》2015年第2期。

38. 吴小勇、毕重增:《人格特征会影响中国人的生育行为吗?——基于CGSS(2013)数据的分析》,载《人口学刊》2018年第4期。

39. 吴小勇、董艳萍、孙威:《性别角色观念与生育意愿的关系:幸福感的调节效应》,载《社区心理研究》2019年第2期。

40. 吴小勇、杨红升、程蕾、黄希庭:《身份凸显性:启动自我的开关》,载《心理科学进展》2011年第5期。

41. 吴小勇:《个性化生育时代的到来:人格与生育行为的关系》,载《心理研究》2018年第6期。

42. 徐安琪：《家庭性别角色态度：刻板化倾向的经验分析》，载《妇女研究论丛》2010年第2期。

43. 杨华磊、吴义根、张冰鑫：《城镇化、外部性与生育水平》，载《人口与发展》2018年第4期。

44. 杨利春、陈远：《建设生育友好型社会是中国人口发展的战略选择——"全面两孩政策与生育友好型社会建设"专题研讨会综述》，载《中国人口科学》2017年第4期。

45. 杨晓锋：《城市基础教育供给对家庭生育焦虑的影响——以中国的50个城市为例》，载《城市问题》2019年第12期。

46. 于秀伟、侯迎春：《"生育友好型"个人所得税制度的构建——基于德国的经验》，载《税务与经济》2018年第4期。

47. 张本飞：《孩子质量与数量选择的理论模型及其应用》，载《西北人口》2008年第4期。

48. 张静、雍会：《育龄人群三孩生育意愿的影响因素分析》，载《统计与决策》2022年第20期。

49. 张兴月、张冲：《农村居民生育意愿及其影响因素——基于社会保障的视角》，载《农村经济》2015年第11期。

50. 赵杰：《利用莱宾斯坦理论浅析农村贫困地区的多育文化》，载《科技创新导报》2008年第20期。

51. 郑真真：《从家庭和妇女的视角看生育和计划生育》，载《中国人口科学》2015年第2期。

52. 郑真真：《生育意愿的测量与应用》，载《中国人口科学》2014年第6期。

53. 周长洪：《经济社会发展与生育率变动关系的量化分析》，载《人口研究》2015年第3期。

54. 朱安新、风笑天：《两岸女大学生家庭生育观念及影响因素》，载《河北学刊》2016年第5期。

55. 庄渝霞：《西方生育决策研究概述——来自经济学、社会学和心理学的集成》，载《国外社会科学》2009年第4期。

56. Aassve, A., Arpino, B., Balbo, N. (2016). It takes two to tango: Couples' happiness and childbearing. *European Journal of Population*, *32*(3), 339-354.

57. Aassve, A., Goisis, A., & Sironi, M. (2012). Happiness and childbearing across Europe. *Social Indicators Research*, *108*(1), 65-86.

58. Aassve, A., Sironi, M., Bassi, V. (2013). Explaining attitudes towards demographic behavior. European Sociological Review. *29*(2), 316–333.

59. Adair, L. E., Brase, G. L., Akao, K., & Jantsch, M. (2014). baby fever: Social and media influences on fertility desires. *Personality and individual differences*, *71*, 135-139.

60. Aghion, P., Algan, Y., & Cahuc, P. (2008). Can Policy Influence Culture? Minimum Wage and the Quality of Labor Relations. *NBER Working Paper* 14327.

61. Ajzen, I. (2011). Reflections on Morgan and Bachrach's critique. *Vienna Yearbook of Population Research*, 9, 63-69.

62. Ajzen, I., & Klobas, J. (2013). Fertility intentions: an approach based on the theory of planned behavior.*Demographic Research*,*29*(8), 203-232.

63. Alesina, A., & La Ferrara, E. (2002). Who trusts others? *Journal of Public Economics*. *85*, 207–234.

64. Alesina, A., Di Tella, R., & MacCulloch, R. (2004). Inequality and happiness: Are Europeans and Americans different? . *Journal of Public Economics*, *88*(9), 2009-2042.

65. Alvergne, A., Jokela, M., & Lummaa, V. (2010). Personality and reproductive success in a high-fertility human population. *Proceedings of the National Academy of Sciences*, *107*, 11745-11750.

66. Amatea, E. S., Cross, E. G., & Bobby, C. L. (1986). Assessing the work and family role expectations of career-oriented men and women: The life role salience scales. *Journal of Marriage and Family*, *48*(4), 831-838.

67. Anderson, K. G. (2017). Adverse childhood environment: Relationship

with sexual risk behaviors and marital status in a large American sample. *Evolutionary Psychology*, *15*(2), 1–11.

68. Arnstein, A., Francesco C. B., L'ea P. (2016). Trust and fertility dynamics. *Social Forces*, *95*(2), 663–692.

69. Avison, M., & Furnham, A. (2015). Personality and voluntary childlessness. *Journal of Population Research*, *32*(1), 45–67.

70. Baetschmann, G., Kevin, E. S., & Raphael, S. (2012). Does the stork deliver happiness? Parenthood and life satisfaction. *SSRN Electronic Journal*, 10.2139/ssrn.2167277.

71. Balbo, N,. Billari, F. C., & Mills, M. C. (2013). Fertility in advanced societies: A review. *European Journal of Population.* *29*(1), 1–38.

72. Barber, J. S. (2001). Ideational influences on the transition to parenthood: Attitudes toward childbearing and competing alternatives. *Social Psychology Quarterly*, *64*(2), 101–127.

73. Barber, J.S. (2000). Intergenerational influences on the entry into parenthood: Mothers' preferences for family and nonfamily behavior. *Social Forces*, *79*(1), 319–348.

74. Bargh, J. A., Morsella, E. (2008). The unconscious mind. *Perspectives on Psychological Science*, 3, 73–79.

75. Basten, S. (2009). The socioanthropology of human reproduction. The future of human reproduction: Working paper 1. *University of Oxford and Vienna Institute of Demography*.

76. Bentley, R. A., Brock, W. A., Caiado, & O'Brien, M. J. (2016). Evaluating reproductive decisions as discrete choices under social influence. *Philosophical Transactions of the Royal Society B*, *371*(20), 150–154.

77. Berg, V., Rotkirch, A., Vaisanen, H., et al. (2013). Personality is differentially associated with planned and non-planned pregnancies. *Journal of Research in Personality*, *47*(4), 296–305.

78. Bertamini, M. (2015). How men and women respond to hypothetical parental discovery: The importance of genetic relatedness. *Evolutionary Psychology*, 13, 424–434.

79. Blurton, J. N. (1986). Bushmen birth spacing: A test for optimal interbirth intervals. *Ethology and Sociobiology*, 7, 91–105.

80. Boone, J. L., Kessler, K. L. (1999). More status or more children? Social status, fertility reduction, and longterm fitness. *Evolution and Human Behavior*, 20, 257–277.

81. Borgerhoff, M. M. (1998). The demographic transition: are we any closer to an evolutionary explanation? *Trends in Ecology & Evolution*, 13, 266–270.

82. Bowlby, J. (1958). The nature of the child's tie to his mother. *The International Journal of Psychoanalysis*, 39, 350–373.

83. Brase, G. L. (2016). The relationship between positive and negative attitudes towards children and reproductive intentions. *Personality and Individual Differences*, 90, 143–149.

84. Brase, G. L., & Brase, S. L. (2012). Emotional regulation of fertility decision making: What is the nature and structure of "baby fever". *Emotion*, 12(5), 1141–1154.

85. Brewster, K.L., & Rindfuss. R.R. (2000). Fertility and women's employment in industrialized nations. *Annual Review of Sociology*, 26, 271–296.

86. Briley, D. A., Potter, J. E., Rentfrow. J. P., et al. (2014). *Regional Variation in Personality is Associated with Regional Variation in the Level and Shape of the Fertility Schedule across the United States*. Paper presented at the 2014 annual meeting of the Population Association of America, Boston, MA.

87. Buonanno, P., Montolio, D., & Vanin, P. (2009). Does social capital reduce crime? *Journal of Law and Economics*, 52(1), 145–170.

88. Burger, O., & DeLong, J. P. (2016). What if fertility decline is not permanent? The need for an evolutionarily informed approach to understanding low fertil-

ity. *Philosophical Transactions of the Royal Society B*, *371*, 20150157.

89. Cárdenas, R.A., Harris, L.J., Becker, M.W. (2013). Sex differences in visual attention toward infant faces. *Evolution and Human Behavior*, *34*(4), 280–287.

90. Charles, N. E., Alexander, G. M., & Saenz, J. (2013). Motivational value and salience of images of infants. *Evolution and Human Behavior*, *34*(5), 373–381.

91. Chasiotis, A., Hofer, J., & Campos, D. (2007). When does liking children lead to parenthood? Younger siblings, implicit prosocial power motivation, and explicit love for children predict parenthood across cultures. *Journal of cultural and evolutionary psychology*, *4*, 95 – 123.

92. Cheng, G., Zhang, D., Sun, Y., Jia, Y., & Ta, N. (2015). Childless adults with higher secure attachment state have stronger parenting motivation. *Personality and Individual Differences*, *87*, 39–44.

93. Chesnais, J. C. (1996). Fertility, family, and social policy in contemporary Western Europe. *Population and Development Review*. *22*(4), 729 – 739.

94. Chipman, A., & Morrison, E. (2013). The impact of sex ratio and economic status on local birth rates. *Biology Letters*, *9*, 27.

95. Clutterbuck, S., Adams, J., & Nettle, D. (2014). Childhood adversity accelerates intended reproductive timing in adolescent girls without increasing interest in infants. *PLoS ONE*, *9*, e85013.

96. Coall, D.A., Tickner, M., McAllister, L.S., & Sheppard, P. (2016). Developmental influences on fertility decisions by women: An evolutionary perspective. *Philosophical Transactions of the Royal Society B*, *371*, 146.

97. Cohen, D.L., & Belsky, J. (2008). Individual differences in female mate preferences as a function of attachment and hypothetical ecological conditions. *Journal of Evolutionary Psychology*, *6*, 25 – 42.

98. Colleran, H. (2016). The cultural evolution of fertility decline. *Philosophical Transactions of the Royal Society B*, *371*, 152.

99. Colleran, H., & Mace, R. (2015). Social network- and community-level

influences on contraceptive use: Evidence from rural Poland. *Philosophical Transactions of the Royal Society B*, *282*, 20150398.

100. Cooke, L. P. (2004). The Gender division of labor and family outcomes in Germany. *Journal of Marriage and Family*, 66.

101. De Ruijter, E., Judith, T. K., & Philip, C. N. (2005). Outsourcing the gender factory: Living arrangements and service expenditures on female and male tasks. *Social Forces*, *84*(1), 305–322.

102. Del Boca, D., Pasqua, S., and Pronzato, C. (2009). Motherhood and market work decisions in institutional context: A European perspective. *Oxford Economic Papers*, *61*(suppl 1), 147–171.

103. Delpriore, D.J., & Hill, S.E. (2013). The effects of paternal disengagement on women's sexual decision making: An experimental approach. *Journal of Personality and Social Psychology.* *105*, 234–246.

104. Dijkstra, P., Barelds, D. H. (2009). Women's Well-being: The Role of Individual Differences. *Scandinavian Journal of Psychology*, *50*, 309–315.

105. Ding, F.Y., Cheng, G., Jia, Y.C., et al. (2020).The role of sex and femininity in preferences for unfamiliar infants among Chinese adults. *PloS ONE*, *15*(11), e91034.

106. Dommermuth, L., Klobas, J., and Lappegård, T. (2011). Now or later? The theory of planned behavior and timing of fertility intentions. *Advances in Life Course Research*, *16*(1), 42–53.

107. Eaves, L. J., Martin, N. G., & Heath, A. C., et al. (1990). Personality and reproductive fitness. *Behavior Genetics*, *20*, 563–568.

108. Esping-Andersen, G., & Billari, F.C. (2015). Re-theorizing family demographics. *Population and Development Review*, *41*(1), 1–31.

109. Evans, J.(2008). Dual-processing Accounts of reasoning, judgment, and social Cognition. *Annual Review of Psychology*, *59*, 255–78.

110. Evans, M.R. & Kelley, J. (2004). Effect of family structure on life satisfaction: Australian evidence. *Social Indicators Research*, *69*(3), 303–349.

111. Evenson, R.J. and Simon, R.W. (2005). Clarifying the relationship between parenthood and depression. *Journal of Health and Social Behavior*, *46*(4), 341-358.

112. Fisher, K. (2000). Uncertain aims and tacit negotiation: Birth control practices in Britain 1925—1950. *Population and Development Review*, *26*, 295-317.

113. Galloway, P.R. (2010). Basic patterns in annual variations in fertility, nuptiality, mortality, and prices in pre-industrial Europe. *Populational Study*, *42*, 275‒303.

114. Gardner, B., and Abraham, C. (2010). Going green? Modeling the impact of environmental concerns and perceptions of transportation alternatives on decisions to drive. *Jounal of Applied Social Psychology*, *40*(4), 831-849.

115. Gary, B.L. (2016). The relationship between positive and negative attitudes towards children and reproductive intentions. *Personality and Individual Differences*, *90*, 143-149.

116. Goldin, Claudia. (2006). The quiet revolution that transformed women's employment, education, and family. *American Economic Review*, *96*(2), 1‒21.

117. Goldscheider, Frances. K. (2000). Men, children and the future of the family in the third millennium. *Futures*, *32*(6), 525‒538.

118. Goodman, A., Koupil, I., & Lawson, D.W. (2012). Low fertility increases descendant socioeconomic position but reduces long-term fitness in a modern postindustrial society. *Proceedings of the Royal Society B*, *279*, 4342‒4351.

119. Gray, E., Evans, A., & Reimondos, A. (2013). Childbearing desires of childless men and women: When are goals adjusted? *Advances in Life Course Research*, *18*, 141‒149.

120. Griskevicius, V., Tybur, J.M., Delton, A.W., & Robertson, T.E. (2011). The influence of mortality and socioeconomic status on risk and delayed rewards: A life history theory approach. *Journal of Personality and Social Psychology*. *100*, 1015‒1026.

121. Guedes, M., Pereira, M., Pires, R., Carvalho, P., & Canavarro, M.C. (2015). Childbearing motivations scale: Construction of a new measure and its preliminary psychometric properties. *Journal of Child and Family Studies*, *24*, 180–194.

122. Gurven, M., Von Rueden, C., Stieglitz, J., et al. (2014). The Evolutionary fitness of personality traits in a small-scale subsistence society. *Evolution and Human Behavior*, *35*, 17-25.

123. Hawkes, K., O'Connell, J. F., Blurton, J. G., Alvarez. H., & Charnov, E. L. (1998). Grand mothering, menopause and the evolution of human life histories. *Proceedings of the National Academy of Sciences*, *95*, 1336–1339.

124. Hill, S.E., & Delpriore, D.J. (2013). (Not) bringing up baby: The effects of jealousy on the desire to have and invest in children. *Personality and Social Psychology Bulletin*, *39*(2), 206-218.

125. Hitlin, S. (2003). Values as the core of personal identity: Drawing links between two theories of self. *Social Psychology Quarterly.* *66*(2), 118–137.

126. Hruschka, D. J., & Burger, O. (2016). How does variance in fertility change over the demographic transition? *Philosophical Transactions of the Royal Society B*, *371*, 155.

127. Hutteman, R., Bleidorn, W., Penke, L., et al. (2013). It takes two: A longitudinal dyadic study on predictors of fertility outcomes. *Journal of Personality*, *81*(5), 487-500.

129. Jokela, M. (2012). Birth-cohort effects in the association between personality and fertility. *Psychological Science*, *23*(8), 835-841.

130. Jokela, M., Alvergne, A., Pollet, T. V., & Lummaa, V. (2011). Reproductive behavior and personality traits of the five factor model. *European Journal of Personality*, *25*(6), 487–500.

134. Jokela, M., Alvergne, A., Pollet, T. V., et al. (2011). Reproductive behavior and personality traits of the five factor model. *European Journal of Personality*, *25*(6), 487-500.

135. Jokela, M., Alvergne, A., Rotkirch, A., Rickard, I. J., & Lummaa, V. (2014). Associations between family size and offspring education depend on aspects of parental personality. *Personality and Individual Differences*, *58*, 95–100.

136. Jokela, M., Hintsa, T., Hintsanen, M., & Keltikangas-Järvinen, L. (2010). Adult temperament and childbearing over the life course. *European Journal of Personality*, *24*(2), 151–166.

137. Judge, T. A., & Ilies, R. (2002). Relationship of personality to performance motivation: A meta-analytic Review. *Journal of Applied Psychology*, *87*, 797–807.

138. Kaplan, H. (1996). A theory of fertility and parental investment in traditional and modern human societies. *Yearbook of Physical Anthropology*, *39*, 91–135.

139. Kaplan, H., Lancaster, J.B., Tucker, W.T., & Anderson, K.G. (2002). Evolutionary approach to below replacement fertility. *American Journal of Human Biology*, *14*, 233–256.

140. Kariman, N., Simbar, M., Ahmadi, F., & Vedadhir, A.A. (2014). Concerns about one's own future or securing child's future: Paradox of childbearing decision making. *Health (NY)*, *6*, 1019–1029.

141. Knack, S. (2002). Social capital and the quality of government: Evidence from the States. *American Journal of Political Science*, *46*(4), 772–785.

142. Knack, S., & Keefer, P. (1997). Does social capital have an economic payoff? A cross-country investigation. *Quarterly Journal of Economics*, *112*(4): 1251–1288.

143. Kohler, H.P., Behrman, J. R., & Skytthe, A. (2005). Partner children=happiness? The effects of partnerships and fertility on well-being. *Population and Development Review*, *31*(3), 407–445.

144. Kohler, H-P., Billari, F.C., & Ortega, J.A. (2002). The emergence of lowest-low fertility in Europe during the 1990s. *Population and Development Review*, *28*(4), 641–680.

145. Kushnick, G. (2013). Access to resources shapes maternal decision making: Evidence from a factorial vignette experiment. *PLoS ONE*, *8*, e75539.

146. Lahey, B. (2009). Public health significance of neuroticism. *American Psychologist*, *64*, 241–256.

147. Langdridge, D., Sheeran, P., & Connolly, K. (2005). Understanding the reasons for parenthood. *Journal of Reproductive and Infant Psychology*, *23*(2), 121–133.

148. Lawson, D. W., Borgerhoff, M. M. (2016). The offspring quantity–quality trade-off and human fertility variation. *Philosophical Transactions of the Royal Society B*, *371*, 145.

149. Lee, R. D., & Kramer, K. L. (2002). Children's economic roles in the Maya family life cycle: Cain, Caldwell, and Chayanov revisited. *Population and Development Review*, *28*, 475–499.

150. Lesthaeghe, R. (2010). The unfolding story of the second demographic transition. *Population and Development Review*, *36*(2), 211–251.

151. Lesthaeghe, R., Van de Kaa, D. J. (1986). Two demographic transitions? Population growth and decline. *Deventer*, 9–24.

152. Li, N. P., Lim, A. J. Y., Tsai, M-H., & Too, O. J. (2015). Materialistic to get married and have children? *PLoS ONE*, *10*, e0126543.

153. Lieberman, M. D. (2007). Social cognitive neuroscience: A review of core processes. *Annual Review of Psychology*, *58*, 259–89.

154. Little, A. C., Cohen, D. L., Jones, B.C., & Belsky, J. (2006). Human preferences for facial masculinity change with relationship type and environmental harshness. *Behavioral Ecology and Sociobiology*, *61*, 967–973.

155. Lundberg, S. (2012). Personality and marital surplus. *IZA Journal of Labor Economics*, *1*(1), 1–21.

156. Mace, R. (1996). When to have another baby: A dynamic model of reproductive decision-making and evidence from Gabbra pastoralists. *Ethology and Sociobiology*, *17*, 263–273.

157. Maestripieri, D., Roney, J.R., DeBias, N., Durante, K.M., & Spaepen, G.M. (2004). Father absence, menarche and interest in infants among adolescent girls. *Developmental Science*, 7, 560–566.

158. Matysiak, A., & Nitsche, N. (2016). Emerging trends in the social and behavioral sciences: An interdisciplinary, searchable, and linkable resource. John Wiley & Sons, Inc.

159. Mcdonald, P. (2000). Gender equity in theories of fertility transition. *Population and Development Review*, 26, 427–439.

160. McLanahan, S., & Adams, J. (1987). Parenthood and psychological well-being. *Annual Review of Sociology*, 237–257.

161. Miettinen, A., Basten, S., & Rotkirch, A. (2011). Gender equality and fertility intentions revisited: Evidence from Finland. *Demographic Research*, 20.

162. Miller, W. B. (1986). Proception: An important fertility behavior. *Demography*, 23, 579–594.

163. Miller, W. B. (1992). Personality traits and developmental experiences as antecedents of childbearing motivation. *Demography*, 29(2), 265–285.

164. Miller, W. B. (2011). Comparing the TPB and the T-D-I-B framework. Vienna Yearb. *Journal of Population Research*, 9, 19–29.

165. Miller, W.B. (2011). Differences between fertility desires and intentions: Implications for theory, research and policy. *Vienna Yearbook of Population Research*, 9, 75–98.

166. Mills, M. (2010). Gender roles, gender (In)equality and fertility: An empirical test of five gender equity indices. *Canadian Population Studies*, 37(3/4), 445–474.

167. Moglie, M. L., Mencarini, L., & Rapallini, C. (2015). Is it just a matter of Personality? On the role of subjective well-being in childbearing behavior. *Journal of Economic Behavior & Organization*, 2.

168. Morgan, P. S., & Bachrach, C.A. (2011). Is the theory of planned behav-

iour an appropriate model for human fertility? *Vienna Yearbook of Population Research*, *9*, 11-18.

169. Morgan, S. P. (2003). Is low fertility a 21st century demographic crisis? *Demography*, *40*, 589–603.

170. Morgan, S. P., &Bachrach, C. A. (2011). Is the theory of planned behavior an appropriate model for human fertility? *Vienna Yearbook of Population Research*, *9*, 11–18.

171. Morgan, S. P., & Parnell, A. M. (2002). Effects on pregnancy outcomes of changes in the North Carolina state abortion fund. *Population Research and Policy Review*, *21*(4), 319–338.

172. Morgan, S. P., & Rackin, H. (2010). The Correspondence of fertility intentions and behavior in the U.S. *Population and Development Review*, *36*(1), 91–118.

173. Morgan, S. P., Sobotka, T., & Testa, M. R. (2011). Vienna Yearbook of Population Research, Volume 2011, Special issue on "Reproductive decision-making". *Vienna Institute of Demography*, Austrian Academy of Sciences.

174. Morgan, S. P., & Taylor, M. (2006). Low fertility in the 21st Century. *Annual Review of Sociology*, *32*, 375–400.

175. Myrskylä, M., Kohler, H-P., & Billari, F.C. (2009). Advances in development reverse fertility declines. *Nature*, *460*, 741–743.

176. Nettle, D. (2005). An Evolutionary approach to the extraversion continuum. *Evolution and Human Behavior*, *26*, 363–373.

177. Nettle, D. (2010). Dying young and living fast: Variation in life history across English neighborhoods. *Behavioral Ecology*, *21*, 387–395.

178. Nettle, D. (2011). Flexibility in reproductive timing in human females: Integrating ultimate and proximate explanations. *Philosophical Transactions of the Royal Society B*, *366*, 357–365.

179. Nettle, D., Coall, D.A., & Dickins, T.E. (2011). Early-life conditions

and age at first pregnancy in British women. *Proceedings of the Royal Society B*, *278*, 1721–1727.

180. Nettle, D., Gibson, M. A., Lawson, D. W., & Sear, R. (2013). Human behavioral ecology: Current research and future prospects. *Behavioral Ecology*, *24*, 1031–1040.

181. Newton, N. J., & Stewart, A. J. (2013). The road not taken: women's life paths and gender-linked personality traits. *Journal of Research in Personality*, *47*(4), 306–316.

182. Neyer, G.R., Andersson, G. (2008). Consequences of family policies on childbearing behavior: Effects or artifacts? *Population and Development Review*, *34*(4), 699–724.

183. Nunn, N., & Wantchekon, L. (2011). The slave trade and the origins of mistrust in africa. *American Economic Review*, *101*(7), 3221–3252.

184. Parr, N. (2010). Satisfaction with life as an antecedent of fertility. *Demographic Research*, 21.

185. Pe'russe, D. (2010). Cultural and reproductive success in industrial societies: Testing the relationship at the proximate and ultimate levels. *Behavioral and Brain Sciences*, *16*, 267.

186. Penke, L., & Jokela, M. (2016). The evolutionary genetics of personality revisited. *Current Opinion in Psychology*, *7*, 104–109.

187. Pepper, G. V., Nettle, D. (2013). Death and the time of your life: Experiences of close bereavement are associated with steeper financial future discounting and earlier reproduction. *Evolution and Human Behavior*, *34*, 433–439.

188. Perkins, A. M., Cserjesi, R., Ettinger, U., et al. (2013). Personality and occupational markers of 'solid citizenship' are associated with having fewer children. *Personality and Individual Differences*, *55*, 871–876.

189. Philipov, D. (2009). The effect of competing intentions and behaviour on short-term childbearing intentions and subsequent childbearing. *European Journal of Population*, *25*, 525–548.

190. Phillips, R.L. and Slaughter, J.R. (2000). Depression and sexual desire. *American Family Physician*, *62*(4): 782-786.

191. Pinquart, M., Stotzka, C., & Silbereisen, R. K. (2008). Personality and ambivalence in decisions about becoming parents. *Social Behavior and Personality*, *36*(1), 87-96.

192. Puur, A., Oláh, L. S., Tazi-Preve, M. I., & Dorbritz, J. (2008). Men's childbearing desires and views of the male role in europe at the dawn of the 21st century. *Demographic Research*, *56*.

193. Ramu, G.N. (1984). Family background and perceived marital happiness: A comparison of voluntary childless couples and parents. *Canadian Journal of Sociology*, *9*(1), 47-67.

194. Raz-Yurovich, L. (2014). A transaction cost approach to outsourcing by households. *Population and Development Review*, *40*(2), 293 - 309.

195. Reis, O., Doernte, M., von der Lippe, H. (2011). Neuroticism, social support, and the timing of first parenthood: A prospective study. *Personality and Individual Differences*, *50*, 381-386.

196. Rholes, W. S., Simpson, J. A., & Blakely, B. S. (1995). Adult attachment styles and mothers' relationships with their young children. *Personal Relationship*, *2*, 35 - 54.

197. Rindfuss, R. R., Guzzo, K. B., & Morgan, S. P. (2003). The changing institutional context of low fertility. *Population Research and Policy Review*, *22*, 411 - 438.

198. Rotkirch, A. (2007). All that she wants is a (nother) baby'? Longing for children as a fertility incentive of growing importance. *Journal of Evolutionary Psychology*, *5*(1),1789-2082.

199. Rotkirch, A., Basten, S., & Heini, visnen, et al. (2011). Baby longing and men's reproductive motivation. V*ienna Yearbook of Population Research*, *9*(1), 283-306.

200. Schmitt, D. P., & Shackelford, T. K. (2008). Big five traits related to short-term mating: From personality to promiscuity across 46 nations. *Evolutionary Psychology*, *6*, 246–282.

201. Sear, R. (2015). Evolutionary contributions to the study of human fertility. *Populational Study*, *69*(suppl. 1), S39 - S55.

202. Sear, R. (2016). Beyond the Nuclear Family: An evolutionary perspective on parenting. *Current Opinion in Psychology*, *7*.

203. Sear, R., Allal, N., & Mace, R. (2004). Height, marriage and reproductive success in Gambian women. *Research in Economic Anthropology*, *23*, 203 - 224.

204. Sear, R., Mace, R. (2008). Who keeps children alive? A review of the effects of kin on child survival. *Evolution and Human Behavior*, *29*, 1 - 18.

205. Seyfarth, R. M., Silk, J. B., & Cheney, D. L. (2012). Variation in personality and fitness in wild female baboons. *Proceedings of the National Academy of Sciences*, *109*, 16980–16985.

206. Sheeran, P. (2002). Intention-behavior relations: A conceptual and empirical review. *European Review of Social Psychology*, *12*(1), 1–36.

207. Shenk, M. K., Kaplan, H. S, & Hooper, P. L. (2016). Status competition, inequality, and fertility: Implications for the demographic transition. *Philosophical Transactions of the Royal Society B*, *371*, 150.

208. Sheppard, P., Snopkowski, K., & Sear, R. (2014). Father absence and reproduction-related outcomes in Malaysia: A transitional fertility population. *Human Nature*, *25*, 213 - 234.

209. Skirbekk, V., & Blekesaune, M. (2014). Personality traits increasingly important for male fertility: Evidence from Norway. *European Journal of Personality*, *28*, 521–529.

210. Stulp, G., & Barrett, L. (2016). Wealth, fertility and adaptive behaviour in industrial populations. *Philosophical Transactions of the Royal Society B*, *371*, 153.

211. Tate, D. P., & Patterson, C. J. (2019). Sexual minority women's attitudes toward infants, children, and parenthood. *Journal of Lesbian Studies*, *23*(4), 464-475.

212. Thévenon, O. (2011). Family policies in OECD countries: A comparative analysis. *Population and Development Review*, *37*(1): 57-87.

213. Toosi, M. (2002). A century of change: The U.S. labor force, 1950—2050. *Monthly Labor Review*, *125*(5), 15–28.

214. Towner, M. C., Nenko, I., & Walton, S. E. (2016). Why do women stop reproducing before menopause? A life history approach to age at last birth. *Philosophical Transactions of the Royal Society B*, *371*, 147.

215. Van der Wal, A. J., Schade, H.M., Krabbendam, L., & van Vugt, M. (2013). Do natural landscapes reduce future discounting in humans? *Proceedings of the Royal Society B*, *280*, 295.

216. Webb, T.L., & Sheeran, P. (2006). Does changing behavioral intentions engender behavior change? A meta-analysis of the experimental evidence. *Psychological Bulletin*, *132*(2), 249-268.

217. Westoff, C. F., & Higgins, J. (2009). Relationships between men's gender attitudes and fertility. *Demographic Research*, 19, 1883-1912.